JN093948

図解入門ビジネス

Shuwasystem Business Guide Book How-nual

最新 消防法と設備がよ〜くわかる本

［消火・特殊消火
火災感知・警備
避難・誘導
消火活動上
必要な設備］

最新の法改正の規定に対応！

防災研究会AFRI 著

秀和システム

●注意

(1) 本書は著者が独自に調査した結果を出版したものです。
(2) 本書は内容について万全を期して作成いたしましたが、万一、ご不審な点や誤り、記載漏れなどお気付きの点がありましたら、出版元まで書面にてご連絡ください。
(3) 本書の内容に関して運用した結果の影響については、上記 (2) 項にかかわらず責任を負いかねます。あらかじめご了承ください。
(4) 本書の全部または一部について、出版元から文書による承諾を得ずに複製することは禁じられています。
(5) 本書に記載されているホームページのアドレスなどは、予告なく変更されることがあります。
(6) 本書に記載されている会社名、商品名などは一般に各社の商標または登録商標です。

はじめに

消防法は火災事例、広域災害事例などにより頻繁に改正が行われています。さらに消防設備も技術開発や建物形態の変化などに合わせて新たな設備等が次々と出現しています。

消防法の内容、消防設備の内容を理解しなければ、建築物の企画・設計・施工・運用といったライフサイクルにおける火災安全を確保することができません。

消防設備は消防法の用語では消防用設備等といいます。その種類は、火災の発生を知らせるもの、消火するもの、避難誘導するもの、消防隊が使用するもの、その他さまざまです。これらの消防用設備等は、人命の安全と財産保護に極めて重要なものであり、いざというときに機能しなければ宝の持ち腐れになってしまいます。消防法では、そうならないための維持管理の方法も詳細に規定されています。維持管理の不備が原因で大きな被害が生じた事例も数多くあります。

本書は建築物のライフサイクルに関わる人たちが、消防法のしくみ、消防用設備等の構成・機能などを容易に理解できるようにまとめたものです。

本書が建築物の企画、設計、施工、運用に関わる人たちに広く活用され、一般の人が安心して利用できる安全性の高い施設を実現していただけることを願ってやみません。

2024年3月

著者

図解入門ビジネス 最新 消防法と設備がよ～くわかる本

CONTENTS

第6章 消防用設備①消火設備

第7章 消防用設備②特殊消火設備

第8章 消防用設備③火災感知・警報設備

第9章 消防用設備④警報・誘導・避難設備

第10章 消防用設備⑤消火活動上必要な設備

第11章 特定共同住宅と特定小規模施設

データダウンロードサービスについて

設計・建築関連業務等で有用な各種消防用機器の設置基準等に関する情報をダウンロードで提供します。提供する設置基準等に関連する図表は次の通りです。

1.消防用設備等の設置基準

各消防用設備等の防火対象物別の設置基準の一覧表

2. 防火対象物の用途別設置基準

各防火対象物における設置すべき消防用設備等の一覧表

ダウンロード方法

下記のURLからダウンロードの上、ご利用ください。

◉サンプルファイルのダウンロード先URL
「図解入門ビジネス 最新 消防法と設備がよ～くわかる本」書籍詳細>サポート情報
https://www.shuwasystem.co.jp/support/7980html/7207.html

なお、ファイルは圧縮されていますので、解凍の上、ご利用ください。

第 1 章

火災の実態

「火災」は私たちの生命や財産を脅かす存在です。出火で最も多くを占めるのが住宅火災であり、その他にオフィス、病院などあらゆる建物や施設が火元になる可能性を持っています。その火災から人命や財産を守るために消防法があり、大規模な火災のたび改正により対応しています。

図解入門
How-nual

1-1 火災とは

きわめて身近な脅威であるにもかかわらず、火災の種別や発生・拡大の原理はあまり知られていません。出火防止だけではなく、火災が発生した場合に適切な対応をするためにも、防災の観点から火災の正しい知識を持っておくことが重要です。

火災の定義

総務省消防庁によると、火災とは**人の意思に反して発生する、消火の必要がある燃焼現象である、消火設備の利用を必要とする**の3つの要素を満たすものと定義されています。

火災は、燃焼現象において人間の意に反して物が燃え続け、放置しておくと人命や財産に損害を与えることになります。火災と消火の基本を知ることは、安全を守るために成立した消防法の基礎知識を得ることになります。

火災の分類

消防法には**火災の分類**があり、次の5種類に分類されます。その火災の種類により、用いるべき消火の方法も変わってきます。適切な消火方法を用いないと、初期消火の失敗、延焼拡大につながる危険性が高くなります。

A火災：木材や紙などの普通火災

B火災：ガソリンなどの油物質が燃える油火災

C火災：電気室などで電気系が燃える電気火災

D火災：金属系の物質が燃える金属火災

ガス火災：都市ガスやプロパンガスなどの可燃性ガス火災

火災の発生

火災とは、発熱と発光の伴う急激な**化学（酸化）反応**が継続する燃焼現象です。発熱や発光の伴わない化学（酸化）反応が**さび**の現象になります。

火災の発生は**燃焼の4要素**、すなわち**可燃物がある、点火源がある、酸素の供給がある、燃焼反応が継続する（連鎖反応）**によります。

火災の成長・拡大

火災の成長・拡大は熱の移動と化学（酸化）反応を繰り返す現象です。熱の移動とは対流、放射、伝導のことです。

火気の不適切な使用、電気系統の故障あるいは放火などにより可燃物に着火**（出火）**すると、熱移動により近くの家具や内装材に**燃え移り**ます。このような火災を**初期火災**といいます。

初期火災で消火に失敗すると次々に可燃物に燃え移り、火災は急激に成長して爆発的に火勢が拡大し、火災室内は一気に炎に包まれます。この現象を**フラッシュオーバー**といいます。フラッシュオーバー以降は**盛期火災**になり、火災室の温度は1,000℃近くにも上昇します。盛期火災になると火災の抑制は困難になり、建物内の人は危険にさらされることになります。

火災の発生から成長・拡大までの様子

出火	火気の不適切な使用、電気系統の故障などにより出火します。
初期火災	消火に失敗すると次々に家具や内装材に燃え移り、そして火災が大きくなります。木質系の材料の着火温度は260℃です。
フラッシュオーバー	火災が継続すると火災室の温度が上昇します。部屋中の家具や内装材が加熱され、着火温度に達すると爆発的に燃え出します。これをフラッシュオーバーといいます。
盛期火災	可燃物が燃え尽きるまで勢いよく燃え続け、火災室の温度は1,000℃にも上昇します。火災の拡大を防止するのが防火区画です。防火区画の構造等は建築基準法に規定されるものです。

1-2 データで見る火災

消防法や消防関係の設備を知るうえで、火災の実態を知ることは大切なことです。総務省消防庁は毎年「消防白書」を作成しています。消防白書から火災を含むいろいろな災害状況や防災対策、さらには法改正などの情報を得ることができます。

建物火災の出火状況と被害状況

火災の種類は**建物火災**、車両火災、林野火災などいろいろありますが、本書では建物火災について解説します。本節に挙げた数値は、**消防白書**に掲載されている情報を出典としています。

建物における年間の出火件数は約20,167件で推移しています。年間の建物焼損床面積は約1,065,000㎡、損害額は1,450億円相当になります。

建物別の出火数は、図表「建物用途別の出火状況」にあるように、住宅（一般住宅と共同住宅、併用住宅を合わせたもの）が最も多く56%を占め、そのなかでも一般住宅が37%と高い値を示しています。次いで複合用途が13%などとなっています。

火災による死者の状況

令和4（2022）年における建物火災による死者数は、図表「建物用途別の死者発生数」にあるように1,173人でした。死者の9割近くは住宅火災（一般住宅、共同住宅、併用住宅の合計）によるもので1,065人、次いで複合用途（特定、非特定の合計）の65人となっています。また、死因別では図表「死因別の死者発生数」にあるように一酸化炭素中毒・窒息によるものが439人で最も多く、次いで火傷によるもので409人です。

建物用途別の出火状況（令和5年版消防白書より）

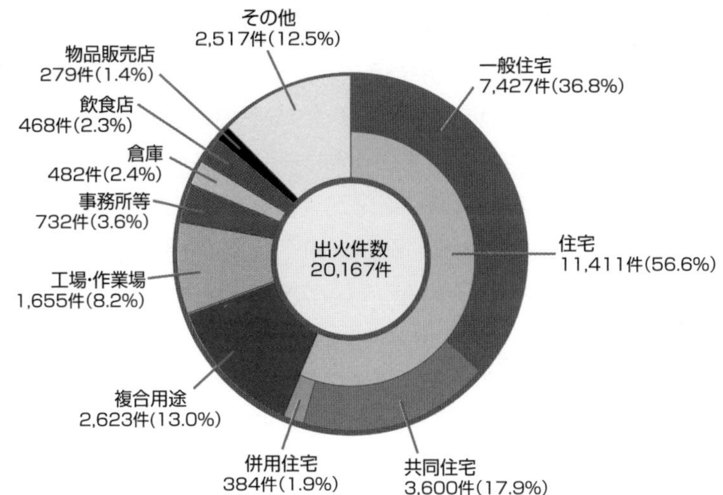

1. 「火災報告」により作成。
2. 共同住宅、工場・作業場、事務所等、倉庫、飲食店及び物品販売店舗の区分は、消防法施行令別表第1による区分。
   なお、複合用途については、消防法施行令別表第1により区分される特定複合用途及び被特定複合用途の出火件数の合計数。

建物用途別の死者発生数（令和5年版消防白書より）

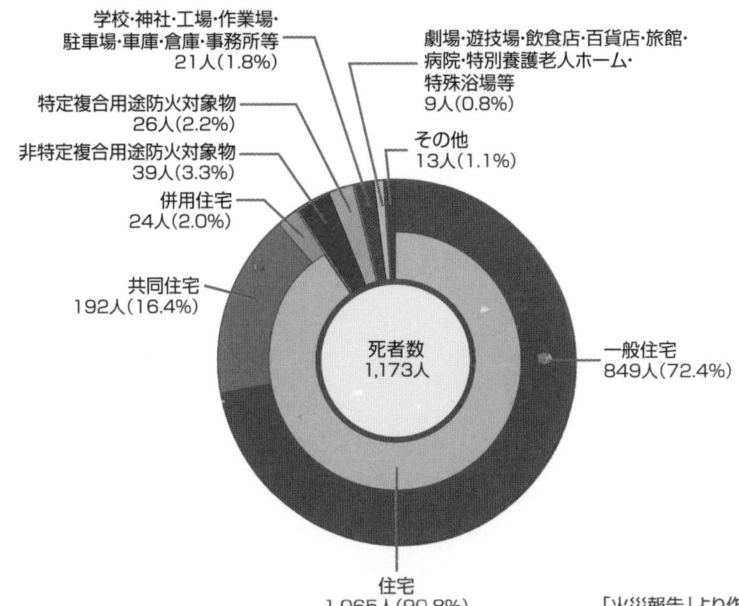

「火災報告」より作成。

出火原因状況

主な**出火原因**は図表「主な出火原因別の出火件数」の通りです。出火の多くは**失火**によるもので、全体の76%を超えています。失火とは、たばこやストーブなどの火気取り扱いの不注意や不始末から発生するものです。

出火原因別では、たばこによるものが最も多く3,209件、次いでたき火の不始末が3,105件、コンロの消し忘れが2,771件の順となっています。また「放火の疑い」が1,468件もあり、「放火」の件数と単純に合わせると、かなりの頻度で放火を原因とする火災が発生していることが分かります。

火災の発見と通報状況

図表「火災発見時の消防機関への通報方法」は、火災を発見した人による消防機関への通報手段の統計です。通報の手段は火災報知専用電話によるものが最も多く、全体の70%程度になっています。その他は加入電話（固定、携帯）、警察電話（110番）などとなっています。

通報を受けた消防機関は、消防隊の出動指令を出します。消防隊が出動して放水を行った件数は全国で9,569件です。これは建物火災の約半数近くに消防隊が放水をしていることになります。消防隊が放水した建物火災のうち、放水開始後30分以内に鎮火に至った件数は2,279件となっており、このうち放水開始後11分から20分までに鎮火に至ったものが786件と最も多くなっています。

死因別の死者発生数（令和5年版消防白書より）

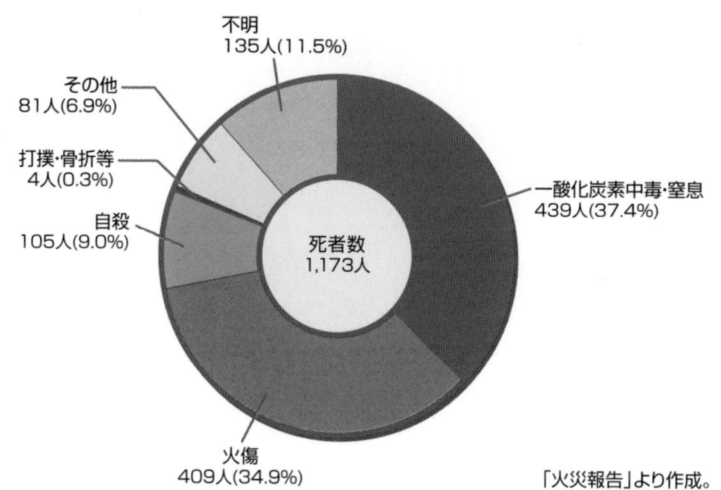

「火災報告」より作成。

主な出火原因別の出火件数（令和5年版消防白書より）

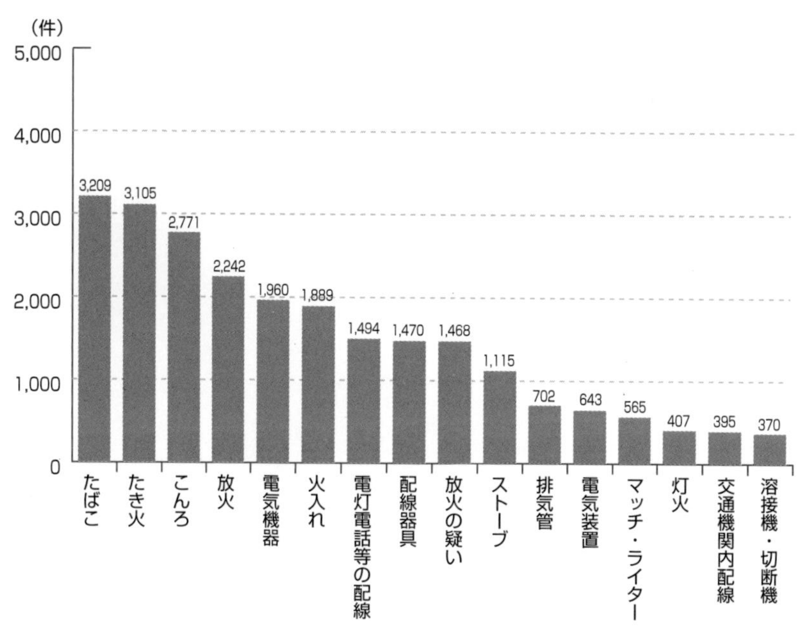

「火災報告」より作成。

火災発見時の消防機関への通報方法（令和5年版消防白書より）

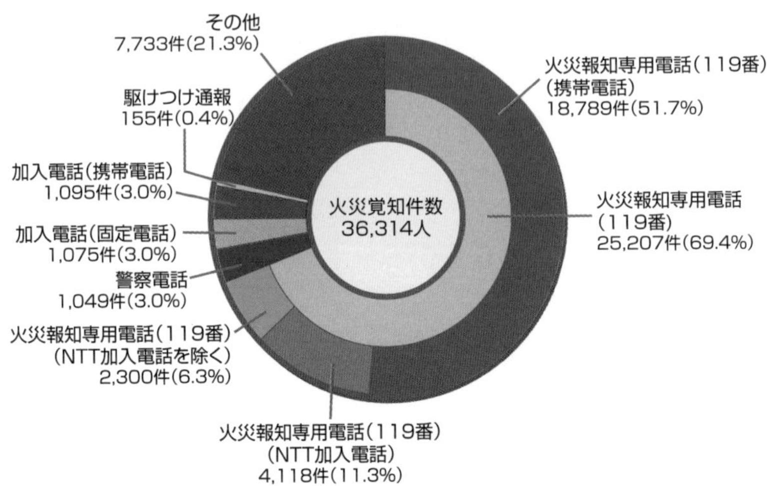

1. 「火災報告」より作成。
2. 「その他」には事後聞知(消防機関が「このような火災があった」という通報を受けた場合をいう。)7,998件を含む。

1-3 消防システム

消防システムとは、火災感知・通報・消火・避難などの一連の設備であり、これらが効果的に機能するかどうかは、システムを使う人との連携にかかってきます。システムを効果的に使うことで、火災安全が実現します。

消防システム

火災発生により火災感知、通報、消火、避難そして消防隊による消火・救助活動といった一連の消防システムが機能します。これらの消防システムの種類と内容は、消防法に規定されています。

① 感知・通報システム（早期に出火を発見して消防に通報）

自動火災報知設備、ガス漏れ警報設備、漏電火災警報設備、消防機関へ通報する火災報知設備が該当します。

② 初期消火システム（消防隊が到着するまでの消火活動）

消火器具、屋内消火栓設備、スプリンクラー設備、泡消火設備、不活性ガス消火設備、ハロゲン化物消火設備、泡消火設備、水噴霧消火設備、粉末消火設備、屋外消火設備、動力消防ポンプ設備が該当します。

③ 避難誘導システム（安全な場所に避難誘導）

避難器具、誘導標識･誘導灯、非常用の照明装置*、非常警報設備が該当します。

④ 本格消火・救助システム（消防隊による本格消火・救助活動）

排煙設備、非常用エレベーター*、無線通信補助設備、連結散水設備、非常用進入口、非常電話設備、連結送水管、非常用コンセント設備、屋上緊急離着陸場・屋上緊急救助用スペース*が該当ます。

⑤ 防火管理システム（日常的な防火管理と火災時の対応）

防災センターによる維持保全と出火時の監視と操作が該当します。

⑥ その他

非常電源、予備電源などが該当します。

---

*は、建築基準法、航空法により設置するもの

消防のマン・マシン・システム

火災時に重要なのは、人と消防システムが効果的に連携することです。この連携を**マン・マシン・システム**といい、図表「消防のマン・マシン・システム」にあるように、出火から鎮火まで人と機械が連携した一連の流れになっています。そして、非常時に一連の流れがスムーズに実行できるように日常の防災管理と消防訓練が重要になります。

消防のマン・マシン・システム

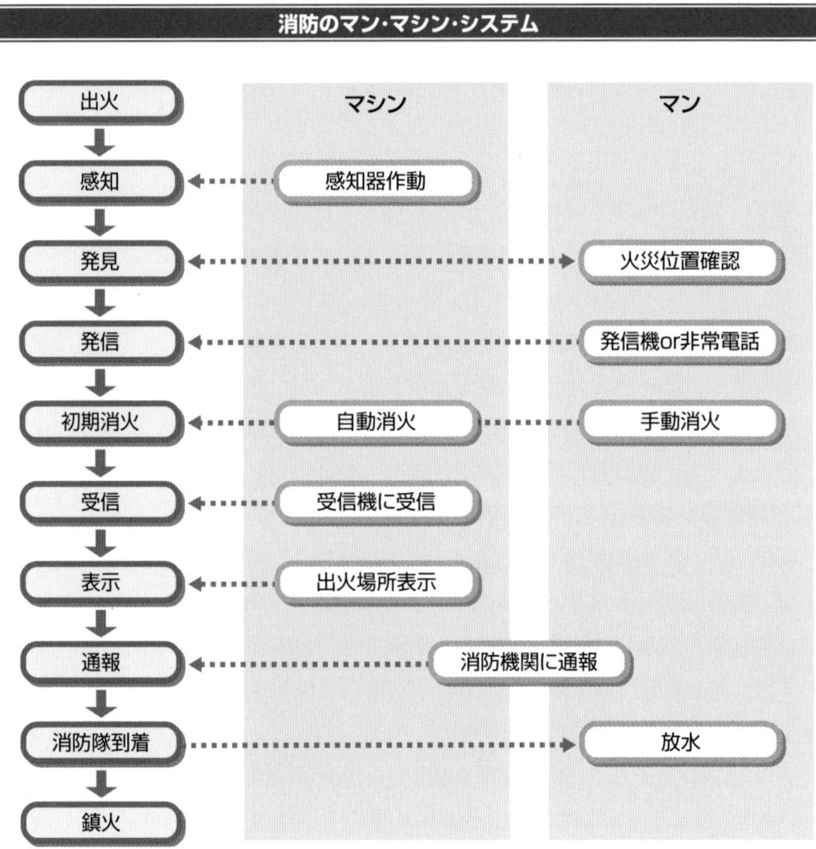

1-4 火災感知と消火

人が発見する、あるいは火災感知器が感知することにより火災が発生したことに気がつきます。火災発生からいかに短時間で対策を取れるかが、火災による被害を局限するために必要です。

感知の方法

火災により発生する**熱、煙、炎**は、火災を感知するための重要な情報です。消防法では、火災の種類、部屋の特性などにより、感知器の設置場所や設置方法そして設置数などを規定しています。

①熱を感知する

熱の伝わり方には対流、伝導、放射の3つがありますが、それぞれの伝わり方で感知器に作用します。熱の感知には2通りの方法があります。1つは周囲の温度が一定の温度以上になったとき、もう1つは周囲の温度が一定の温度差を超えたときに火災信号を発信するものです。

②煙を感知する

煙を感知する方法には3種類あります。1つめは、煙などの微粒子が感知器本体に侵入することで電流変化が生じ、火災信号を発信するものです。2つめは、煙などの微粒子によって散乱する光をとらえることで火災信号を発信するものです。3つめが、煙中を通過する光の減衰をとらえることで火災信号を発信するものです。

③炎を感知する方法

炎を感知する方法は2通りです。炎から放射する赤外線の変化が一定量以上になったときに火災信号を発信する方法と、炎から放射する紫外線の変化が一定量以上になったときに火災信号を発信する方法です。

火災の感知方法

方法	詳細
熱の感知	熱伝導の種類に対応し異なる感知方法。 ①対流：高温空気と感知器の間に発生した対流を感知 ②伝導：伝導は感知器本体に伝わった熱を感知 ③放射：放射は高温物体から直接感知器に届いた熱を感知 熱を感知した際の火災信号発信タイミングの違い。 ①周囲の温度が一定の温度以上になった場合に発信 ②周囲の温度が一定の温度差を超えた場合に発信
煙の感知	煙の感知方法は次の3種類。 ①煙などの微粒子が感知器本体に侵入するとイオン電流の流れが遅れて電流変化が生じることで火災信号を発信 ②煙などの微粒子によって散乱する光をとらえることで火災信号を発信 ③煙中を通過する光の減衰をとらえることで火災信号を発信
炎の感知	炎の感知は2種類。 ①炎から放射する赤外線の変化が一定量以上になった場合に火災信号を発信する ②炎から放射する紫外線の変化が一定量以上になった場合に火災信号を発信する

消火の方法

1-1で述べた通り、燃焼が継続するためには4つの要素があります。消火とは、この燃焼の要素を1つでも取り去ることです。すなわち**消火の4要素**は、**可燃物を取り去る**、**点火源の温度を下げる**、**酸素を遮断する**、そして**連鎖反応を遮断する**ことになります。消防法では、火災の種類、部屋の特性などにより、消火設備の種類や設置場所などを規定しています。

① 可燃物を取り去る

燃え移る危険性のある可燃物を移動する、撤去することで、延焼を止めることができます。可燃物や危険物の管理、内装材の不燃化などの対策もありますが、これは消火というより**防火対策**になります。

② 放水する

放水により**燃焼物を冷却**して着火温度以下にすると、燃焼は止まり**鎮火**に至ります。また、消火の水が蒸発するときに吸収する熱の冷却効果で、火災室の温度が下がります。夏の暑い街なかで見かける、ミストによる冷却効果と同じ効果です。さらに、水が蒸発すると空気中の水蒸気の容積は1,600倍に大きくなるので、**酸**

素濃度を薄める効果もあります。放水は、冷却と酸素遮断の2つの消火効果を併せ持っていることになります。

③ **酸素を遮断する**

火災室の空気中の**酸素濃度を薄める**方法で、**窒息消火**ともいいます。通常、空気中には21%程度の酸素が含まれていますが、空気中の**酸素濃度を16%以下**にすると燃焼が止まり**鎮火**に至ります。空気中の酸素濃度を希釈させるために、閉鎖された火災室に**消火ガス**を放出します。

なお、密閉した室内で出火すると、酸素の供給が少ないため勢いのない火災が継続し、不完全燃焼により一酸化炭素ガスが充満します。このような火災を**ゴースト火災**といい、この状況のときに扉を開けたりすると、**バックドラフト現象**を起こす危険な状態になります。バックドラフト現象とは、ゴースト火災の燃焼物が、ドアの開放や窓ガラスが割れたことなどをきっかけに、室内に流入した酸素と結びつき爆発を起こす現象です。火災室の温度が上昇し室内が一気に炎に包まれる**フラッシュオーバー**とは異なる現象です。

④ **連鎖反応を抑制する**

可燃物が燃焼して発生するガスと、空気中の酸素と水素などの燃焼成分により可燃物の分子が次々と活性化されて連続的な化学（酸化）反応を起こし燃え続けます。その化学（酸化）反応を抑制する、つまり延焼の連鎖を抑制することで鎮火に至ります。

消火（訓練）の例

江戸の大火

日本は昔から大変火災の多い国です。世界有数の過密都市となった江戸の町では、火災が頻繁にありました。「江戸の大火」といわれている火災は、江戸幕府約260年間で100回以上も発生しています。これほど頻繁な大火は、世界の歴史を見ても類例がありません。「火事と喧嘩は江戸の華」という言葉とともに、江戸の人々は大火と復興を繰り返し、防火対策も生まれていきました。延焼防止のための広小路、火除地、土蔵造り、失火の多い寺社の郊外移転、そして火消しの組織などです。放火を厳しく取り締まる火付盗賊改方という役職ができたのも、防火対策のひとつです。

江戸三大大火といわれているのが、明暦の大火（振袖火事・1657年）、明和の大火（目黒行人坂大火・1772年）、文化の大火（丙寅の大火・1806年）です。明暦の大火では、江戸の町の大半を焼失し、江戸城の天守閣も焼失、死者は10万人を超えたといわれています。この明暦の大火と、ローマの大火（64年）、ロンドンの大火（1666年）の3つを、世界三大大火としています。

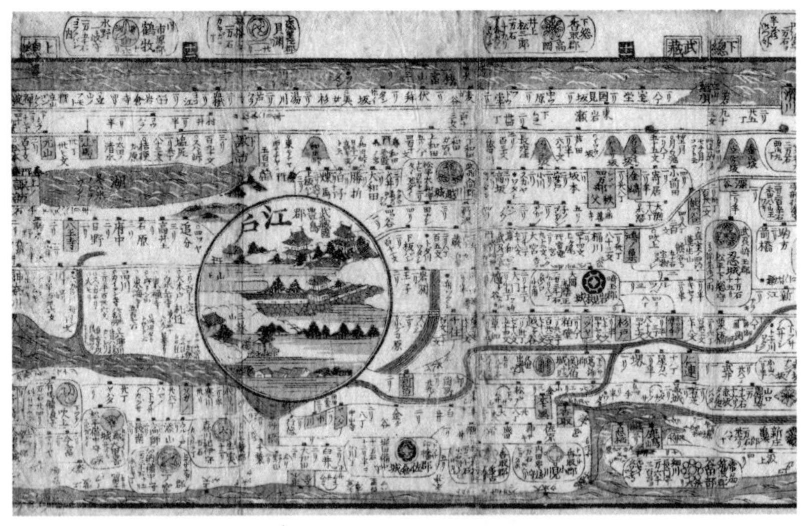

第2章

消防法と関連法

「消防法」という名前からは、消防士やレスキュー隊など、消火活動に従事する専門的な職業だけに関係する法律というものがイメージされるかもしれません。しかし、実際は私たちの住宅やオフィス、商業施設などの安全を支える法律として、とても身近な存在です。

2-1 消防法の歴史

消防法はどのような意図で制定され、社会の変化に合わせて変化してきたのでしょうか。消防法に影響を与えた歴史上の火災とあわせて、簡潔に解説します。

消防法の目的

消防法第1条に「**火災を予防し、警戒し及び鎮圧し、国民の生命、身体及び財産を火災から保護するとともに、火災又は地震等の災害による被害を軽減するほか、災害等による傷病者の輸送を適切に行い、もつて安寧秩序を保持し、社会公共の福祉の増進に資することを目的とする**」とあります。つまり消防法の目的は、次に挙げる項目により**社会の秩序を保持**するということになります。

- **火災の予防・警戒・鎮圧**
- **災害による被害の軽減**
- **災害による傷病者の搬送**

消防の歴史と消防法の変遷

消防の体制が制度化されたのは、明治6（1873）年のことです。当初は司法省において警察行政の一部として消防事務を行っていましたが、明治13（1880）年に内務省に**消防本部**を設置し、本格的な消防体制の一歩がスタートしました。その後、大正8（1919）年に**特設消防署規定**を創設、昭和20（1945）年までに全国の主要都市に**特設消防署**が次々に設置されました。この特設消防署は、府県警察部の指揮下にありました。

消防法が現在の体系になったのは、昭和21（1946）年以降です。昭和21年の新憲法制定を契機に消防と警察は分離し、新たに**消防団**を設立しました。現行の**消防法**の施行は昭和23（1948）年、防災にも深く関わる**建築基準法**の施行は2年後の昭和25（1950）年になります。

消防法の改正の原因になった火災

年	火災建物	出火原因と被害状況
昭和47年	大阪・千日デパート	出火原因：改装工事関係者の火気不始末 被害状況：死者118人 負傷者81人 焼損面積約8,800㎡
昭和48年	熊本・大洋デパート	出火原因：不明 被害状況：死者100人 負傷者124人 焼損面積約2,000㎡
昭和55年	栃木・川治プリンスホテル	出火原因：改装工事関係者の火気不始末 被害状況：死者45人 負傷者22人 焼損面積約3,000㎡
昭和55年	静岡・静岡駅前地下街爆発	出火原因：ガス爆発 被害状況：死者15人
昭和57年	東京・ホテルニュージャパン	出火原因：たばこの不始末 被害状況：死者33人 負傷者33人 焼損面積約4,200㎡
昭和61年	静岡・大東館	出火原因：ガスコンロ 被害状況：死者24人
昭和62年	東京・昭青会松寿園	出火原因：放火 被害状況：死者17人
平成2年	兵庫・長崎屋尼崎店	出火原因：放火 被害状況：死者15人 負傷者6人 焼損面積約1,000㎡
平成13年	東京・新宿歌舞伎町雑居ビル	出火原因：放火 被害状況：死者44人 負傷者3人 焼損面積約160㎡
平成18年	長崎・大村市認知症高齢者グループホーム	出火原因：電気具のショート 被害状況：死者7人 負傷者3人 焼損面積約280㎡
平成19年	兵庫・カラオケボックス	出火原因：厨房揚げ物調理 被害状況：死者3人 負傷者5人 焼損面積約110㎡

平成19年	東京・渋谷温泉施設ガス爆発	原　　因：温泉水採取時に天然ガスが湧出 被害状況：死者3人 負傷者8人
平成21年	群馬・渋川市老人ホーム	出火原因：不審火 被害状況：死者10人 負傷者1人 焼損面積約320㎡

消防法の改正

消防法は昭和23（1948）年に施行、消防法施行令は昭和36（1961）年に施行され、その後、頻繁に法改正が行われています。

法改正の原因は、大きな火災や特殊な火災があると、その都度、規制を強化しているからで、以下のような考え方に基づいています。

- **経験の積み重ねにより逐次その内容を強化する**
- **建物構造の変化、火災源の多様化、生活様式の変化などに応じた消防行政を行う**
- **科学技術の進歩に合わせて内容を変えていく**

なお、消防法を含めた法律の改正状況は、総務省Webサイトで確認できます。

2-2 消防法と消防組織

消防法とはどのような法律なのでしょうか。本節では消防法と関連する政令や告示、さらに消防法を元に設置される組織について解説します。

消防法の構成

消防法は消防の作用に関する基本法です。法を執行するために必要な事項や、法の委任に基づく事項はすべて**政令、省令**に定められています。消防法の特徴は、**建築関係**と**危険物関係**に関する政令と省令が2本立てになっていることです。建築関係の政令は**消防法施行令**、危険物関係の政令は危険物の規制に関する政令です。

消防法は、図表「消防法の構成」に示すように**消防法施行規則、消防用設備等に関する規格省令、特別省令、危険物の規制に関する政令、危険物の規制に関する規則**などから構成され、運用上の基準や解釈は**告示、通知、例規**（質疑応答）によります。

消防法の構成

法律	政令	省令	市町村条例
消防法	消防法施行令	消防法施行規則 消防用設備等に関する規格省令 特例省令	火災予防条例
	危険物の規制に関する政令	危険物の規制に関する規則	

消防の組織と行政

消防組織法第1条に「**消防は、その施設及び人員を活用して、国民の生命、身体及び財産を火災から保護するとともに、水火災または地震等の災害を防除し、及びこれらの災害による被害を軽減するほか、災害等による傷病者の搬送を適切に行うことを任務とする**」とあるように、消防組織の任務の範囲を規定しています。

消防庁は総務省の外局として設けられ、消防に関する制度の企画、立案および広域的に対応する必要のある事務などを行う機関です。

消防組織法第9条に「**市町村は消防事務を処理するために消防本部、消防署または消防団を設けなければならない**」とあり、消防行政の実施機関を規定し、さらに消防行政の権限者を指定しています。詳しくは、図表「消防の組織と構成員」、図表「消防行政の権限者」、図表「消防の活動内容」を参照してください。

消防行政は市町村の固有事務として発足し、充実してきました。消防行政は地元の特殊事情によるものが多く、その行政は所轄消防機関で独自に行われ、市町村が制定する火災予防条例などにより運用しています。

消防の組織と構成員

機関名	機関の長	機関の構成員
消防本部	消防長	消防吏員その他の消防署員
消防署	消防署長	
消防団	消防団長	消防団員

消防行政の権限者

機関の有無	一般消防行政権限者	危険物行政権限者
消防本部及び消防署を置く市町村	消防長又は消防署長	市町村長
消防本部を置かない市町村	市町村長	都道府県知事

消防の活動内容

消防の活動
消防の一般活動······火災予防、火災警戒、消火活動 消防の特殊的活動····火災原因調査、救急救助、その他

用語の使い分け

「法律」や「政令」、「告示」とは具体的に誰を対象にし、さらにどのような権限や強制力をもっているのでしょうか。それらの用語について簡単にまとめましたので、参考にしてください。

法律：国会の議決など一定の手続きにより制定する
政令：法律を実施するために内閣が制定する命令
省令：法律や政令を実施するために主務大臣が発する命令
条例：地方公共団体の議会の議決により定められた法律
告示：国や地方公共団体が必要な事項を広く一般に知らせる内容
通知：国や地方公共団体の上部から下部の組織に向けて知らせる内容
消防予：消防署の予防課が受付、発信した文章の通し番号
消防危：総務省の危険物に関する省令

2-3
防火対象物と消防用設備等

消防法で規定されている防火対象物と消防用設備等について解説します。消防法と建築基準法の用語は異なっている部分があるため、それぞれの法律が関連する場合は定義をあらかじめ把握しておくことが重要です。

防火対象物

消防法では防火対象物を規制の対象物とし、建築基準法では建築物を規制の対象物としています。

消防法で**防火対象物**とは「**山林又は舟車、船きょ若しくはふ頭の繋留された船舶、建築物その他の工作物若しくはこれらに属するもの**」とされています（消防法第2条第2項）。建築物以外にも広範囲にわたっていますが、一般的でないものも多いため、実質的には建築物と考えて構いません。

一方、建築基準法では**建築物**と**特殊建築物**の定義があります。こちらについて詳しくは、2-7を参照してください。

防火対象物の種類はいろいろあり、その種類と区分の内容は消防法施行令第6条に**防火対象物の指定**として**令別表第一**（以降、令別表第1と表記）に示されています。防火対象物については3-2も参照してください。

消防用設備等

防火対象物に設置する消防の用に供する設備、あるいは消防用水や消防活動上必要な施設を総称して**消防用設備等**といいます。火災による人命安全の確保を図るため、消防法では**防火対象物の関係者は消防用設備等を設置し維持すること**を義務づけています。具体的な消防用設備等の種類については、3-1を参照してください。

なお、建築基準法では**建築設備**の定義があります。こちらについては2-7を参照してください。

防火対象物の関係者等を表す用語

下記に挙げた者は、防火対象物とその消防用設備等の設置・維持に関わります。

関係者：防火対象物の所有者、管理者および占有者をいいます。

所有者：所有権がある者をいいます。

管理者：管理権がある者をいいます。

占有者：対象物を事実上支配し、またはその支配の可能性がある者をいいます。

権原を有する者：始末、処理または整理除去に関して法律上正当に命令の内容を履行できる者をいいます。

消防用設備等の設置と維持（消防法第17条第1項）

学校、病院、工場、事業所、興行場、百貨店、旅館、飲食店、地下街、複合用途防火対象物その他の防火対象物で政令に定めるものの関係者は、政令で定める消防の用に供する設備、消防用用水及び消火活動上必要な施設について消火、避難その他の消防の活動で必要とされる性能を有するように、政令で定める技術上の基準に従って設置し、維持しなければならない。

防火対象物の例

2-4 消防同意、点検と報告など各種行為

消防法における各種行為のうち、代表的なものの概要を6つ解説しています。

消防法における各種行為

① **消防同意**（消防法第7条第1項）

消防法では、建築物の新築・増築等における許可の際は、当該建築物所在地の管轄の消防長または消防署長の同意を得なければならないとあります。

建築基準法第93条の規定により、建築主事が**建築確認**をする際に、消防長または消防署長の**同意**を得なければなりません。これは特定行政庁が許可（**計画通知**）を与える場合においても同様です。

消防同意事務は、確認を与える建築主事、もしくはその委任を受けた指定確認検査機関、または許可を与える特定行政庁に対して行う行政内部の**連絡調整事務**となっており、申請者に与えるものではありません。なお、防火地域および準防火地域以外の住宅（共同住宅は除く）においては消防同意の必要はありません。

② **既存遡及**（消防法第17条の3）

大きな火事や特殊な火事による被害が大きいと、その反省から法改正を行い、規制を強化してきました。法改正があると、既存建物であっても、その**新しい基準に添った改修**を行わなければなりません。これを**既存遡及**といいます。既存遡及の特例規定については3-3を参照ください。

③ **消防用設備等の点検と報告**（消防法第17条の3の3）

防火対象物の関係者は、**消防用設備等を設置し維持**することが義務付けられています。点検の結果は、消防長または消防署長に報告しなければなりません。

④ **防火対象物の点検と報告**（消防法第8条の2の2）

防火対象物の関係者は、**防火管理上必要な業務等について点検**することが義務付けられています。点検の結果は、消防長または消防署長に報告しなければなりません。

⑤ **火気使用に関する制限等**（消防法第9条）

火気を使用する器具（コンロ、こたつ、かまど等）またはその使用に際して、火災の発生の恐れのある器具の取り扱い、その他火の使用に関する火災予防に必要な事項は市町村の**火災予防条例**で定めることとしています。

東京消防庁では**火の使用に関する制限等（火災予防条例）**として、劇場、デパート、地下街など、不特定多数の人が利用する施設において、喫煙、裸火の使用、危険物の持ち込みなどについての制限を行っています。

⑥ **防火管理者制度**（消防法第8条第1項）

防火対象物の消防用設備等の設置基準や技術基準は、消防法に詳細な規定があります。これらの消防用設備等を**適法状態に維持管理**し、いざという時に機能を発揮するための制度が**防火管理者制度**です。防火対象物のうち一定規模以上のものでは防火管理者を選任し、その旨を届ける義務があります。また、火災以外の災害（地震、テロ等）による被害の軽減を目的として**防災管理者制度**があります。4-1もあわせて参照してください。

用語と関連する消防法該当箇所

用語	消防法	解説ページ
消防同意	第7条第1項	2-4
既存遡及	第17条の3	3-3
消防用設備等の点検と報告	第17条の3の3	3-6
防火対象物の点検と報告	第8条の2の2	3-6
火気使用に関する制限等	第9条	2-4
防火管理者制度・防災管理者制度	第8条1項	4-1
防炎規制	第8条の3	2-6

2-5 立入り検査・命令

消防法では、火災の予防を目的に、防火上の構造や設備についての設置規制、火気使用に関する管理や取り扱いの規制などをしていますが、その他に消防機関による予防活動、建物所有者等の義務を規定しています。

防災のための立入り検査・命令

火災の予防活動のひとつが**立入り検査と命令**です。主な内容は以下の4項目です。

① **屋外における火災予防上の措置**（消防法第3条第1項）

消防長、消防署長または消防吏員は**屋外における火災予防**上、危険な火遊びや焚き火、危険物の放置、火粉の始末に対して、必要な命令または必要な措置を取ることができます。

② **立入り検査等**（消防法第4条第1項）

消防長または消防署長は、火災予防のため必要があるときは**関係者**に対して資料の提出・報告を求め、消防職員が関係のある場所に**立ち入って状況を検査**することができます。ただし、個人の住居は、緊急の必要がある場合でなければ立ち入ることはできません。図表「消防機関の立入り検査の実施状況」は立入り検査の状況を示したものです。

③ **防火対象物に対する措置命令**（消防法第5条第1項）

消防長または消防署長は、**防火対象物の位置、構造、設備および管理状況**について火災予防上必要があると認める場合、または火災が発生したならば危険であると認める場合には、**関係者**に対して**防火対象物の改修、移転、除去、工事の停止･中止などの必要な措置**を行うように命じることができます。図表「立ち入り検査の結果、改善等の命令を行った件数」も参照してください。

必要な措置を命じたにもかかわらず、その措置が履行されない場合には、**防火対象物の禁止、停止、制限**を命じることができます（消防法第5条の2第1項）。

④ **消防用設備等に対する措置命令**（消防法第17条の4第1項）

消防用設備等が**技術上の基準**に沿って設置、維持を行っていない場合は、消防長または消防署長は防火対象物の関係者に対して、技術上の基準に従って**設置および維持することについて必要な命令**を出すことができます。

消防機関の立入り検査の実施状況（令和5年版 消防白書より）

防火対象物の区分	(一)		(二)				(三)		(四)
	イ	ロ	イ	ロ	ハ	ニ	イ	ロ	
	劇場等	公会堂等	キャバレー等	遊技場等	性風俗特殊営業店舗等	カラオケボックス等	料理店等	飲食店	百貨店等
立入り検査回数	1,759	18,057	216	2,943	43	717	677	31,309	45,198

防火対象物の区分	(五)		(六)				(七)	(八)	(九)
	イ	ロ	イ	ロ	ハ	ニ			イ
	旅館等	共同住宅等	病院等	特別養護老人ホーム等	老人デイサービスセンター等	幼稚園等	学校	図書館等	特殊浴場
立入り検査回数	28,262	131,470	15,974	20,225	30,819	4,535	27,132	2,089	663

防火対象物の区分	(九)	(十)	(十一)	(十二)		(十三)		(十四)	(十五)
	ロ			イ	ロ	イ	ロ		
	一般浴場	停車場等	神社・寺院等	工場等	スタジオ	駐車場等	航空機格納庫等	倉庫	事務所等
立入り検査回数	981	886	12,452	80,862	128	11,089	243	58,149	83,083

防火対象物の区分	(十六)		(十六の二)	(十六の三)	(十七)	(十八)	(十九)	(二十)	合計
	イ	ロ							
	特定複合用途防火対象物	非特定複合用途防火対象物	地下街	準地下街	文化財	アーケード	山林	舟車	
立入り検査回数	102,251	40,674	112	41	5,097	274	0	0	758,410

「防火対象物実態等調査」により作成。

立入り検査の結果、改善等の命令を行った件数（令和5年版 消防白書より）

命令の種類	命令件数	是正件数
防火対象物に関する命令（消防法第5条、第5条の2及び第5条の3）	210	209
防火管理に関する命令（消防法第8条及び第8条の2）	7	3
消防用設備等に関する措置命令（消防法第17条の4）	263	85
合計	480	297

1. 「防火対象物実態等調査」により作成。
2. 「是正件数」は、令和4年4月1日から令和5年3月31日までの間に発せられた命令に基づき、令和5年3月31日までに是正された件数（令和5年3月31日現在、計画表を提出し、是正措置を実施中のものを含む。）である。

2-6 防炎規制

部屋の内装やカーテン、じゅうたんなどを燃えにくくすることは、火災から人命を守るために重要な要素です。本節では、内装や家具を燃えにくくするための規制について解説します。

防炎規制とは

消防法では、火災が発生したときに人命に多大な被害を出すおそれのある防火対象物を**防炎防火対象物**とし、使用するカーテンやじゅうたん等の物品を**防炎対象物品**に指定しています。これを**防炎規制**といいます（消防法第8条の3、消防法施行令第4条の3）。具体的な対象物は、図表「防炎防火対象物と防炎対象物品の種類と防炎表示」を参照してください。

防炎対象物品に該当するものは、政令で定める**防炎性能**の基準を満たさなければなりません。**防炎**とは燃えにくい性質をいいます。たとえば、カーテンは繊維を薬品処理することで防炎性能を得たりしています。**防炎対象物品**は試験機関でテストを受けて、防炎性能の判定基準に合格すると、表示ラベル（**防炎表示**）を付けることになります。ラベルのないものは防炎対象物品としての販売は禁じられています。

防炎規制は出火防止や延焼拡大防止にとって極めて重要なので、既存の防火対象物にも適用（**既存遡及**）されます。

不燃化のための規制

建築基準法に**内装制限**の規制があります。図表「建築基準法における内装制限の範囲」のように、天井や壁材などの内装材を不燃化するための規制です。

建築基準法における内装材とは、建築物の一部を構成しているもので、カーテンやじゅうたん、家具などは対象にはなっていません。建物内の可燃物を示す時に、内装材等を**固定可燃物**、カーテンや家具などを**積載可燃物**としています。

防炎防火対象物と防炎対象物品の種類と防炎表示

<table>
<tr><th colspan="3">防炎防火対象物(別表第1及びその他)</th><th>防炎対象物品</th></tr>
<tr><td rowspan="2">(1)</td><td>イ</td><td>劇場・映画館・演芸場・観覧場</td><td rowspan="20">○カーテン
○布製ブラインド
○暗幕
○じゅうたん等
○どん帳
○その他舞台に使用する幕及び大道具用合板
○展示用の合板
○工事用シート
など

消防庁登録者番号
防　炎
登録確認機関名
財団法人　日本防炎協会

防炎表示</td></tr>
<tr><td>ロ</td><td>公会堂・集会場</td></tr>
<tr><td rowspan="4">(2)</td><td>イ</td><td>キャバレー・カフェー・ナイトクラブ等</td></tr>
<tr><td>ロ</td><td>遊技場・ダンスホール</td></tr>
<tr><td>ハ</td><td>性風俗関連特殊営業を営む店舗等</td></tr>
<tr><td>ニ</td><td>カラオケボックスその他遊興のための設備又は物品を個室（これに類する施設を含む。)において客に利用させる役務を提供する業務を営む店舗</td></tr>
<tr><td rowspan="2">(3)</td><td>イ</td><td>待合・料理店等</td></tr>
<tr><td>ロ</td><td>飲食店</td></tr>
<tr><td>(4)</td><td></td><td>百貨店・マーケット・物品販売店舗・展示場</td></tr>
<tr><td>(5)</td><td>イ</td><td>旅館・ホテル・宿泊所等</td></tr>
<tr><td>(6)</td><td>イ</td><td>病院・診療所・助産所</td></tr>
<tr><td></td><td>ロ</td><td>老人短期入所施設・重症心身障害児施設等</td></tr>
<tr><td></td><td>ハ</td><td>老人デイサービスセンター・児童養護施設等</td></tr>
<tr><td></td><td>ニ</td><td>幼稚園・特別支援学校</td></tr>
<tr><td>(9)</td><td>イ</td><td>蒸気浴場・熱気浴場</td></tr>
<tr><td>(12)</td><td>ロ</td><td>映画スタジオ・テレビスタジオ</td></tr>
<tr><td colspan="2">(16の3)</td><td>準地下街</td></tr>
<tr><td colspan="2" rowspan="3">その他</td><td>高層建築物（高さ>31m）</td></tr>
<tr><td>地下街</td></tr>
<tr><td>工事中の建築物・工作物に使用</td></tr>
<tr><td colspan="3"></td><td>工場用シート</td></tr>
</table>

建築基準法における内装制限の範囲

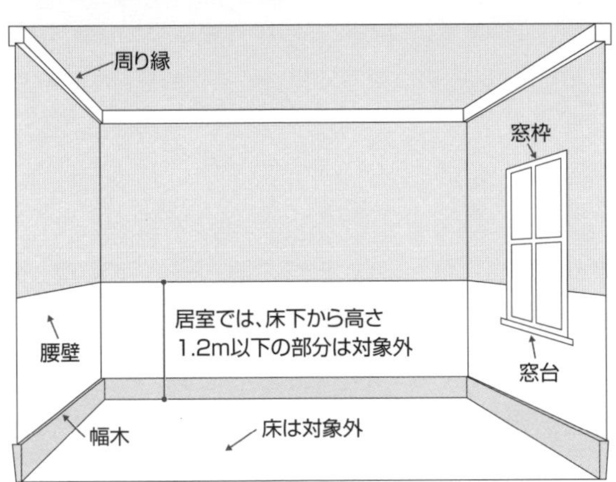

内装制限
(不燃･準不燃･難燃材料)の範囲

幅木、周り縁、窓枠、窓台などは
内装制限の対象外

2-7 建築基準法での防火・消防の規定

消防法と同様に、建築基準法にも防火対策についての規定、さらに避難関連規定や消防活動に関する規定があります。建築基準法での規定について、用語別に解説します。

建築物

消防法では規制の対象を**防火対象物**としていますが、建築基準法では**建築物**を規制の対象物としています。

建築基準法では「**土地に定着する工作物**のうち、屋根及び柱若しくは壁を有するもの、これに付属する門若しくは塀、観覧のための工作物又は地下若しくは高架の工作物内に設ける事務所、店舗、興行場、倉庫その他これらに類する施設」を**建築物**と定義しています。**工作物**とは「煙突、広告塔、高架水槽、擁壁その他これらに類する」ものとしています。

建築物には**特殊建築物**と分類されるものもあり、規制が厳しくなっています。特殊建築物とは「学校、体育館、病院、劇場、観覧場、集会場、展示場、百貨店、市場、ダンスホール、遊技場、公衆浴場、旅館、共同住宅、寄宿舎、下宿、工場、倉庫、自動車車庫、危険物の貯蔵場、と畜場、火葬場、汚水処理場その他これらに類する用途に供する」ものとしています。ほとんどの建築物が該当しますが、事務所が入っていませんので、オフィスビルは高層であっても特殊建築物には該当しないことになります。

建築設備

建築設備とは「建築物に設ける電気、ガス、給水、排水、換気、暖房、冷房、消火、排煙若しくは汚水処理場の設備または煙突、昇降機若しくは避雷針をいう」としています。

消防法の定める消防用設備等は、建築設備の定義にも含まれることになります。

耐火建築物

耐火建築物とは、建築基準法における概念で、主要な構造部が耐火構造で、火災が終了するまで耐えることができ、延焼防止の性能も有する建築物をいいます。主要構造部となる柱、梁、床、耐力壁、外壁、屋根などの耐火時間の規定があります。

耐火性能的に一段階下の建築物は**準耐火建築物**といいます。

防火区画

防火区画とは、建築基準法において**火災の延焼拡大を防止する構造**の規制で、**面積区画、高層区画、竪穴区画、異種用途区画**の4種類があります。

① **面積区画**　② **高層区画**

ある一定以上の面積を超える燃え広がりを防止する規定です。高層階は避難や消火活動が困難なため、火災の広がりをより小さく抑えることを目的に、11階以上の階には高層区画の規定があります。たとえば、スプリンクラー設備の設置のある建物では、10階までの階において3,000㎡以下に、11階以上の階において1,000㎡以下に防火区画することになっています。

③ **竪穴区画**

上階への燃え広がりや、火災の影響が上階に及ぶことを防止する規定です。各階に通じる階段室やエレベーターシャフトなどは、火炎や煙を吸い込んで全館に火災を広げる危険性があるため、竪穴のスペース全体で防火区画とすることとしています。

④ **異種用途区画**

用途の異なる部分の境界線を越えて燃え広がりを防止する規定です。

防火設備、特定防火設備

防火設備および**特定防火設備**は建築基準法による用語で、防火区画を形成する位置に設ける防火扉、防火シャッターおよび防火ダンパー（空調や換気のダクトに設ける扉）など、火災の拡大を防止するために開口部を閉鎖する装置をいいます。上記の防火区画の種類により、防火設備または特定防火設備の設置が規定されています。

延焼のおそれのある部分

延焼のおそれのある部分とは、建築基準法における概念で、隣地境界線、道路中心線または同一敷地内の2以上の建築物の相互の外壁間の中心距離から、1階にあっては3m以内、2階以上の階にあっては5m以内の範囲をいいます。

延焼のおそれのある部分

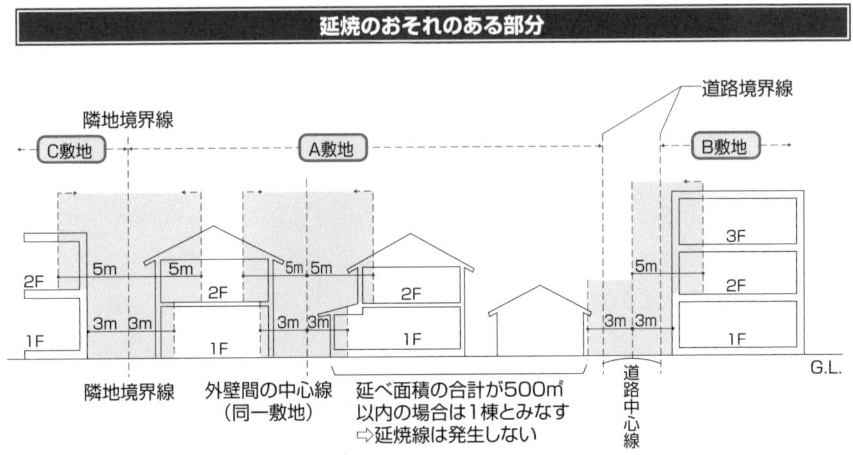

中央管理室

中央管理室とは、中央管理方式の空気調和設備の設置、または非常用エレベーターの設置のいずれかの場合において設け、その監視と制御を行う室となっています。消防法で設置する防災センターとは異なるものです。中央管理室と防災センターの詳細は4-3を参照してください。

非常用進入口

非常用進入口とは、**消防隊が建物内に進入するための開口部**で、建築基準法により設置するものです。開口部とは、破壊したり開放したりできるガラス窓で、建築物の高さで31m以下にある3階以上の各階の、道路に面した外壁に設けます。

消防隊が進入するときは、はしご車を使いますが、はしご車が届かないような高層の建築物には後述の非常用エレベーターを設置することになります。非常用エレベーターの設置がある場合は、非常用進入口の設置の必要はありません。

なお、消防法では**避難上または消防活動上有効な開口**の規定があり、消防上の有窓階、無窓階の判定に使われます。無窓階については2-8を参照してください。

非常用進入口の設置

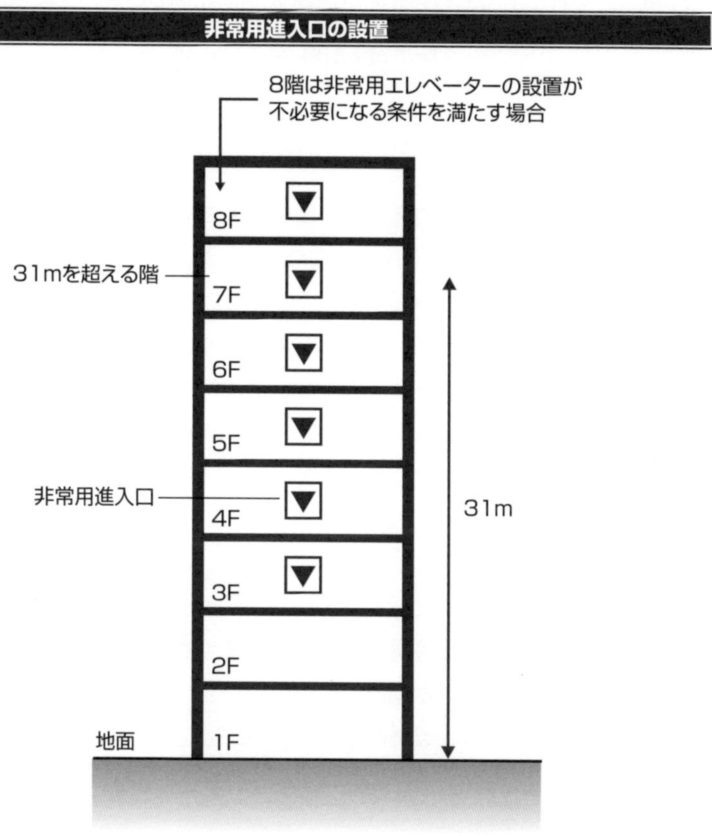

非常用エレベーター

非常用エレベーターとは、火災時に**消防隊が消火活動のために高層階に進入するときに使うエレベーター**で、建築基準法に設置基準があります。

東京消防庁では平成25（2013）年に、高層建築物における歩行困難者等に係る避難安全対策として、非常用エレベーターを使っての避難を指導することとしました。**非常用エレベーターを使った火災避難**は、専門講習を受けた防災センター要員などが、車いす利用者や老人などを対象として避難誘導することになります。東京消防庁では**避難誘導用エレベーター**としています。

建築基準法による非常用エレベーター設置基準	
設置が必要な建築物	例外として設置が不必要になる条件
高さが31mを 超える建築物	①31mを超える階の床面積の合計が500㎡を超えない ②31mを超える階の階数が4以下 ③31mを超える階に常時人がいない

排煙設備

排煙設備とは、**火災により発生した煙を屋外に排出する設備**で、機械により排出する方法と自然に排出する方法の2通りがあります。いわゆる**機械排煙**と**自然排煙**です。

建築基準法と消防法のどちらにも同じような規定がありますが、それぞれの設置目的が異なります。建築基準法の排煙設備は火災初期の**避難安全**の確保を目的にしていますが、消防法の排煙設備は消防活動時の火災が進展した時期に使うもので、**消防活動支援**を目的にしています。したがって、消防法と建築基準法の規定は多少の違いがあります。詳細は10-2を参照してください。

非常用の照明装置

非常用の照明装置とは、**停電時に一定の照度を確保し、避難方向や周囲の状況を把握**できるようにするための照明器具で、建築基準法により設置します。

消防法で設置の義務がある**誘導灯**は別で、これについては9-7を参照ください。

2-8
消防法と建築基準法の用語の違い

消防法と建築基準法では、高層建築物や地下街の規定や用語の定義が異なる場合があります。本節では消防法と建築基準法で異なる定義について解説します。

高層建築物

消防法で**高層建築物**とは、軒の高さが31m超、60m以下の建築物をいい、軒の高さが60mを超える建物は**超高層建築物**といいます。「軒の高さ」は建築基準法により規定されていますが、「高層建築物」という用語は建築基準法にはありません。

高層建築物は避難や消防活動が困難であることから、建築基準法では内装制限、防火区画、避難経路などの規制が強化され、消防法では消火設備や誘導灯の設置などの規制が強化されています。

地階

地階とは、床が地盤面下にある階で、この考え方は消防法も建築基準法と同様のものです。どのような階が地階になるかは、図表「地階の扱い」を参照してください。

地階の扱い

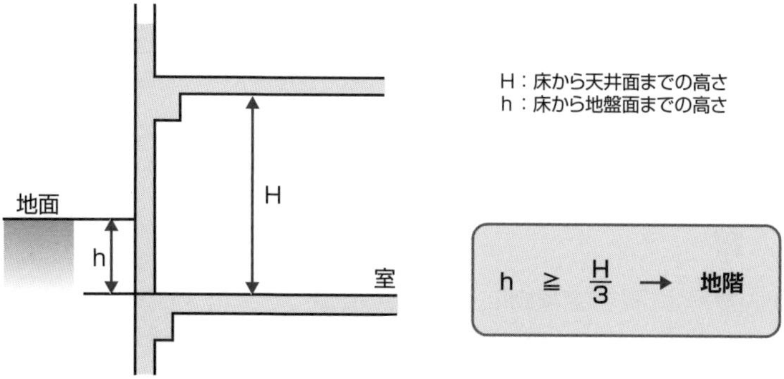

H：床から天井面までの高さ
h：床から地盤面までの高さ

地面

H

h

室

$h \geqq \frac{H}{3}$ → 地階

無窓階

無窓階とは、建築物の地上階のうち、避難上または消火活動上の有効な開口部を持たない階をいいます（消防法施行規則第5条の2第1項）。地上階に限定した規定になっているため、地下階には無窓階の規定は該当しません。**避難上または消火活動上有効な開口部**とは、外部に面する開口部のことで、その大きさや面積などについては規定があります。図表「避難上・消火活動上の有効な開口部」を参照ください。

建築基準法にも、有窓・無窓の定義があります。消防法では避難上または消防活動上の開口部として**階に対して規定**していますが、建築基準法では**居室の有効採光面積**として**居室単位で規定**しており、まったく異なるものです。必要な有効採光面積は居室の用途により異なりますが「床面積×1/7」程度となります。

避難上・消火活動上の有効な開口部

	対象階	下記条件に該当する階は無窓階となる
無窓階の判定 (規則第5条の2第1項)	11階以上の階	直径50cm以上の円が内接することができる開口部の面積の 合計が≦1/30×(その階の床面積)であること。
	10階以下の階	直径1m以上の円が内接することができる開口部（または、幅≧75cm、高さ≧1.2mの開口部）が2つ以上あり、かつ、直径50cm以上の円が内接することができる開口部の面積の合計が≦1/30×(その階の床面積)であること。
開口部の構造 (規則第5条の2第2項)	(1) 床面から開口部下端までの高さは、1.2m以内であること。 (2) 開口部は、道または道に通ずる幅員1m以上の通路、その他の空地に面したものであること (ただし、11階以上の階の開口部の場合は適用しない)。 (3) 開口部は、格子、その他の内部から容易に避難できる構造とすること。かつ、外部より開放または容易に破壊し進入できるものであること。 (4) 開口部は、開口のため常時良好な状態に維持されていること。	

収容人数

収容人数とは、防火対象物に出入りし、勤務し、または居住する者の数をいいます。この収容人数に応じて、消防設備等の設置や防火管理の方法などに関する規制がなされます（消防法施行令第1条の2）。収容人数の詳細は3-2を参照してください。

地下街、準地下街

地下街とは、地下の工作物に設けられた**各構え**（店舗、事務所、その他これらに類する施設）が連続して地下道に面して設けられたものと、その**地下道**を合せたものをいいます。広い通路等の公共用地の地下道と各構えを一括して地下街と称しますので、構成する用途は関係ありません。地下街は令別表第1では（16の2）項になります。

地下街は構成する部分（地下道と各構え）のすべてが公共用地（道路等）の地下部分にあるものをいいます。

準地下街とは、建築物の地階において、各構えが連続して地下道に面したものと、その地下道と合せたもので、構成する用途に特定部分があるものとなっています。特定部分とは、令別表第1の（1）から（4）項、（5）項イ、（6）項、（9）項イに掲げる防火対象物です。準地下街は令別表第1では（16の3）項になります。

準地下街は各構え（店舗、事務所等）が民有地（建築物）の地下部分にあるものをいいます。

昭和55（1980）年の静岡駅前地下街のガス爆発事故を契機に、一時は、地下街の新築や増築は原則認めないこととされましたが、昭和61（1986）年に防災対策の徹底を図ることを前提として、規制は緩和されました。当時は、建設省（現・国土交通省）と消防庁が規定する「地下街に関する基本方針（通知）」により運用していました。その後、地方分権推進法により通知が廃止されたため、地下街の取り扱いは都道府県市町村の消防機関に委ねられることとなりました。法改正の原因になった火災については2-1を参照してください。

一方、建築基準法では**地下街の各構え**と称し、各構えのみを対象として規制をしています。規制の内容は、構造、内装材、歩行距離および防災設備の設置などについてです。

2-9 危険物の取り扱い

火災の要員のひとつとして、私たちが日常的に利用している危険物による火災や爆発が挙げられます。消防法ではそれらを細かく分類し、取り扱い方法を規制しています。

危険物

消防法で規制される**危険物**とは、ガソリン、灯油などの引火性、着火性の高い物品で、気体、液体、固体など、さまざまな物質が指定されています。それらの危険物は、危険性質によって**6種類に分類**され、貯蔵方法、取り扱い方法、運搬方法などについての規制があります。危険物の分類については、図表「消防法で定める危険物一覧」を参照してください。

建築基準法による危険物

建築基準法にも危険物の定義があり、消防法での危険物に加え、火薬類、高圧ガス、可燃ガスなどが含まれています。建築基準法では、貯蔵場所の用途規制、貯蔵施設の構造規制、貯蔵制限量などの規制を行っています。

毒物及び劇薬取締法による危険物

毒物及び劇薬取締法にも危険物に関する規制があります。しかし、消防法や建築基準法とは異なり、毒物・劇薬など保健衛生上の観点から人体などの健康に有害なものとして定義され、製造、輸入、販売、取り扱いなどの規制を行っています。

指定数量

指定数量とは、危険物の危険性により、その品名ごとに数量が指定され、その指定数量によって危険物の貯蔵、取り扱いなどの規制があります。

危険物のなかで最も取り扱われる量が多いものが石油類で、分類は第4類になっています。

消防法で定める危険物一覧

分類	指定	内容
第一類	酸化性固体	物質の中に酸素を大量に含有しているため、熱等による分解で激しく燃焼を起こす危険性がある固体。
第二類	可燃性固体	着火しやすく、容易に燃焼し、燃焼速度も速い固体。
第三類	自然発火性物質、禁水性物質	空気にさらされて自然発火する。または、水と作用して発火、あるいは可燃性ガスを発生する物質。
第四類	引火性物質	引火性のある液体*。
第五類	自己反応性物質	加熱等で自己反応しやすく、燃焼速度も速い。衝撃により爆発しやすい物質。
第六類	酸化性液体	酸化性が強く、ほかの可燃物が燃えるのを促す液体。

＊第四類・石油類の指定数量は、第1石油類（ガソリン等）が200ﾘｯﾄﾙ、第2石油類（灯油・軽油等）が1,000ﾘｯﾄﾙ、第3石油類（重油等）が2,000ﾘｯﾄﾙ、第4石油類（ギヤー油等）が6,000ﾘｯﾄﾙです。

危険物規制のしくみ

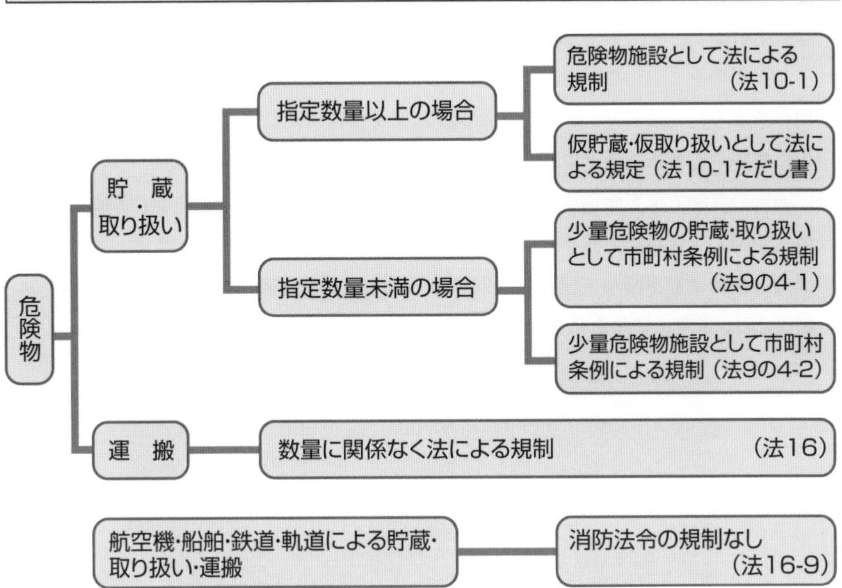

地下街

地下街とは、公共の地下歩道（公共の道路扱い）と、地下道に面する店舗などが一体になった地下施設を指し、公共の道路や駅前広場などの地下に存します。

わが国で最も古い地下街は、昭和7（1932）年、東京の地下鉄銀座線開通を機に集客を目的に地下コンコースに店舗が併設されたもので、神田須田町にあった須田町地下鉄ストアです。

その後、季節や天候に左右されない駅に直結した歩行者ネットワークのショッピングモールとして、全国の主要都市に定着してきました。国土交通省が地下街と指定する施設は全国で78ヵ所、延べ面積で107万㎡に達し、世界最大の地下街大国になっています。

地下街の多くは1960～1970年代に開業しているため、施設の老朽化や法不適合項目を多く抱えており、都市部での駅周辺大規模再開発に伴う地下道ネットワークの再構築が行われていますが、地下街の再整備では困難な問題に直面しています。

通常の建物で火災が発生すると窓ガラスが壊れ火煙が噴出しますが、閉鎖された地下空間で火災が発生すると避難経路となる階段が火煙の噴出口となるため避難・消火・救助活動が極めて困難な状況になります。そのため、地下街は都道府県の条例により、通常の建物より厳しく規制されています。

第3章

消防用設備等の設置・維持・点検

消防用設備とは消防法で規定された設備です。火災の発見から通報、消火や避難まで、さまざまな用途の設備や器具があります。たとえば消火器や消火栓、避難用のはしごや非常ベルなどがイメージしやすいと思います。これらの設備や機材は、人命を救うための道具として消防法の規定や国家検定で、一定の性能や機能が保証されています。

図解入門
How-nual

3-1 消防用設備等の種類

消防用設備等とは、消防法第17条で規定され、一般的には消防設備といわれるものです。火災の発生から、消防隊が現場に駆けつけて消火活動をするまでの間、それぞれの段階に応じて分類されています。

消防用設備等の種類

消防用設備等の設置は、防火対象物の種類ごとに、構造、規模、収容人数などによって設置基準が定められ、防火対象物の権原者は消防用設備等の設置と維持管理の義務があります（消防法第17条の3の3）。消防用設備等の種類は、以下の6種類になります。

① **消火設備**

消火設備とは、火災が発生した場合に消火を目的に用いる設備をいいます。

② **警報設備**

警報設備とは、火災またはガス漏れ等を早期に発見し、すみやかに防火対象物全体に報知、または消防機関に通報するための設備をいいます。

③ **避難設備**

避難設備とは、火災が発生した場合に在館者を迅速かつ安全に避難・誘導するための設備をいいます。

④ **消防用水**

消防用水とは、広い敷地の大規模な建築物の延焼段階の火災に対して、消防の水利を得ることを目的としたもので、防火水槽、プール、池、濠、河川、湖、沼、海等の常時規定以上の水量が得られるものをいいます。

⑤ **消防活動上必要な施設**

消防活動上必要な施設とは、消防隊が円滑に消火、救助活動を行えるようにするための消防活動支援の施設をいいます。

⑥ **必要とされる防火安全性能を有する消防の用に供する設備等**

必要とされる防火安全性能を有する消防の用に供する設備等とは、通常用いられる消防用設備等と同等以上であると認められる消防の用途に供する設備、消防用水または消防活動上必要な施設をいいます。

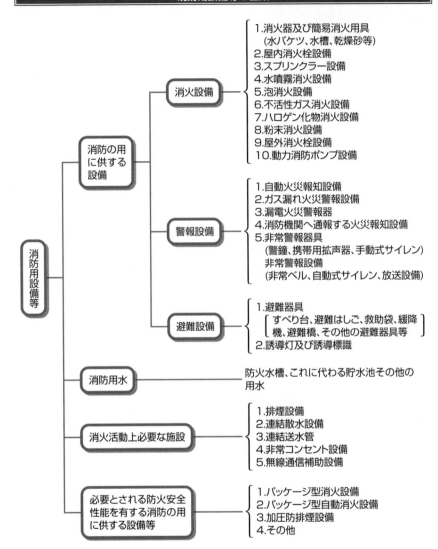

消防用設備等の種類

- 消防用設備等
  - 消防の用に供する設備
    - 消火設備
      1. 消火器及び簡易消火用具（水バケツ、水槽、乾燥砂等）
      2. 屋内消火栓設備
      3. スプリンクラー設備
      4. 水噴霧消火設備
      5. 泡消火設備
      6. 不活性ガス消火設備
      7. ハロゲン化物消火設備
      8. 粉末消火設備
      9. 屋外消火栓設備
      10. 動力消防ポンプ設備
    - 警報設備
      1. 自動火災報知設備
      2. ガス漏れ火災警報設備
      3. 漏電火災警報器
      4. 消防機関へ通報する火災報知設備
      5. 非常警報器具（警鐘、携帯用拡声器、手動式サイレン）非常警報設備（非常ベル、自動式サイレン、放送設備）
    - 避難設備
      1. 避難器具［すべり台、避難はしご、救助袋、緩降機、避難橋、その他の避難器具等］
      2. 誘導灯及び誘導標識
  - 消防用水
    - 防火水槽、これに代わる貯水池その他の用水
  - 消火活動上必要な施設
    1. 排煙設備
    2. 連結散水設備
    3. 連結送水管
    4. 非常コンセント設備
    5. 無線通信補助設備
  - 必要とされる防火安全性能を有する消防の用に供する設備等
    1. パッケージ型消火設備
    2. パッケージ型自動消火設備
    3. 加圧防排煙設備
    4. その他

消防用設備等の国家検定

消防用設備等は、万一の時に備えて機能が確実に作動するものでなければなりません。そのような性能を担保する手段として、消防用設備等の**国家検定制度**が

あります（消防法第21条の2）。

対象の消防用設備等（検定対象機械器具）の検定は**登録認定機関**が行うこととなっていました。しかし、検定を未受検あるいは不正受検の消防用機器等の市場への流通が発生したため、**違法な流通を防止するための措置**、および**検定事業に民間が参入**できるような**検定制度の見直し**があり、平成25（2013）年に法改正がありました。

国家検定には、型式承認と型式適合検定の2段階があります。

型式承認とは、検定対象機械器具の形状、構造、材質、成分および性能が、技術上の規格に適合しているかどうかの承認を得たものです。承認する人は総務大臣になり、検定対象機械器具の範囲は法令で決まっています（消防法施行令第37条）。

型式適合検定とは、型式承認された検定対象機械器具が、製造後、その形状、性能が型式承認と適合しているか検定を受けることです。検定に合格すると、型式適合検定に合格した旨の表示（合格表示）をすることができます。この型式適合検定は、旧個別検定から新たに見直しがあった制度です。

技術上の規格が変更されたことにより、すでに型式承認を受けた機械器具等が規格に適合しなくなったとき、その失効の公示は告示により行われます。これを**失効の告示**といいます（消防法第21条の5）。

型式承認と型式適合検定

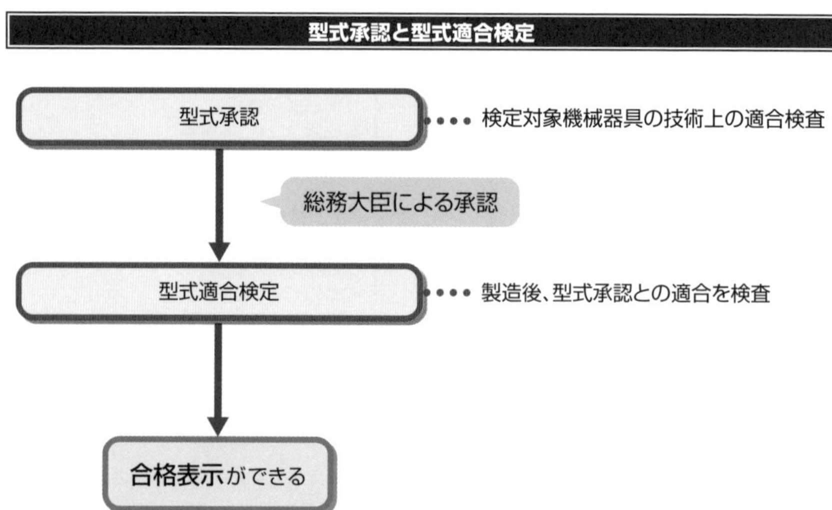

検定対象機械器具等の範囲

1. 消火器
2. 消火器用消火薬剤(二酸化炭素を除く)
3. 泡消火薬剤(総務省令で定めるものを除く)
4. 火災報知設備の感知器(熱、煙または炎を利用して自動的感知するもの)または発信機
5. 火災報知設備またはガス漏れ火災警報設備(総務省令で定めるものを除く)に使用する中継器
6. 火災報知設備またはガス漏れ火災警報設備に使用する受信機
7. 住宅用防災警報器
8. 閉鎖型スプリンクラーヘッド
9. スプリンクラー設備、水噴霧消火設備または泡消火設備に使用する流水検知装置
10. スプリンクラー設備等に使用する一斉開放弁(配管との接続部の内径が300mmを超えるものを除く)
11. 金属製避難はしご
12. 緩降機

機器の検定を説明している例

日本消防検定協会のWebサイト　https://www.jfeii.or.jpactivityguide.html

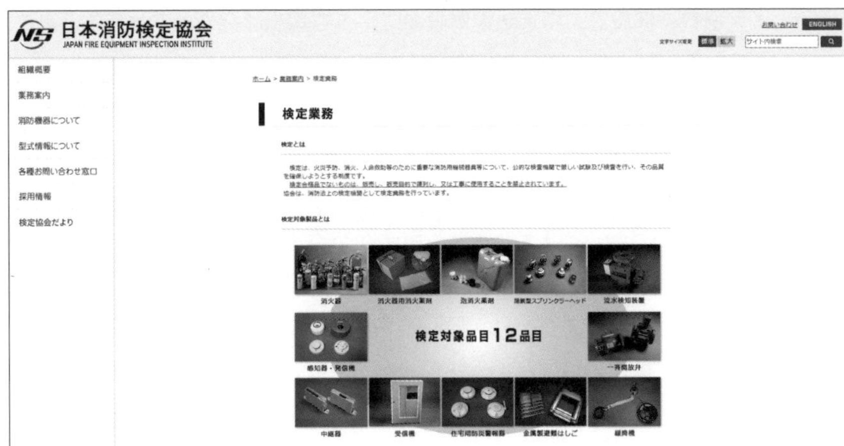

3-2
防火対象物の種類と収容人数

防火対象物は消防の対象になるもので、消防法的には広範囲にわたっていますが、実質的には建築物と考えて構いません。防火対象物は消防用設備等の設置義務があり、設置する消防用設備等の種類は防火対象物の用途と収容人数に関わってきます。

防火対象物と令別表第1

防火対象物の種類は**令別表第1**に規定され、(1) 項から (20) 項までの22項目に分類されています (消防法施行令第6条)。詳細は図表「令別表第1による防火対象物の種類」を参照してください。

防火対象物のなかでも、不特定多数の人が出入りし、火災の発生の危険性が高い建物を**特定防火対象物**として、消防用設備等の設置基準を厳しくしています。

同じように多数の人が出入りする建物でも、**非特定防火対象物 (非特防)** としているものがあります。これは、不特定者が利用するものの、管理が行き届いていると考えられる施設で、特定防火対象物に比べて規制は緩やかになっています。防火対象物に関しては2-3も参照してください。

複合用途防火対象物

複合用途防火対象物とは、令別表第1の用途の (1) 項から (15) 項までの防火対象物の用途のうち、**2以上の異なる用途**がある防火対象物をいいます。令別表第1における複合用途防火対象物は、(16) 項イ、(16) 項ロに分類されています。

複合用途の規定の中に**従属**という考え方があります。2以上の異なる用途であっても、利用形態や管理の権原などの状況から、主たる用途に従属する用途と判断される場合においては複合用途にはならない、というものです (消防法施行令第1条の2第2項)。

従属する用途の部分は、2以上の異なる用途間に**①主たる用途の部分と管理権原である者が同一、②利用者が同一あるいは密接な関係にある、③利用時間がほぼ同じ**の3つの条件を満たすものとなります。

防火対象物の主たる用途と従属的な用途の関係も、規定がされています。複合用途における従属する部分については、「令別表第1に掲げる防火対象物の取り扱いについて」に関する通知が、総務省消防庁から出ています。通知には、主たる用途部分と従属的用途部分の例規が示されています。図表「主たる用途部分と従属的用途部分の例」を参照してください。

もうひとつ、**規模による従属する部分**の判断があります。それは、主たる用途に供される部分の床面積（廊下、階段、便所等共用部分は用途ごとの床面積に応じて按分する）が全体の90%以上で、かつ主たる用途以外の部分の床面積の合計が300㎡未満の場合は、複合用途防火対象物にはならないというものです。詳細は図表「複合用途にならない場合」を参照してください

個人商店や個人医院などで住宅と一体になっている建物（店舗併用住宅、店舗兼用住宅）では、それぞれの用途部分の床面積に明らかな差があったり、管理権原者が同一であったりする場合においても、従属する部分として扱われます。図表「住宅を併設する場合の防火対象物」を参照してください。

複合用途か**単一用途**かは、図表「複合用途か単一用途化を判断するチェックフロー」に沿って確認してください。

特定一階段等防火対象物

特定一階段等防火対象物とは、地階もしくは3階以上に特定用途（劇場等、キャバレー・遊技場等、カラオケボックス等、飲食店等、百貨店等、旅館・ホテル等、病院等、公衆浴場等）があり、かつ、避難に使用する階段が屋内に1つしかない防火対象物をいいます（消防法施行令第4条の2の2）。

この規定は**新宿・歌舞伎町雑居ビル火災**（平成13〈2001〉年）の後の消防法改正によるもので、定期点検報告制度や立ち入り検査の時間制限撤廃など厳しく規制されています。

令別表第1による防火対象物の種類

項目		特定*	防火対象物の用途等
(1)	イ	●	劇場・映画館・演芸場・観覧場
	ロ	●	公会堂・集会場
(2)	イ	●	キャバレー・カフェー・ナイトクラブその他これらに類するもの
	ロ	●	遊技場・ダンスホール

	ハ	●	風俗営業等の規定及び業務の適正化等に関する法律に規定する性風俗関連特殊営業を営む店舗（二並びに（1）イ・（4）・（5）イ及び（9）イに掲げる防火対象物の用途に供されているものを除く。）その他これに類するものとして総務省令（規5-1）で定めるもの
	二	●	カラオケボックスその他遊興のための設備又は物品を個室（これに類する施設を含む。）において客に利用させる役務を提供する業務を営む店舗で総務省令（規5-2）で定めるもの
(3)	イ	●	待合・料理店その他これらに類するもの
	ロ	●	飲食店
(4)		●	百貨店・マーケットその他の物品販売業を営む店舗・展示場
(5)	イ	●	旅館・ホテル・宿泊所その他これらに類するもの
	ロ	−	寄宿舎・下宿・共同住宅
(6)	イ	●	病院・診療所・助産所
	ロ	●	老人短期入所施設・養護老人ホーム・特別養護老人ホーム・軽費老人ホーム（避難が困難な要介護者を主として入居させるものに限る。）・有料老人ホーム（避難が困難な要介護者を主として入居させるものに限る。）・介護老人保健施設・老人福祉法第五条の二第四項に規定する老人短期入所事業を行う施設・同条第五項に規定する小規模多機能型居宅介護事業を行う施設（避難が困難な要介護者を主として宿泊させるものに限る。）・同条第六項に規定する認知症対応型老人共同生活援助事業を行う施設その他これらに類するものとして総務省令で定めるもの・救護施設・乳児院・障害児入所施設・障害者支援施設（避難が困難な障害者等を主として入所させるものに限る。）・障害者の日常生活及び社会生活を総合的に支援するための法律第五条第八項に規定する短期入所・同条第十七項に規定する共同生活援助を行う施設（避難が困難な障害者等を主として入所させるものに限る。ハにおいて「短期入所等施設」という。）
	ハ	●	老人デイサービスセンター・軽費老人ホーム（ロに掲げるものを除く。）・老人福祉センター・老人介護支援センター・有料老人ホーム（ロに掲げるものを除く。）・老人福祉法第五条の二第三項に規定する老人デイサービス事業を行う施設・同条第五項に規定する小規模多機能型居宅介護事業を行う施設（ロに掲げるものを除く。）その他これらに類するものとして総務省令で定めるもの・更生施設・助産施設・保育所・幼保連携型認定こども園・児童養護施設・児童自立支援施設・児童家庭支援センター・児童福祉法第六条の三第七項に規定する一時預かり事業又は同条第九項に規定する家庭的保育事業を行う施設その他これらに類するものとして総務省令で定めるもの・児童発達支援センター・児童心理治療施設又は児童福祉法第六条の二の二第二項に規定する児童発達支援若しくは同条第四項に規定する放課後等デイサービスを行う施設（児童発達支援センターを除く。）・身体障害者福祉センター・障害者支援施設（ロに掲げるものを除く。）・地域活動支援センター・福祉ホーム又は障害者の日常生活及び社会生活を総合的に支援するための法律第五条第七項に規定する生活介護、同条第八項に規定する短期入所、同条第十二項に規定する自立訓練、同条第十三項に規定する就労移行支援、同条第十四項に規定する就労継続支援若しくは同条第十五項に規定する共同生活援助を行う施設（短期入所等施設を除く。）
	二	●	幼稚園・特別支援学校

(7)		−	小学校・中学校・義務教育学校・高等学校・中等教育学校・高等専門学校・大学・専修学校・各種学校その他これらに類するもの
(8)		−	図書館・博物館・美術館その他これらに類するもの
(9)	イ	●	公衆浴場のうち、蒸気浴場・熱気浴場その他これらに類するもの
	ロ	−	イに掲げる公衆浴場以外の公衆浴場
(10)		−	車両の停車場又は船舶若しくは航空機の発着場 （旅客の乗降又は待合いの用に供する建築物に限る。）
(11)		−	神社・寺院・教会その他これらに類するもの
(12)	イ	−	工場・作業場
	ロ	−	映画スタジオ・テレビスタジオ
(13)	イ	−	自動車車庫・駐車場
	ロ	−	飛行機又は回転翼航空機の格納庫
(14)		−	倉庫
(15)		−	前各項に該当しない事業場
(16)	イ	●	複合用途防火対象物のうち、その一部が、(1) ～ (4)・(5) イ・(6) 又は (9) イに掲げる防火対象物の用途に供されているもの
	ロ	−	イに掲げる複合用途防火対象物以外の複合用途防火対象物
(16の2)		●	地下街
(16の3)		●	建築物の地階（(16の2) に掲げるものの各階を除く。）で連続して地下道に面して設けられたものと当該地下道とを合わせたもの（(1) ～ (4)・(5) イ・(6) 又は (9) イに掲げる防火対象物の用途に供される部分が存するものに限る。）
(17)		−	文化財保護法の規定によって、重要文化財・重要有形民俗文化財・史跡若しくは重要な文化財として指定され、又は旧重要美術品等の保存に関する法律の規定によって重要美術品として認定された建造物
(18)		−	延長50m以上のアーケード
(19)		−	市町村長の指定する山林
(20)		−	総務省令で定める舟車（規5-10）

＊ 表内●は特定防火対象物です。

主たる用途部分と従属的用途部分の例

区分		主たる用途部分	従属的用途部分
(1)項	イ	舞台部・客席・映写室・ロビー・切符売場・出演者控室・大道具・小道具室・衣裳部屋・練習室	専用駐車場・売店・食堂・喫茶室
	ロ	集会室・会議室・ホール・宴会場	食堂・喫茶室・専用駐車場・図書室・展示室

(2)項	イ	客席・ダンスフロア・舞台部・調理室・更衣室	託児室・専用駐車場
	ロ	遊技室・遊技機械室・作業室・更衣室・待合室・景品場・ゲームコーナー・ダンスフロア・舞台部・客席	売店・食堂・喫茶室・専用駐車場
	ハ	客席・通信機械室・リネン室・物品庫・更衣室・待合室・舞台部・休憩室・事務室	託児室・専用駐車場・売店
(3)項	イ	客席・客室・厨房	結婚式場・専用駐車場
	ロ	客席・客室・厨房	結婚式場・専用駐車場
(4)項		売場・荷さばき室・商品倉庫・食堂・事務室	催物場・写真室・遊技場・結婚式場・専用駐車場・美、理容室・診療室・集会室
(5)項	イ	宿泊室・フロント・ロビー・厨房・食堂・浴室・談話室・洗濯室・配膳室・リネン室	娯楽室・宴会場・結婚式場・バー・会議室・ビアガーデン・両替所・旅行代理店・専用駐車場・美、理容室・売店
	ロ	居室・寝室・厨房・食堂・教養室・休憩室・浴室・共同炊事場・洗濯室・リネン室	売店・専用駐車場
(6)項	イ	診療室・病室・産室・手術室・検査室・薬局・事務室・機能訓練室・面会室・談話室・研究室・厨房・付添人控室・洗濯室・リネン室・医師等当直室	食堂・売店・専用駐車場
	ロ	居室・集会室・機能訓練室・面会室・食堂・厨房	売店
	ハ	教室・職員室・遊技室・休養室・講堂・厨房・体育館	食堂
(7)項		教室・職員室・体育館・講堂・図書室・会議室・厨房・研究室・クラブ室・保健室	食堂・売店
(8)項		閲覧室・展示室・書庫・ロッカー室・ロビー・工作室・保管格納庫・資料室・研究室・会議室・休憩室	食堂・売店
(9)項	イ	脱衣所・浴室・休憩室・体育室・待合室・マッサージ室・ロッカー室・クリーニング室	食堂・売店・専用駐車場
	ロ	脱衣場・浴室・休憩室・クリーニング室	専用駐車場
(10)項		乗降場・待合室・運転指令所・電力指令所・手荷物取扱所・一時預り所・ロッカー室・仮眠室	売店・食堂・旅行案内所
(11)項		本堂・拝殿・客殿・礼拝堂・社務所・集会室	宴会場・厨房・結婚式場・専用駐車場
(12)項	イ	作業所・設計室・研究室・事務室・更衣室・物品庫	売店・食堂・専用駐車場・託児室
	ロ	撮影室・舞台部・録音室・道具室・衣装室・休憩室	売店・食堂・専用駐車場

(13)項	イ	車庫・者路・修理場・洗車場・運転手控室	売店・食堂
	ロ	格納庫・修理場・休憩室・更衣室	専用駐車場
(14)項		物品庫・荷さばき室・事務室・休憩室	売店・食堂・専用駐車場
(15)項		事務室・休憩室・会議室	売店・食堂・専用駐車場・診療室

複合用途にならない場合

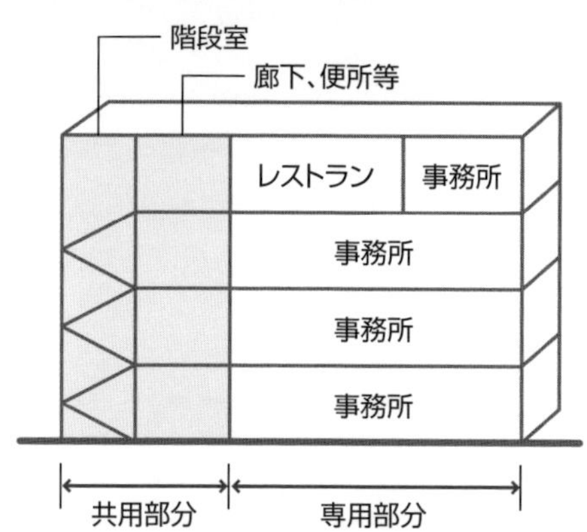

複合用途にならない場合

共用部分の面積を事務所とレストランの専用部分の床面積に応じて按分する。

按分した面積をそれぞれ事務所とレストランの面積に加算して、

❶レストランの面積は300㎡以下
❷事務所の面積は全体の90%以上

の2つの条件を満たす場合。

住宅を併設する場合の防火対象物

例1

一般住宅の床面積>店舗の床面積

❶店舗部分の床面積の合計が50㎡未満
→一般住宅
❷店舗部分の床面積の合計が50㎡以上
→複合用途防火対象物

例2

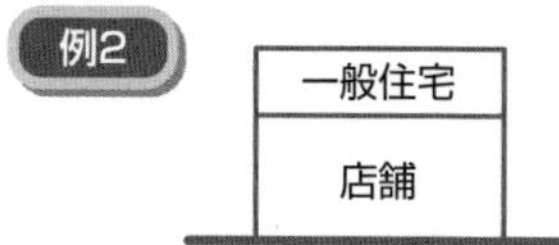

一般住宅の床面積<店舗の床面積

→複合用途防火対象物

例3

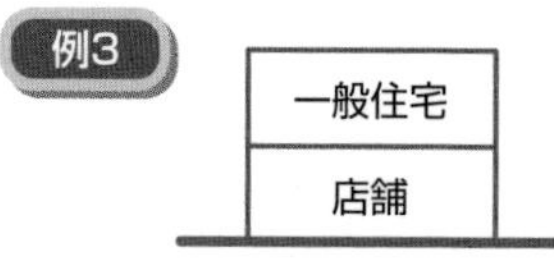

一般住宅の床面積≒店舗の床面積

→複合用途防火対象物

複合用途か単一用途かを判断するチェックフロー

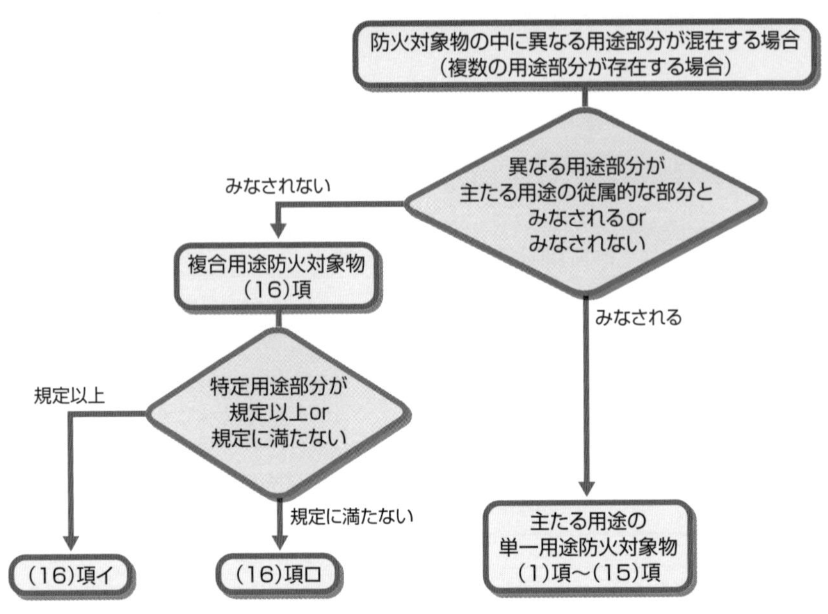

収容人数

収容人数は防火対象物に出入りし、勤務し、または居住する者の数となっています。

収容人数の算定方法には、図表「収容人員の算定方法」のような規定があり、非常警報または非常警報設備の設置、避難器具の設置、さらには防火管理者の設置の有無に関わってきます（消防法施行令第1条の2第3項）。

防火対象物の収容人数が下記の場合は、防火管理者を設置し、防火管理を行う必要があります。防火管理者については4-1も参照してください。

- **特定防火対象物：収容人数30人以上**
- **非特定防火対象物：収容人数50人以上**
- **避難困難施設*：収容人数10人以上**

＊自力避難が困難な者が入所する社会福祉施設。令別表第1（6）ロに該当。

収容人員の算定方法

区分		収容人員の算定方法	
(1) 項		①従業者の数 ②客席部分 a) 固定式のいす席：いす席の数 (長いすの場合は、幅0.4mごとに1人。端数切捨) b) 立見席：0.2㎡ごとに1人 c) その他の部分：0.5㎡ごとに1人 ・客席の部分には入口・便所・廊下を含まないこと。 ・その他の部分にはます席、たたみ席等	合算する
(2) 項 (3) 項	遊技場	①従業者の数 ②機械器具を使用して遊技を行うことができる者の数 ③観覧・飲食・休憩用の固定席いす席：いす席の数 (長いすの場合は、幅0.5mごとに1人。端数切捨)	合算する
	その他	①従業者の数 ②客席部分 a) 固定式のいす席：いす席の数 (長いすの場合は、幅0.5mごとに1人。端数切捨) b) その他の部分：3.0㎡ごとに1人	合算する
(4) 項		①従業者の数 ②主として従業者以外の者の使用に供する部分 a) 飲食・休憩用の部分：3.0㎡ごとに1人 b) その他の部分：4.0㎡ごとに1人 ・売場の床面積は売場内の通路を含む	合算する
(5) 項	イ	①従業者の数 ②宿泊室 a) 洋式の宿泊室：ベッド数 b) 和式の宿泊室：6.0㎡ごとに1人 (簡易宿所又は主として団体客を宿泊させるものは3.0㎡ごとに1人) ③集会・飲食・休憩用の部分 a) 固定式のいす席：いす席の数 b) その他の部分：3.0㎡ごとに1人 ・ダブルベッドは2人として算定する	合算する
	ロ	居住者の数により算定	
(6) 項	イ	①医師・歯科医師・助産師・薬剤師・看護師その他従業者の数 ②病院内の病床の数 ③待合室：3.0㎡ごとに1人	合算する
	ロ・ハ	①従業者の数 ②老人・乳児・幼児・身体障害者・知的障害者その他の要保護者の数	合算する
	ニ	①教職員の数 ②幼児・児童又は生徒の数	合算する

(7) 項	①教職員の数 ②児童・生徒又は学生の数 ｝合算する
(8) 項	①従業者の数 ②閲覧室・展示室・展覧室・会議室・休憩室の床面積の合計：3.0㎡ごとに1人 ｝合算する
(9) 項	①従業者の数 ②浴場・脱衣場・マッサージ室・休憩用の部分の床面積の合計：3.0㎡ごとに1人 ｝合算する
(10) 項	従業者の数
(11) 項	①神職・僧侶・牧師その他従業者数 ②礼拝・集会・休憩の用に供する部分の床面積の合計：3.0㎡ごとに1人 ③新興宗教等も（11）項のこれらに類するものに含まれる ｝合算する
(12) 項	従業者の数
(13) 項	従業者の数
(14) 項	従業者の数
(15) 項	①従業者の数 ②主として従業者以外の者の使用に供する部分：3.0㎡ごとに1人 （15）項の事業場として官公署・銀行・その他事務所などの防火対象物を含む。 ｝合算する
(16) 項 (16の2) 項	上記の各用途部分ごとに分割して、それぞれの用途部分ごとに収容人員を算定し、合算する。
(17) 項	床面積5.0㎡ごとに1人
令1条の2第3項2号に掲げる防火対象物＊1であって仮使用承認を受けたもの	①仮使用の承認を受けた部分：仮使用の承認を受けた部分の用途を防火対象物の区分としてみなして算定 ②その他の部分：従業者の数 ｝合算する
令1条の2第3項2号に掲げる防火対象物＊1（仮使用承認を受けたものを除く）及び同項3号に掲げる防火対象物＊2	従業者の数

＊1 新築の工事中の建築物で、収容人員が50人以上のもののうち、外壁及び床又は屋根を有する部分が次に定める規模以上である建築物であって電気工事等の工事中のもの。

①地階を除く階数が11以上で、かつ、延べ面積が10,000㎡以上である建築物

②延べ面積が50,000㎡以上である建築物

③地階の床面積の合計が5,000㎡以上である建築物

＊2 建造中の旅客船で、収容人員が50人以上で、かつ、甲板数が11以上のもののうち、進水後であっても艤装中のもの。

さまざまな防火対象物の例

3-3 既存防火対象物への遡及

既存防火対象物とは、現存する防火対象物、または現に新築、増築、改築、移転、修繕もしくは模様替えなどで工事中の防火対象物をいい、遡及適用があります。

既存遡及の特例

既存遡及とは、法令の改正があると、改正された新しい基準に従って既存の建築物をつくり直すことをいいます。

建築基準法には**既存不適格**という用語があります。増築、改築、大幅な用途変更などがない限り（建築確認の申請行為がない限り）、既存の状態のまま使用を継続することができるという仕組みです。

しかし、消防法では**法令改正後一定の猶予期間**はあるものの、既存の消防用設備等のうち**遡及適用の対象**となるものについては、**新しい基準法令に従ってつくり直す**ことになっています。図表「すべての防火対象物において現行基準が適用される消防用設備等の種類」を参照してください。

遡及適用の対象となる消防用設備等は、**①火災の初期対応に重要なもの、②防火対象物の構造に手を加えることなく設置または変更できるもの、③多少の経済的負担となっても防火上必要と認められるもの**などとなっています（消防法第17条の3）。

遡及適用の対象外となる消防用設備等にあっては、法令改正があっても、従前の規定に基づく技術基準法令に適合していればよいことになっています。

既存遡及の特例の除外

前述の**既存遡及の特例**の規定は、火災予防上の観点から好ましいことではありません。やむを得ない場合に認められる特例です。しかし、特定防火対象物については、この特例に関係なく全面的に改正後の基準法令に適合しなければなりません。つまり**特例の除外**で、**劇場、デパート、ホテル、病院、地下街など**を対象としています。これらの防火対象物は火災安全対策を万全にするという観点から、消防用設備等を**常に新しい基準法令に適合**しなければなりません（消防法第17条の2の5）。この対象となっているものについては、図表「既存遡及の特例が除外される特定防火対象物」を参照してください。

用途変更の特例

防火対象物の**用途を変更する場合**、変更後の用途に応じて消防用設備等を整備しなければならないとすると、関係者にとっては大きな経済的負担を強いられることになります。

防火対象物の用途が変更になった場合には、原則として変更前の用途における消防用設備等の基準法令に適合していれば足りることとされています（消防法第17条の3第1項）。

しかし、前述のすべての防火対象物に現基準が適用される消防用設備等については、用途変更があった場合には常に変更後の基準法令に適合しなければなりません。

用途変更の特例の除外

防火対象物の用途変更において、現行の基準法令に違反していたり、用途変更後に特定防火対象物になったりするものについては、前述の特例は適用されず、**変更後の防火対象物における用途の基準法令に準拠**しなければなりません。次の4つの場合が該当します。

① 従前の技術上の基準法令に適合せず、用途が変更された後も現行の基準に違反しているもの。
② 用途が変更された後に、増築、改築または大規模な修繕もしくは模様替えの工事が着手されたもの。
③ 用途が変更された後に、基準法令の規定に適合するに至ったもの。
④ 用途が変更されたことにより、特定防火対象物になったもの。

すべての防火対象物において現行基準が適用される消防用設備等の種類

名称	備考
1.消火器具	
2.避難器具	
3.簡易消火用具	
4.自動火災報知設備	令別表第1の（1）項～（4）項、（5）項イ、（6）項、（9）項イ、（16）項イ、（16の2）項から（17）項までに掲げる防火対象物に設けるものに限る。
5.ガス漏れ火災消火設備	令別表第1の（1）項～（4）項、（5）項イ、（6）項、（9）項イ、（16）項イ、（16の2）項及び（16の3）項に掲げる防火対象物並びにこれらの防火対象物以外の防火対象物で温泉の採集のための設備が設置されているものに設けるものに限る。
6.漏電火災警報器	
7.非常警報器具及び非常警報設備	
8.誘導灯及び誘導標識	
9.必要とされる防火安全性能を有する消防の用に供する設備等であって、消火器、避難器具及び1～8に掲げる消防用設備等に類するものとして消防長官が定めるもの	

既存遡及の特例が除外される特定防火対象物

特定防火対象物の消防用設備等は、左表に関係なく全面的に現行基準の法令を適用しなければならない。

項目		特定防火対象物
(1)	イ	劇場・映画館・演芸場・観覧場
	ロ	公会堂・集会場
(2)	イ	キャバレー・カフェー・ナイトクラブその他これらに類するもの
	ロ	遊技場・ダンスホール
	ハ	性風俗関連特殊営業を営む店舗(二並びに(1)イ・(4)・(5) イ及び (9) イに掲げる防火対象物の用途に供されているものを除く。)等
	二	カラオケボックスその他遊興のための設備又は物品を個室（これに類する施設を含む。）において客に利用させる役務を提供する業務を営む店舗
(3)	イ	待合・料理店その他これらに類するもの
	ロ	飲食店
(4)		百貨店・マーケットその他の物品販売業を営む店舗・展示場
(5)	イ	旅館・ホテル・宿泊所その他これらに類するもの
(6)	イ	病院・診療所・助産所
	ロ	老人待機入所施設・養護老人ホーム・特別養護老人ホーム・有料老人ホーム（主として要介護状態にある者を入居させるものに限る。）・介護老人保健施設・救護施設・乳児院・障害児入所施設・障害者支援施設（主として障害の程度が重い者を入所させるものに限る。）・老人福祉法に規定する老人短期入所事業若しくは認知症対応型老人共同生活援助事業を行う施設又は障害者の日常生活及び社会生活を総合的に支援するための法律に規定する短期入所若しくは共同生活介護を行う施設（主として障害の程度が重い者を入所させるものに限る。ハにおいて「短期入所等施設」という。）
	ハ	老人デイサービスセンター・軽費老人ホーム・老人福祉センター・老人介護支援センター・有料老人ホーム（主として要介護状態にある者を入居させるものを除く。）・更生施設・助産施設・保育所・児童養護施設・児童発達支援センター・情緒障害児短期治療施設・児童自立支援施設・児童家庭支援センター・身体障害者福祉センター・障害者支援施設（主として障害の程度が重い者を入所させるものを除く。）・地域活動支援センター・福祉ホーム・老人福祉法に規定する老人デイサービス事業若しくは小規模多機能型居宅介護事業を行う施設・児童福祉法に規定する児童発達支援若しくは放課後等デイサービスを行う施設（児童発達支援センターを除く。）又は障害者の日常生活及び社会生活を総合的に支援するための法律に規定する生活介護、短期入所、共同生活介護、自立訓練、就労移行支援、就労継続支援若しくは共同生活援助を行う施設（短期入所等施設を除く。）
	二	幼稚園・特別支援学校
(9)	イ	公衆浴場のうち、蒸気浴場・熱気浴場その他これらに類するもの
(16)	イ	複合用途防火対象物のうち、その一部が、(1) ～ (4)・(5) イ・(6) 又は (9) イに掲げる防火対象物の用途に供されているもの
(16の2)		地下街
(16の3)		準地下街

第3章　消防用設備等の設置・維持・点検

3-4
消防用設備等の設置単位

消防用設備等の設置は防火対象物を単位としています。これを設置単位といいます。

設置単位

敷地内に2棟以上の建築物が存在する場合には、原則として、それぞれは別棟、つまり**別の防火対象物**と考えて、消防用設備等の設置基準を満たすことになります（消防法第17条）。

無開口の耐火構造の床または壁により区画されている場合

1棟の建物であっても、**開口部のない**耐火構造の床または壁で区画されている場合は、その区画された部分は別の防火対象物として取り扱われます。この区画壁の扱いは消防法施行令第8条に規定しているため**令8区画**といいます。図表「令8区画の構造」を参照してください。

複合用途防火対象物の場合

複合用途防火対象物は、1つの防火対象物に2以上の用途が存しますが、消防法施行令第9条では、原則、各用途部分に区分して、**それぞれの用途に供する別々の防火対象物**とみなしてよいこととなっています。

しかし、設備の種類によっては、用途ごとに分割するよりも、防火対象物を1棟単位で適用したほうが、防火上効果的なものもあります。スプリンクラー設備、自動火災報知設備、非常警報設備、誘導灯などで、これらの設置については複合用途防火対象物を**棟単位**で扱っています（消防法施行令第9条）。

特定防火対象物の地階と地下街が一体となっている場合

地下街に接続する特定防火対象物の地階で、消防長または消防署長が指定した場合には地下街の一部とみなされ、スプリンクラー設備、自動火災報知設備などの設置について強化されます（消防法施行令第9条の2）。

令8区画の構造

■0.5m以上の突き出しを設ける場合

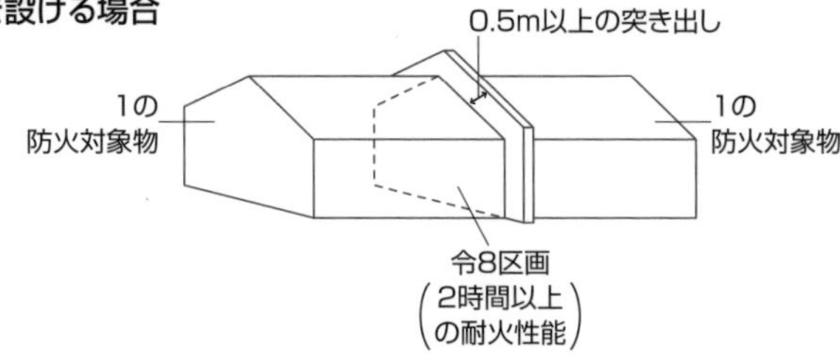

■0.5m以上の突き出しを設けなくてよい場合

- ・外壁または屋根が当該令8区画を含む幅3.6m以上にわたり耐火構造、かつ、これらの部分に開口部がない場合
- ・外壁または屋根が当該令8区画を含む幅3.6m以上にわたり耐火構造でこれらの部分に開口部がある場合
  - ①防火設備である防火戸を入れる
  - ②令8区画を介して接するものは90cm以上離す

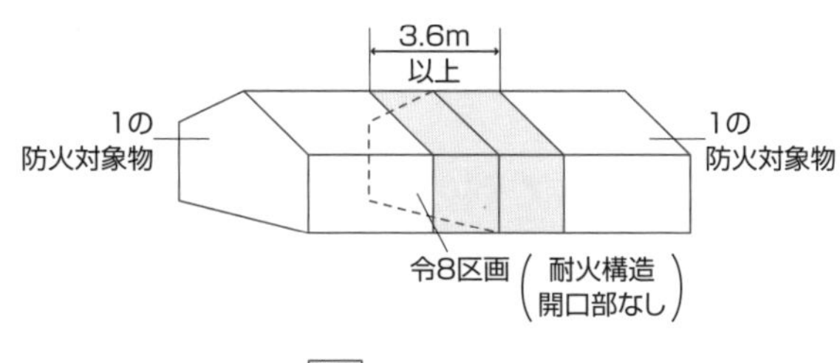

屋外消火栓設備の基準を適用する場合

屋外消火栓設備の設置にあたっては、耐火建築物または準耐火建築物以外の建築物で、同一敷地内で延焼のおそれのある範囲に2以上の建築物がある場合は、棟単位の原則をはずし、敷地単位で規定しています（消防法施行令第19条の2）。

消防用水設置の基準を適用する場合

消防用水の設置にあたっては、同一敷地内に2以上の建築物がある場合は、棟単位の原則をはずし、敷地単位で規定しています（消防法施行令第27条第2項）。

渡り廊下等で接続した場合

　建築物と建築物が、渡り廊下または地下連絡路または洞道によって接続している場合は、原則として1棟と解釈されますが、別の防火対象物として扱われることもあります。

　別棟解釈の1例では、接続部を介して相互の建築物に火災の影響を及ぼさないことを立証できれば別棟として扱うこともできます。立証の方法として、①火災により発生する煙が他の建築物に拡散しない、②火災の影響で他の建築物に延焼しない、③接続部分で出火しない、④接続部を避難経路としない、などがあります。図表「渡り廊下で接続している場合の別棟扱い」、図表「地下通路で接続した場合の別棟の扱い」を参照してください。

32条を適用して別の防火対象物とする特例措置

　消防長または消防署長が、防火対象物の位置、構造または設備の状況から判断して、火災の発生または延焼のおそれが著しく少なく、かつ、火災等の災害による被害が最小限に止めることができると認めた場合は、特例措置を受けることができます（消防法施行令第32条）。32条特例の詳細は5-2を参照してください。

渡り廊下で接続している場合の別棟扱い

■渡り廊下の有効幅員

・接続する一方又は双方の建築物の主要構造部が木造の場合は渡り廊下の幅は3m未満

・接続する双方の建築物の主要構造部が木造以外の場合は6m未満

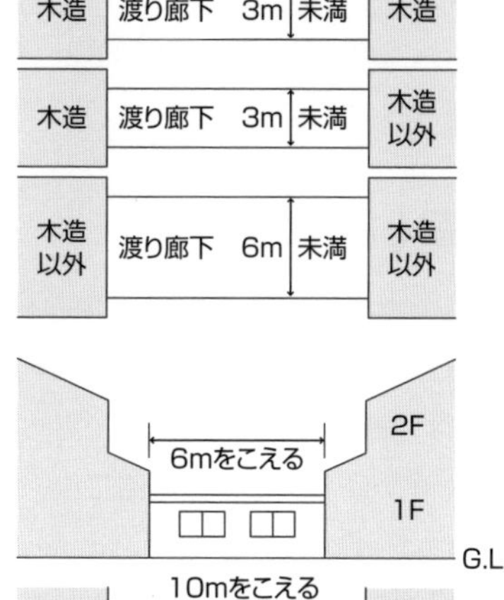

■建築物相互間の距離

・1階部分の離れ>6m

・2階以上の部分の離れ>10m

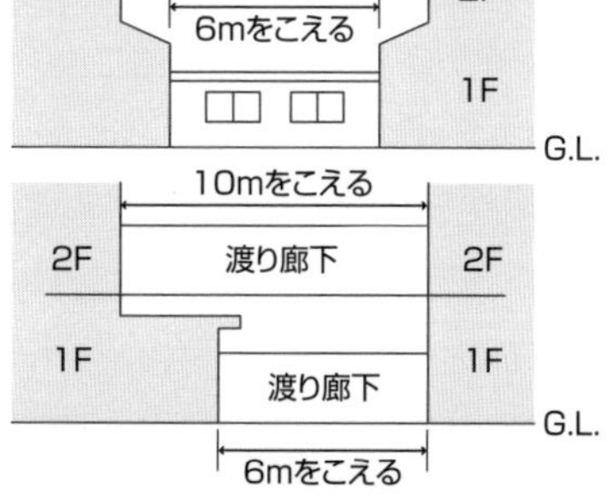

地下通路で接続した場合の別棟の扱い

項目	地下通路の構造の要件
構造	両端の出入り口を除き、開口部のない耐火構造の壁、床で区画され、内装材は仕上げと下地とも不燃材とする。
用途	通行、運搬の用のみに供されること。
長さ、幅員	長さ≧6m、幅員<6m
出入り口	出入り口の面≦4㎡（特定防火設備）
その他	スプリンクラー設備が設けられていないときは、機械式排煙設備を設ける。

3-5 届出と検査

消防用設備等の工事においては、着工届、設置届を提出し、工事完了時には検査を受けなければなりません。

着工届と設置届

消防用設備等の**着工届（工事整備対象設備等着工届書）**は、着工の10日前までに**消防設備士**が消防長または消防署長あてに届け出ることになっています（消防法第17条の14）。

消防用設備等の**設置完了時**には、**関係者**が**設置届（消防用設備等設置届書）**を消防長または消防署長あてに届け出ることになっています。設置完了から4日以内に届け出て、消防長または消防署長の検査を受けます（消防法第17条の3の2）。

図表「届出が必要な消防用設備等」にあるように、各届出が必要な消防用設備等および防火対象物(後述)の規定があります。消防用設備等のうち、簡易消火用具、非常警報器具については届出の必要はありません。

届出が必要な防火対象物

消防用設備等の着工届と設置届が必要な防火対象物は次の通りです。

① 特定防火対象物で延べ面積が300㎡を超える場合。

② 特定防火対象物以外の防火対象物で、延べ面積が300㎡を超えるもののうち、消防長または消防署長が火災予防上必要であると認めて指定するもの。

③ 令別表第1（1）項から（4）項まで、（5）項イ、（6）項及び（9）項イに掲げる防火対象物の用途に供される部分が、避難階以外の階から避難階または地上に直通する階段が2つ（屋外階段、特別避難階段及び平成14年消防告示第7号の階段が設けられた場合にあっては、1つ）以上設けられていない場合。

検査済証

届出を受けた消防長または消防署長は、防火対象物に設置された消防用設備等が**消防法第17条の基準に適合しているかどうかを検査**し、検査の結果、技術上の基準に適合していると認めるときは、その防火対象物の関係者に**検査済証を交付**します。図表「届出・検査の流れ」を参照してください。

開始届

建築物や建築物の一部を使用開始するときは、**使用者**が使用開始の7日前に**開始届（防火対象物使用開始届出書）**を消防長または消防署長あてに届け出ることになっています。

届出が必要な消防用設備等

届出が必要な設備	届出が不要な場合
1．屋内消火栓設備	電源、水源及び配管部分の工事
2．スプリンクラー設備	同上
3．水噴霧消火設備	同上
4．泡消火設備	電源部分の工事
5．不活性ガス消火設備	同上
6．ハロゲン化物消火設備	同上
7．粉末消火設備	同上
8．屋外消火栓設備	電源、水源及び配管部分の工事
9．自動火災報知設備	電源部分の工事
10．ガス漏れ火災警報設備	同上
11．消防機関へ通報する火災報知設備	同上
12．金属製避難はしご（固定式のもの）	
13．救助袋	
14．緩降機	
15．必要とされる防火安全性能を有する消防の用に供する設備等	電源、水源及び配管部分の工事
16．特殊消防用設備	電源、水源及び配管部分の工事

届出・検査の流れ

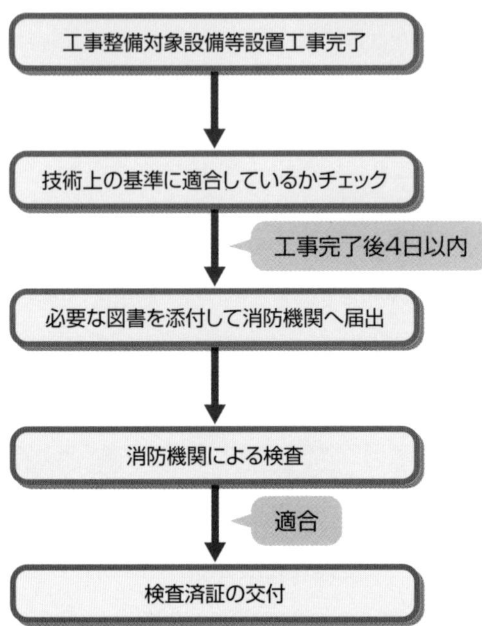
工事整備対象設備等設置工事完了
技術上の基準に適合しているかチェック
工事完了後4日以内
必要な図書を添付して消防機関へ届出
消防機関による検査
適合
検査済証の交付

3-6 点検と報告

点検と報告に関する規制には、消防用設備等の点検と報告、防火対象物の点検と報告、の2通りがあります。

消防用設備等の点検と報告

消防用設備等は**有資格者による定期的な点検**の実施が義務づけられています（消防法第17条の3の3）。

一定の防火対象物における点検は、**消防設備士**または**消防設備点検資格者**の有資格者が行うこととなっています。その他の防火対象物については、防火対象物の関係者が自ら行ってよいことになっています。図表「有資格者が消防用設備等の点検を行わなければならない防火対象物」を参照してください。

消防用設備等の点検には**総合点検**と**機器点検**の2通りがあります。これらの点検は、消防用設備等の種類と点検内容によって、点検の周期が規定されています。図表「消防用設備等の点検の方法」、図表「消防用設備等の点検の内容と期間」を参照してください。

定期的な点検の内容は**維持台帳**に記録するとともに、**消防用設備等点検結果報告書**に点検表を添えて、消防長または消防署長に**報告**しなければなりません。

有資格者が消防用設備等の点検を行わなければならない防火対象物

1. 延べ床面積が1,000㎡以上の特定防火対象物。
2. 延べ床面積が1,000㎡以上の非特定防火対象物で消防長又は消防署長が指定したもの。
3. 特定用途に供される部分が避難階以外の階にある防火対象物で、当該避難階以外の階から避難階又は地上に直通する階段が2（避難階段が屋外に設けられ、又は総務省令で定める避難上有効な構造を有する場合にあっては、1）以上設けられていないもの。

消防用設備等の点検の方法

■総合点検

消防用設備等の全部、もしくは一部を作動させせまたは当該設備等を使用することにより設備の総合的な機能を定められた基準により確認すること。

■機器点検

1.消防用設備等に付属される非常用電源（自家発電設備に限る）または動力消防ポンプの正常な作動。

2.消防用設備等の機器の適正な配置、損傷等の有無、その他主として外観から判別できる事項。

3.消防用設備等の機能について、外観からまたは簡易な操作により判別できる事項。

消防用設備等の点検の内容と期間

消防用設備等の種類	点検の内容		点検期間
	総合点検	機器点検	
消火器具、消防機関へ通報する火災報知設備、誘導灯、誘導標識、消防用水、非常コンセント設備、無線通信補助設備、共同住宅用非常コンセント設備		○	6月
屋内消火栓設備、スプリンクラー設備、水噴霧消火設備、泡消火設備、不活性ガス消火設備、ハロゲン化物消火設備、粉末消火設備、屋外消火栓設備、動力消防ポンプ設備、自動火災報知設備、ガス漏れ火災消火設備、漏電火災警報器、非常警報器具及び非常警報設備、避難器具、排煙設備、連結散水設備、連結送水管、非常電源（配線の部分を除く）、総合操作盤、パッケージ型消火設備、パッケージ型自動消火設備、共同住宅用スプリンクラー設備、共同住宅用自動火災報知設備、住宅用自動火災報知設備、共同住宅用非常警報設備、共同住宅用連結送水管、特定小規模施設用自動火災報知設備、加圧防排煙設備、複合型居住施設用自動火災報知設備		○	6月
	○		1年
配線	○		1年

防火対象物の点検と報告

一定の防火対象物の管理について権限を有する者は、**防火管理**上必要な業務等について、定期的に**防火対象物点検資格者**の有資格者に点検させ、その結果を消防長または消防署長に報告することが義務づけられています。これを**防火対象物点検報告制度**といいます。図表「防火対象物定期点検報告を必要とする防火対象物と点検項目」を参照してください。

また、**防災管理**が義務づけられる防火対象物の管理について権限を有する者は、**防災管理点検資格者**に防災上必要な業務について点検させ、その結果を消防長または消防署長に報告することが義務づけられています。防災管理とは、火災以外の災害（地震、テロ等）を対象としています。これを**防災管理制度**といい、大震災に備えるものとして平成19（2007）年に創設されました。

防火管理者と防災管理者については、4-1を参照してください。

防火対象物定期点検報告を必要とする防火対象物と点検項目

■点検を必要とする防火対象物
令別表第1(1)項～4項、(5)項イ、(6)項、(9)項イ、(16)項イおよび(16の2)項の防火対象物で、次の1または2に該当するもの。
1.収容人数300人以上のもの。
2.特定用途に供される部分が避難階以外の階(1階及び2階を除く)に存するもので、当該避難階以外の階から避難階又は地上に直通する階段が2(避難階段が屋外に設けられている場合にあっては、1)以上設けられていないもの。
(収容人数の詳細は3-2参照)

■点検内容
1.防火管理を選任している。
2.消火、通報、避難訓練を実施している。
3.防火戸の閉鎖に障害となるものや物品が置かれていない。
4.消防法令の基準による消防用設備等が設置されている。
5.1年に1回、消防長または消防署長に報告している。

表示制度

防火対象物点検資格者により点検を受けた防火対象物が、点検基準に適合している場合は、その旨の表示を行うことができる制度です（消防法第8条の2の2）。防火と防災の管理をしっかり行っている建物は、その建物を使う人たちによく分かるように表示をしようという、いわゆる**防火管理と防災管理の見える化**の制度です。

表示制度の始まりは、昭和55（1980）年に発生した**栃木県のホテル火災**です。この火災は昼間に発生したにもかかわらず、45人が死亡するという大惨事になりました。消防機関の立入り検査において防火管理面の不備が指摘されていましたが、改善せずにいたところに発生した火災でした。総務省消防庁はこの火災を契機に、防火対象物にかかる表示・公表制度の実施を開始しました。一定規模以上の旅館、ホテル、劇場、百貨店などを対象に、所轄消防機関に一斉点検を指示し、その結果を踏まえ、防火管理体制の充実、消防用設備等の設置および維持管理の徹底、不備事項の是正の徹底などについて、強力に指導することになりました。基準に適合している場合は、その旨の表示ができるように**適マーク制度**が始まりましたが、後述の新たな表示制度の施行に伴い平成14（2002）年にこの制度は廃止になりました。

防火対象物定期点検報告制度、防災管理定期点検報告制度

平成13（2001）年に発生した**新宿・歌舞伎町雑居ビル火災**を契機に**表示制度の改正**が行われ、平成14（2002）年に総務省消防庁では**防火対象物定期点検報告制度**による新たな**表示制度**を施行しました。検査の流れについては、図表「セイフティマークの取得方法」を参照してください。

① 防火対象物点検報告制度（防火点検済証）

防火対象物の管理権原者は、防火対象物点検資格者に防災管理上必要な業務について点検させ、その結果を消防長または消防署長に報告します。基準に適合している場合には、防火基準点検済証**（防火セイフティマーク）**を表示できます。

② 防災管理点検報告制度（防災点検済証）

一定の防火対象物の管理権原者は、防災管理点検資格者に防火管理上必要な業務について点検させ、その結果を消防長または消防署長に報告します。基準に適合している場合には、防災基準点検済証**（防災セイフティマーク）**を表示できます。対象となる防火対象物は、自衛消防組織を設置しなければならない防災管理対象物になります（4-2参照）。

防火と防災の両方の基準に適合している場合は、防火・防災基準点検済証を表示します。

③ 特例認定制度（防火優良認定証、防災優良認定証）

防火対象物の管理を開始してから3年以上経過し、過去3年以内の点検結果が優良等の要件を満たした防火対象物は、3年間の点検・報告が免除され、さらに消防署長からの認定を受けて防火優良認定証および防災優良認定書を表示することができます。

セイフティマークの取得方法

①防火対象物点検報告制度
②防災管理点検報告制度

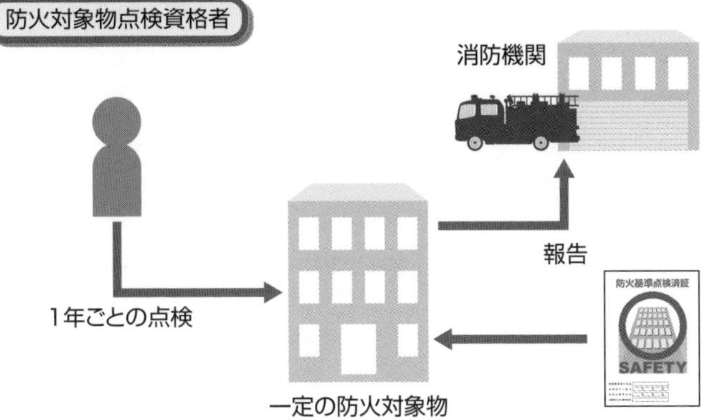

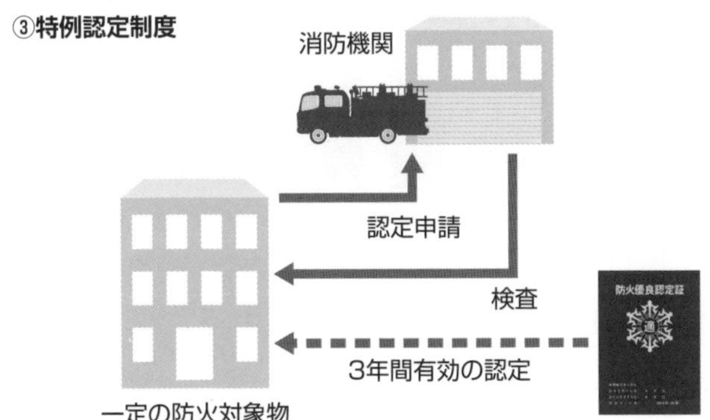

適マーク制度の復活

適マークが廃止され、新たな表示制度がスタートしてから10年が経過した平成24（2012）年に、**広島のホテル火災**が発生しました。この火災を受けて、総務省消防庁はホテル・旅館等に対して**適マーク制度を復活**することとしました。復活した適マークの対象は、**30人以上を収容できる3階建て以上の宿泊施設**です。消防機関が立入り検査などを行い、法令違反がないことを確認した上で**適合証（適**

マーク）が公付されます。

優良防火対象物認定表示制度（優マーク）

東京消防庁は、平成18（2006）年に**優良防火対象物認定表示制度（優マーク制度）**を新たに制定しました。防火対象物の管理について権原を有する者が消防署長に申請して、審査・検査の結果、防火上優良な建物として認められた場合に、優良防火対象物認定証（優マーク）を表示することができます。この制度は東京都のみが行っています。

新適マーク（左）と東京消防庁　優マーク（右）

3-7 設置と点検に必要な資格

消防用設備等の工事・整備・点検等、および防火対象物の点検・報告・防火管理・防災管理を行うためには資格が必要です。

消防設備士

消防設備士とは、**消防用設備等の工事、整備または点検に必要な知識と技能を修得した技術者の国家資格**です。資格取得には、**登録試験機関の消防設備士資格試験**に合格し、**都道府県知事から消防設備士免状の交付**を受けます。消防設備士には**甲種**と**乙種**の2種類があり、**甲種は工事と整備および点検**が行え、**乙種は整備と点検**が行えます。甲種と乙種が扱うことのできる消防用設備等の種類は、さらに区分されています。図表「消防設備士が扱うことのできる消防用設備等」を参照してください。

消防設備士が扱うことのできる消防用設備等

<table>
<tr><th colspan="3">特定区分</th><th>消防用設備等または特殊消防用設備等の種類</th></tr>
<tr><td rowspan="6">甲 種</td><td></td><td>特類</td><td>特殊消防用設備等</td></tr>
<tr><td rowspan="7">乙 種</td><td>第1類</td><td>屋内消火栓設備、スプリンクラー設備、水噴霧消火設備、屋外消火栓設備、パッケージ型消火設備、パッケージ型自動消火設備</td></tr>
<tr><td>第2類</td><td>泡消火設備、パッケージ型消火設備、パッケージ型自動消火設備</td></tr>
<tr><td>第3類</td><td>不活性ガス消火設備、ハロゲン化物消火設備、粉末消火設備、パッケージ型消火設備、パッケージ型自動消火設備</td></tr>
<tr><td>第4類</td><td>自動火災報知設備、ガス漏れ火災警報設備、消防機関へ通報する火災報知設備</td></tr>
<tr><td>第5類</td><td>金属製避難はしご、救助袋、緩降機</td></tr>
<tr><td rowspan="2"></td><td>第6類</td><td>消火器</td></tr>
<tr><td>第7類</td><td>漏電火災警報器</td></tr>
</table>

消防設備点検資格者

消防設備点検資格者とは、**消防用設備等の点検に必要な知識と技能を修得した技術者の資格**です。資格取得には、登録講習機関が行う資格講習を受けます。消防設備点検資格者には**第一種**と**第二種**、**特種**の3種類があり、点検できる消防用設備等の種類が異なっています。図表「消防設備点検資格者が扱うことのできる消防用設備等」を参照してください。

消防用設備等の点検は、消防設備士あるいは消防設備点検資格者が行うこととされています。

また、これとは別に、建築基準法で規定する防災関連設備の点検をする資格に**建築設備検査資格者**というものもあります。

防火対象物点検資格者

防火対象物点検資格者とは、**防火対象物における火災の予防に必要な知識と技術を修得した技術者のための国家資格**です。資格取得には、防火対象物点検資格者は登録講習機関が行う資格講習を受けますが、受講資格が必要になります。図表「防火対象物点検資格者講習の受講資格者」を参照してください。

一定規模以上の防火対象物における**防火管理上必要な点検**は、防火対象物点検資格者が行うことになっています。防火対象物点検資格者の主なる業務の内容は、①消防計画書の作成、②避難計画・消火訓練等防火管理業務、③火気使用設備等の適切な管理業務、④消防用設備等の設置維持業務、⑤避難施設の管理業務、などとなります。消防計画書の詳細は4-1を参照してください。

防火管理者、防災管理者

一定規模以上の防火対象物においては、防火管理を行う**防火管理者**、火災以外の地震やテロなどの防災管理を行う**防災管理者**の国家資格を有する者を選任し、**防火上・防災上の管理**を行わせることになっています。詳しくは4-1を参照してください。

消防設備点検資格者が扱うことのできる消防用設備等

種類	消防用設備等の種類
第一種消防設備点検資格者	消火器具、屋内消火栓設備、スプリンクラー設備、水噴霧消火設備、泡消火設備、不活性ガス消火設備、ハロゲン化物消化設備、粉末消火設備、屋外消火栓設備、動力消防ポンプ設備、消防用水、連結散水設備、連結送水管、パッケージ型消火設備、パッケージ型自動消火設備
第二種消防設備点検資格者	自動火災報知設備、ガス漏れ火災警報設備、漏電火災警報器、消防機関へ通報する火災報知設備、非常警報器具、非常警報設備、避難器具、誘導灯、誘導標識、排煙設備、非常コンセント設備、無線通信補助設備
特種消防設備点検資格者	特殊消防用設備等

防火対象物点検資格者講習の受講資格者

受講資格者	実務経験
消防設備士	消防用設備等または特殊消防用設備等の工事、整備または点検について3年以上の実務経験がある者
消防設備点検資格者	消防用設備等または特殊消防用設備等の点検について3年以上の実務経験がある者
防火管理者	3年以上その実務の経験がある者
防火管理講習修了者	5年以上その実務の経験がある者
建築基準適合判定資格者検定に合格した者	建築主事または確認検査員として2年以上の実務経験がある者
特殊建築物等調査資格者	特殊建築物等の調査について5年以上の実務経験がある者
建築設備検査資格者	建築設備の検査について5年以上の実務経験がある者
一級建築士または二級建築士	建築物の設計もしくは工事監理または建築工事の指導監督について5年以上の実務経験がある者
建築設備士	5年以上その実務の経験がある者
市町村の消防職員	火災予防に関する業務について1年以上の実務経験がある者
	5年以上その実務の経験がある者（上記の市町村の消防職員を除く）
市町村の消防団員	8年以上その実務の経験がある者
特定行政庁の職員	建築行政に関する業務（防火に関するものに限る）について5年以上の実務経験がある者
その他	消防庁長官が認めた者

防火管理の不備による惨事

多数の死者が出る火災は、数年おきに発生しています。大惨事になる原因は「避難廊下や階段に物が置かれている」、「防火扉が閉まらない」、「防災設備の不作動」、「初期消火、避難誘導が行われない」、「法改正に伴う改善が行われていない」、「そもそも違法建築物であった」などの、防火管理の不備の一語に尽きます。防火設備の不作動に多いのは、火災報知器が作動しない、スプリンクラー設備が放水しない、などです。

平成20（2008）年の大阪市個室ビデオ店の火災では、16人が死亡しました。出火原因は放火でしたが、従業員による初期消火、避難誘導が行われなかったことが惨事に繋がったようです。

平成27（2015）年の川崎市簡易宿泊所の火災では、11人が死亡しました。違法建築物だったことが被害を大きくしたようです。

平成30（2018）年の札幌市生活困窮者向け集合住宅の火災では、11人が死亡しました。スプリンクラー設備が必要な施設でしたが、設置がありませんでした。

このような惨事が起こるたびに、消防用等設備等の設置や防火管理に関わる消防法令等において、規制強化の改正が行われています。

第4章

防火・防災の管理

一定の防火対象物には、防火管理者や防災管理者を任命しなければなりません。これらは防火・防災対象施設の規模に応じて任命され、そのために講習受講が必要です。また、大規模地震に備えて自衛消防組織の設置も進められていますが、この責任者には防火・防災管理者の資格が必要です。

4-1 防火管理者と防災管理者

一定規模以上の防火対象物の管理権原者は、**防火管理者の資格がある者に防火上の管理を、防災管理者の資格がある者に防災上の管理を行わせることになっています。**

防火管理者

防火管理者とは、**一定の防火対象物において防火上必要な管理業務に携わる技術者の国家資格**です。資格講習は**都道府県知事、消防本部設置市町村**および**登録講習機関**が行うこととなっています。講習については、図表「防火管理者の資格講習の内容」を参照ください。防火管理者には、**甲種**と**乙種**の2種類があり、防火対象物の用途と規模に応じてかかわる業務が区分されます。

防火管理者の選任

防火対象物の管理権原者は**防火管理者を選任**し、消防長または消防署長に**届出**の義務があります（消防法第8条第1項）。

防火対象物はその用途、規模等に応じて**甲種防火対象物**と**乙種防火対象物**に区分され、それぞれの防火対象物の防火管理者として選任する者は、甲種防火管理講習と乙種防火管理講習の課程を修了した資格者となります。防火管理者は、防火管理上必要な業務を行うときは、必要に応じて防火対象物の管理について権原がある者の指示を求め、誠実にその職務を遂行しなければなりません（消防法第4条）。

防火管理者の選任に当たっては、収容人数と規模により防火管理者の取り扱いが定められています。図表「防火管理者を設置しなければならない防火対象物」、図表「防火管理組織の体系」、図表「防火管理者の業務内容」を参照ください。

統括防火管理者の選任

高層建築物、地下街、準地下街、および一定規模以上の特定防火対象物等で、**管理権原が分かれているもの**は、事業所間で相互に連絡して、適切で円滑な対処が必要になります。そのため、管理について権原が分かれている防火対象物は、防火管理上必要な業務に関する事項について、あらかじめ協議して共同で防火管理が必要になります。

このように建物全体の一体的な防火管理を行うために、**統括防火管理者の資格を有するものを選任**し、消防計画を定めなければなりません。統括防火管理者は、甲種防火管理者の資格を有し、一定の実務経験と講習の課程を修了しなければなりません（消防法第8条の2）。平成26（2014）年の法改正による**統括防火管理制度**です。図表「統括防火管理者を設置しなければならない防火対象物」を参照してください。

防火管理者の資格講習の内容

講習事項	時間（甲種）	時間（乙種）
防火管理の重要性	1時間	30分
火気管理	2時間	1時間
施設•設備の維持管理	2時間	1時間
訓練	3時間	1時間30分
教育		
消防計画	2時間	1時間
防火管理者の責務	1時間	30分
共同防火管理	1時間	30分

防火管理者を設置しなければならない防火対象物

<table>
<tr><th colspan="2">防火対象物の種別（令別表第1）</th><th>収容人数</th><th>延べ面積</th><th>取扱</th></tr>
<tr><td rowspan="5">特定防火対象物</td><td rowspan="2">(6) ロ、(16) イ*1、(16の2)*1</td><td>≧10人</td><td>－</td><td>甲種防火対象物</td></tr>
<tr><td><10人</td><td>－</td><td>選任不要</td></tr>
<tr><td rowspan="3">(1) ～ (4)、(5) イ、(6) イ・ハ・ニ
(9) イ、(16) イ*2、(16の2)*2</td><td rowspan="2">≧30人</td><td>≧300㎡</td><td>甲種防火対象物</td></tr>
<tr><td><300㎡</td><td>乙種防火対象物</td></tr>
<tr><td><30人</td><td>－</td><td>選任不要</td></tr>
<tr><td rowspan="3">非特定防火対象物</td><td rowspan="3">(5) ロ、(7)、(8)、(9) ロ、(10) ～ (15)
(16) ロ、(17)</td><td rowspan="2">≧50人</td><td>≧500㎡</td><td>甲種防火対象物</td></tr>
<tr><td><500㎡</td><td>乙種防火対象物</td></tr>
<tr><td>≧50人</td><td>－</td><td>選任不要</td></tr>
</table>

＊1　(16) イ、(16の2) については (6) ロを含むものに限る
＊2　(16) イ、(16の2) については (6) ロを含むものを除く

防災管理者と防災管理対象物

防災管理者とは、大規模な防火対象物における、地震やテロなど**火災以外の災害に関する防災管理業務に必要な知識と技能を習得した技術者の国家資格**です（消防法第36条第1項）。平成19（2007）年の法改正で創設された資格です。防災管理者は、火災以外の災害による被害の軽減のための活動計画を立案し、実施することになります。

防災管理者が必要な防火対象物を**防災管理対象物**といいます。比較的大規模な建築物で、用途と階数および延べ面積により定められており、消防用設備等の有無には関係ありません。

防災管理者の選任

防災管理対象物の管理権原者は**防災管理者を選任**し、消防長または消防署長に届出の義務があります。また、大規模・高層建築物等で権原の分かれるものは**統括防災管理者**を選任しなければならない。

防災管理点検資格者

防災管理点検資格者とは、防災管理が義務付けられている防火対象物における、防災管理業務の実施状況を定期的に点検する技術者ための国家資格です。

防災管理点検報告制度では、防災管理点検資格者が点検を実施し管轄の消防署に報告することを義務付けています。

防火管理者と防災管理者の業務

防火管理者と防災管理者は**①消防計画書の作成、②消火・通報・避難訓練の実施、③消防用設備等の点検、④火気使用の監督、⑤地震等の火災以外の災害の被害軽減**などの業務を実施する義務があります。

防火管理者と防災管理者は、防火管理・防災管理上必要な業務を行うときは、必要に応じて、その防火対象物の管理権原者の指示を求め、誠実にその職務を遂行しなければなりません。

消防計画書の作成

防火管理者と**防災管理者**は、防火対象物の管理権原者の指示を受けて**消防計画書**を作成し、消防長または消防署長に届け出なければなりません。

消防計画書は、①予防管理対策（予防管理組織等、火災予防に関する点検・検査および報告、震災対策措置、防災教育）、②自衛消防組織活動対策（自衛消防組織、権原および任務、自衛消防活動、地震時等の活動、大規模地震対策）、などを記載します。図表「消防計画書の作成基準」を参照ください。

防火管理組織の体系

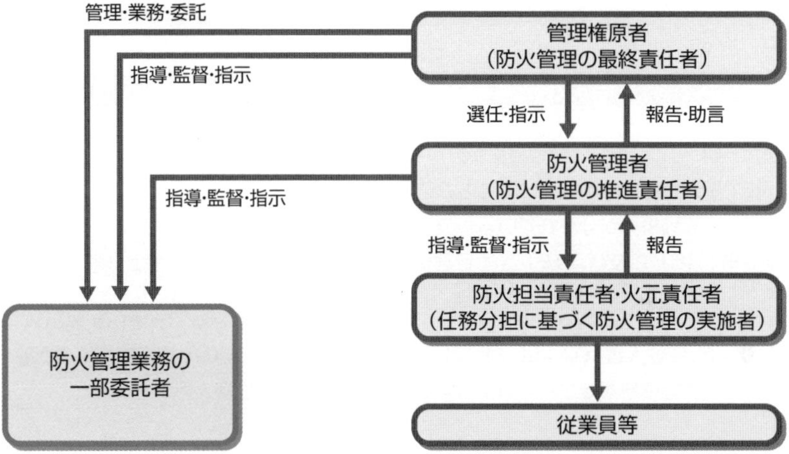

防火管理者の業務内容

①消防計画書の作成。
②消防計画書に基づく消火、通報および避難の訓練の実施。
　不特定多数の者や身体的弱者を収容する防火対象物などでは、消火訓練および避難訓練を、年2回以上実施しなければならない。
③消防の用に供する設備、消防用水および消防活動上必要な設備の点検および整備。
　一定規模以上の防火対象物にあっては、消防設備士または消防設備点検資格者に点検させ、その他の防火対象物にあっては、防火管理者が自ら点検し消防機関に報告しなければならない。
④火気の使用または取扱いに関する監督。
　火元責任者、その他の防火管理に従事する者に対して必要な指示を与える。
⑤避難または防火上必要な構造および設備の維持管理。
⑥収容人員の管理。
⑦防火上必要な教育。

統括防火管理者を設置しなければならない防火対象物

高層建築物（>31m）で管理権原が分かれているもの。
地下街で管理権原が分かれているもの。
準地下街で管理権原が分かれているもの。
令別表第1（6）ロ及び（16）イで管理権原が分かれてしるもので、地上３階以上、収容人数10（16）イについては、（6）ロを含むものに限る。
（1）～（4）、（5）イ、（6）イ・ハ・ニ、（16）イで管理権原が分かれているもので、地上３階以上、収容人数10人以上。ただし、（16）イについては、（6）ロを含むものを除く。
（16）ロで管理権原が分かれているもので、地上５階以上、収容人数60人以上。

消防計画書の作成基準

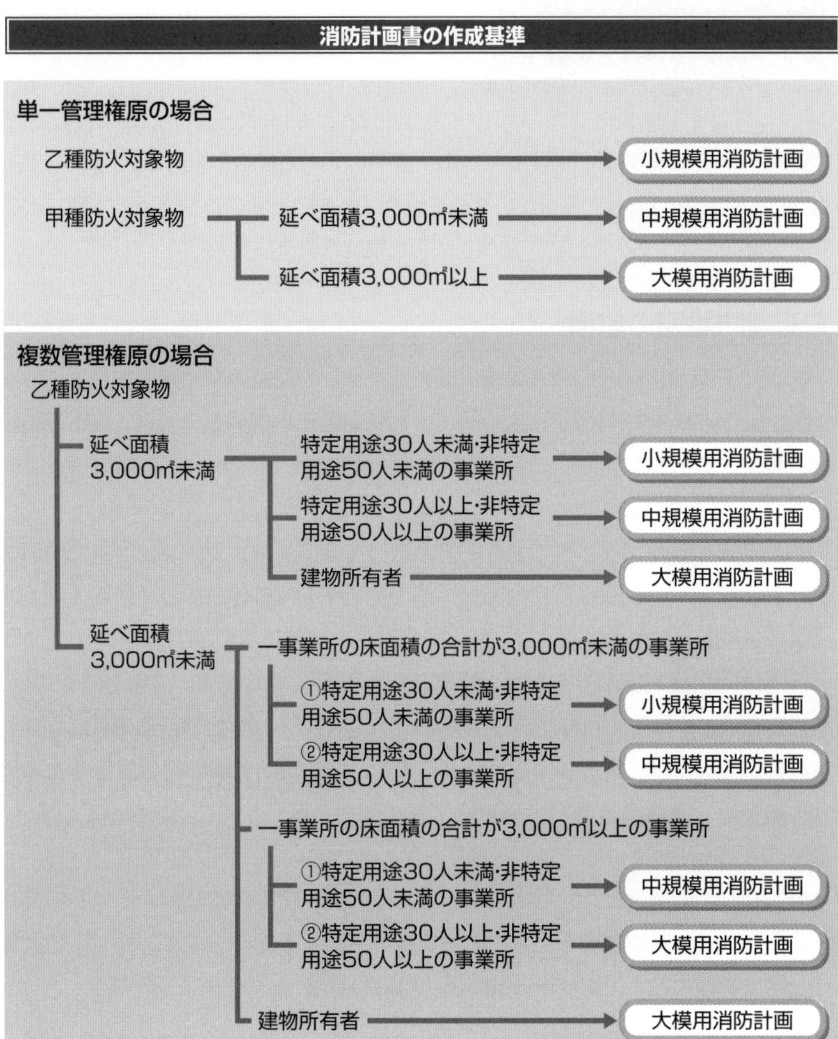
単一管理権原の場合
乙種防火対象物
小規模用消防計画
甲種防火対象物
延べ面積3,000㎡未満
中規模用消防計画
延べ面積3,000㎡以上
大模用消防計画
複数管理権原の場合
乙種防火対象物
延べ面積
3,000㎡未満
特定用途30人未満･非特定
用途50人未満の事業所
小規模用消防計画
特定用途30人以上･非特定
用途50人以上の事業所
中規模用消防計画
建物所有者
大模用消防計画
延べ面積
3,000㎡未満
一事業所の床面積の合計が3,000㎡未満の事業所
①特定用途30人未満･非特定
用途50人未満の事業所
小規模用消防計画
②特定用途30人以上･非特定
用途50人以上の事業所
中規模用消防計画
一事業所の床面積の合計が3,000㎡以上の事業所
①特定用途30人未満･非特定
用途50人未満の事業所
中規模用消防計画
②特定用途30人以上･非特定
用途50人以上の事業所
大模用消防計画
建物所有者
大模用消防計画

4-2 自衛消防組織

自衛消防組織は、火災および地震等の災害時の初期活動や応急対策を円滑に行い、建築物の利用者の安全を確保するために設置するものです。首都直下型地震など広域大災害に備えたものとして、法改正により規定されました。

自衛消防組織の設置

首都直下型地震など広域大災害に備えるために、自衛消防力確保を目的に、平成21（2009）年の**法改正**により、防火対象物の管理権原者に対して**自衛消防組織**の設置が義務づけられ、業務の内容などが規定されました（消防法第8条の2の5）。

防火管理が義務づけられている一定の規模を有する防火対象物には、自衛消防組織を設置しなければなりません（消防法施行令第4条の2の4）。図表「自衛消防組織を設置しなければならない防火対象物」を参照してください。

自衛消防組織を構成するのは、事業所の従業員になります。自衛消防組織は、統括管理者と本部隊の班長および各部隊の初期消火班、通報連絡班、避難誘導班、応急救護班などから構成することになります。**自衛消防組織の統括責任者と本部隊の班長は、登録講習機関の講習修了者**に任が与えられることになっています。図表「自衛消防組織の編成案」を参照してください。

自衛消防力の強化にかかわるものとして、**防災管理者の選任**についても施行されました。**防火管理制度**との並びで**防災管理制度**が新たに位置づけられ、**防火管理と防災管理の双方にまたがる自衛消防組織の制度**ということになります。

自衛消防組織の訓練

火災は一定時間を過ぎると急速に拡大します。消防機関への通報と、消防隊が到着するまでの間に行う、初期消火と避難誘導等が的確で効果的に行われるためには、訓練が必要です。防火管理者と防災管理者は、定期的な自衛消防訓練を行わなければなりません。訓練の内容については、図表「自衛消防組織の訓練」を参照してください。

自衛消防組織を設置しなければならない防火対象物

防火対象物の種別	階数	延べ面積
(1) ～ (4)、(5) イ、(6) ～ (12)、(13) イ、(15)、(17)	≧11階	≧10,000㎡
	≧5階、かつ≦10階	≧20,000㎡
	≦4階	≧50,000㎡
(16の2)	－	≧1,000㎡

(16) 項の防火対象物については、(1) 項～ (4) 項、(5) 項イ、(6) 項～ (12) 項、(13) 項イ、(15) 項、(17) 項の用途が存する最も高い階数、及びこれらの用途の床面積の合計を階数と延べ面積の基準に照らし、義務を判定する。

自衛消防組織の編成案

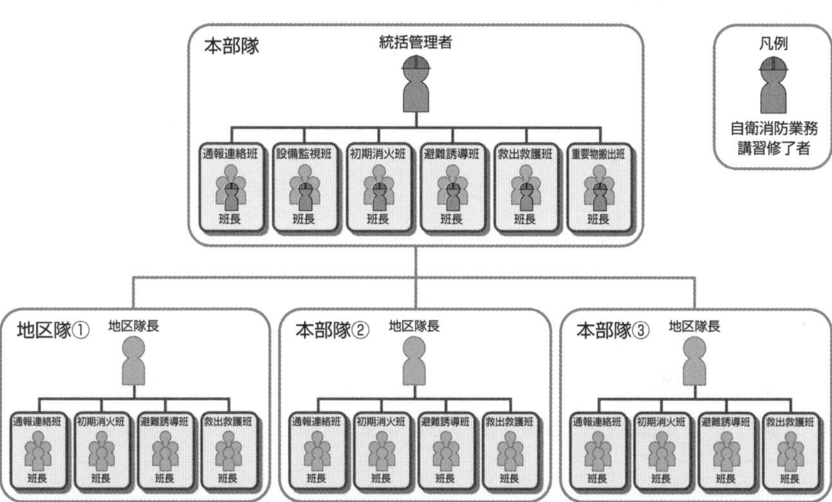

自衛消防組織の訓練

訓練種別	訓練の内容	特定防火対象物	非特定防火対象物	共同防火管理を要する防火対象物
通報訓練	119番通報、館内連絡 防災センターへの連絡	年2回	消防計画に定める時期 (年1回以上)	年2回
消火訓練	建物内に設置してある設備、器具の操作	年2回	消防計画に定める時期 (年1回以上)	年2回
避難訓練	避難施設、設備等の位置の確認、操作 避難誘導、自力避難困難者の対応 逃げ遅れ者等の対応	年1回	消防計画に定める時期 (年1回以上)	年2回
総合訓練	通報、消火、避難の訓練と消防組織との総合訓練	年2回	消防計画に定める時期 (年1回以上)	年2回

4-3 防災センター

防災センターとは、防火対象物の日常時、非常時の防火管理の中心的な役割を果たす部分で、消防用設備等を集中管理する機能を持つ室です。

防災センターの成り立ち

1960年代、霞ヶ関ビルをはじめとする大規模な建築物が次々に出現し、火災などの災害が発生した場合の人命の危険や消防活動の困難性が危惧され出しました。このような状況を契機に、消防用設備等を集中管理するための**防災センター**が設置されるようになりました。

防災センターは日常時の維持管理、非常時の円滑で的確な対応を担う防災管理の中枢となる場所です。

防災センターの構造

防災センターは、その防火対象物において火災が発生した場合は、鎮火に至るまでの活動の拠点となる室です。

防災センターの設置基準、構造および機能などについては、次ページに例示しているように、**市町村火災予防条例**によって運用されています。

中央管理室

建築基準法において設置が義務づけられているのが**中央管理室**です。中央管理室は、非常用エレベーターや中央管理方式の空調設備の監視・制御を行う室とされています。

消防法で設置する**防災センター**は、一般的には中央管理室に消防の現場指揮本部の機能を付加したものとして位置づけて、中央管理室と防災センターは同一室に設置しています。

消防法と建築基準法の双方において設置義務がない場合には**防災管理室**などの名称で運用します。

防災センターの設置基準と構造基準

東京都火災予防条例第55条の2の2に規定される防災センターの基準は次の通りです。

設置基準

①令別表第1（1）項～（4）項、(5）項イ、(6）項、(9）項イ、(16）項イの防火対象物のうち、地階を除く階数が11以上で、延べ面積が1万㎡以上のもの。または地階を除く階数が5以上で、延べ面積が2万㎡以上のもの。

②令別表第1（16の2）項の防火対象物で、延べ面積が1,000㎡以上のもの。

③令別表第1（5）項ロ、(7）項、(8）項、(9）項、(10）項～（15）項、(16）項ロの防火対象物のうち、地階を除く階数が15以上で、延べ面積が3万㎡以上のもの。

④上記①～③に掲げる防火対象物以外の令別表第1に掲げる防火対象物で、延べ面積が5万㎡以上のもの。

構造基準と機能

①避難階またはその直上階もしくは直下階で、外部から出入りが容易な位置に設置する。

②耐火構造の壁、床で防火区画し、出入口は防火戸を設け、内装材は不燃とする。

③換気、冷房のダクトには防火ダンパーを設置する。

④水が浸入、浸透する恐れのないこと。

⑤入口の見やすい場所に防災センターである旨の表示がされていること。

⑥消防用設備等の監視、操作及び災害時における防災活動に必要な広さであること。

⑦災害時における防災活動に消防長官が必要と認める機能が確保されているもの。

⑧防災センター内の機器等は、有効な耐震措置が講じられ、震災等に伴う火災時にも機能に障害が生じないこと。

建築基準法による中央管理室の設置基準

建築基準法において、中央管理室は規定されています。

建築基準法第34条第2項

高さ31mを超える建築物には非常用エレベーターを設けなければならない。

建築基準法施行令第20条の2第2項

法第34条第2項に規定する建築物または床面積が1,000㎡を超える地下街に設ける機械換気設備および中央管理方式の空調設備の監視・操作は中央管理室で行わなければならない。

建築基準法施行令第129条の13の3第7項、第8項

非常用エレベーターの制御装置の作動は中央管理室において行うこと。
非常用エレベーターには、かご内と中央管理室とを連絡する通話装置を設けること。

火災時にエレベーターを使って避難

通常、火災時にエレベーターを使って避難することはできません。火災が発生すると、エレベーターは途中階には停止せずに1階まで直行して扉が開き、エレベーターは動かなくなります。建物内の人たちは、階段を使って自力で避難するしかありません。しかし、タワーマンションなど超高層建物が次々に出現していますので、東京消防庁では避難安全対策として、火災時に避難に使えるエレベーターの設置を推進しています。

平成25（2013）年に東京消防庁が策定した「高層建築物等における歩行困難者等に係る避難安全対策」では非常用エレベーターを使った避難誘導を指導しています。このエレベーターを避難誘導用エレベーターといいます。専門講習を受けた防災センター要員などの係員が、車いす利用者や老人などを対象として避難誘導することになりますので、誰でも避難に使えるということではありません。

階段を使用することが困難な避難者は「一時避難エリア」まで避難し待機します。そして係員の到着を待ちます。一時避難エリアは、非常用エレベーター乗降ロビーと兼用するのが一般的です。乗降ロビーは消防活動拠点になりますので、消防活動に支障のない面積確保が必要になります。

なお、非常用エレベーターとは、火災時に消防隊が消火・救助活動のために高層階に進入するときに使うエレベーターで、建築基準法に設置基準があり、高さ31mを超える建築物に設置します。

避難誘導用エレベーター標識

第5章

性能規定と32条特例

消防法では消火や避難のための設備について、仕様が明確に規定されています。規定は法令や省令などさまざまなものがありますが、新技術等の実用化に向けた性能規定化の法改正が行われました。また、消防設備に対する例外規定も存在します。それが「32条特例」に代表されるもので、適用に際して消防庁や消防署長の判断が求められます。

5-1 性能規定化

消防用設備等の種類のひとつに「必要とされる防火安全性能を有する消防の用に供する設備等」というものがあります。これは平成15（2003）年の法改正により追加された性能規定です。

仕様規定と性能規定

従来の法令基準は、いわゆる仕様書的に材料、寸法、構造などを具体的に規定するものでした。このような仕様規定では、技術革新に対して柔軟に対応することが困難な場合も生じてきます。大型の建築物や巨大な複合建築物の増加、さらには新技術を用いた消防、防災にかかわる設備等の開発と実用化に向けて、**性能規定化**が図られました。

性能規定化の内容

消防法第17条1項に「**消火、避難その他の消防の活動のために必要とされる性能を有するように**」とあるように、消防用設備等において求められる**3つの性能（初期拡大抑制性能、避難安全支援性能、消火活動支援性能）**が示されています。各性能の詳細は図表「3つの性能規定化」を参照してください。

客観的検証法

前述の3つの性能を有することを**客観的検証法**によって確認することができる場合は、従来の消防用設備等の規定に適合する必要はありません。

客観的検証法とは、消防庁公示により規定された設備が対象で、**消防庁等が判断する基準が総務省令**で示されている場合をいいます。つまり、所轄消防機関が総務省令に基づいて運用できる範囲で、これを**ルートB**としています。

客観的検証法等に適合する消防用設備等

客観的検証法等（ルートB）によって性能を確認することができるのは、今のところ以下の3つです。これらは従来の消防用設備等の規定に適合する必要はありません。

①屋内消火栓に代えてパッケージ型消火設備を設置。
②スプリンクラー設備に代えてパッケージ型自動消火設備を設置。
③排煙設備に代えて加圧防排煙設備を設置。

3つの性能規定化

性能	内容
初期拡大抑制性能	火災が発生した場合に、それを早期に覚知又は感知し、かつ、初期消火を迅速かつ的確に行うこと等により、火災の拡大を抑制するために必要な性能。
避難安全支援性能	火災が発生した場合に、在館者の避難を迅速かつ安全に行うことを支援するために必要な性能。
消火活動支援性能	火災が発生した場合に、消防隊員が安全かつ円滑に消火活動を行うために必要な性能。

消防用設備等その他の設備等を設ける場合の3つの選択肢

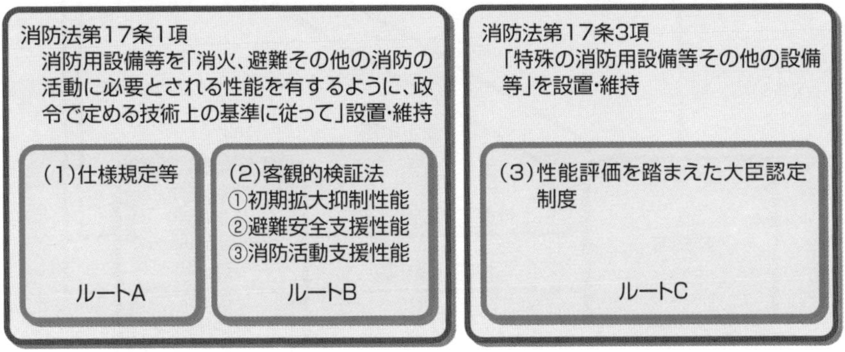

消防法第17条1項
消防用設備等を「消火、避難その他の消防の活動に必要とされる性能を有するように、政令で定める技術上の基準に従って」設置・維持

(1)仕様規定等
ルートA

(2)客観的検証法
①初期拡大抑制性能
②避難安全支援性能
③消防活動支援性能
ルートB

消防法第17条3項
「特殊の消防用設備等その他の設備等」を設置・維持

(3)性能評価を踏まえた大臣認定制度
ルートC

総務大臣認定

　消防庁等が判断する基準が総務省令で示されていない場合、つまり客観的検証法で対応できない場合は**総務大臣認定**になります。これを**ルートC**としています。ちなみに**ルートA**は従来通りの**仕様規定**をいいます。図表「消防用設備等その他の設備等を設ける場合の3つの選択肢」を参照してください。

　ルートCは、客観的検証法によっても対応できないような新たな技術の開発と実用化なので、第三者機関が技術的検証を行い、その試験結果等を踏まえて総務大臣が認定することになります。図表「総務大臣認定手続きの流れ」に示すように、**設備等設置維持計画書**を作成し、**日本消防検定協会**または**登録検定機関**（日本消防安全センター）において**性能評価**を受け、評価結果を記載した書面を添えて、**総務大臣に申請**することになります。

総務大臣認定手続きの流れ

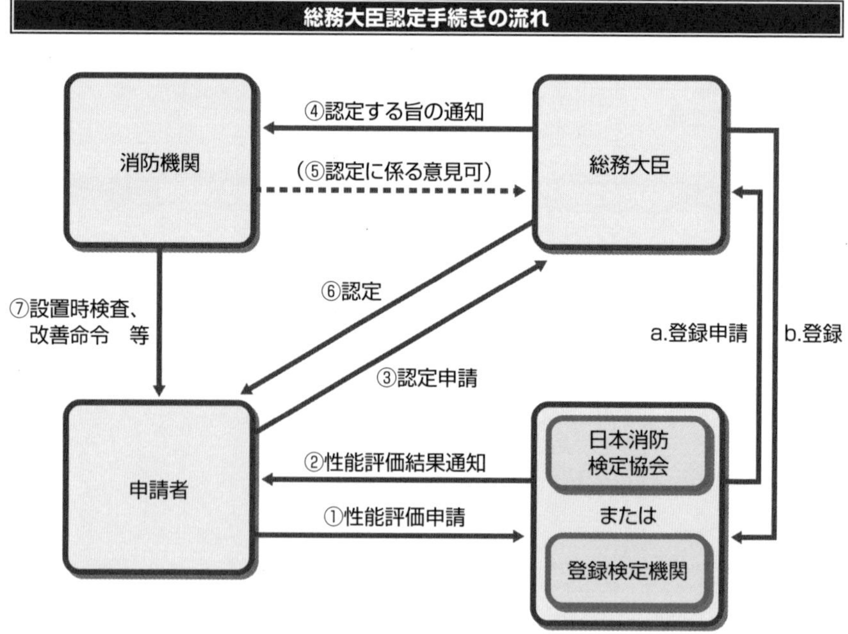

5-2
32条特例

消防法には「特例」と呼ばれる、法令の規定から除外される条件があります。適用の際、消防長や消防署長の判断が必要とされます。本節ではこの特例について解説します。

32条特例

消防法施行令第32条に**「この節の規定は、消防用設備等について、消防長または消防署長が、防火対象物の位置、構造または設備の状況から判断して、この節の規定による消防用設備等の基準によらなくとも、火災の発生または延焼のおそれが著しく少なく、かつ、火災等の災害による被害を最小限度に止めることができると認めるときにおいては、適用しない」**とあります。これを32条特例といい、5-1の**性能規定**とは異なる**緩和規定**となるものです。

令32条に規定する前述の「この節」とは**消防法施行令第2章第3節**のことで、令8条から令33条の2までが該当します。この規定の内容は、**防火対象物の別棟扱いについて、消防用設備等の設置単位について、消防用設備等に関する設置基準と技術基準について**などとなり、令32条に規定された特例申請により、令8条から令32条の2の規定の適用が除外されます。防火対象物の別棟扱い、消防用設備等の設置単位の詳細は3-4を参照してください。

特例を適用するかどうかの判断をするものは消防長または消防署長になりますが、市町村によってまちまちの判断で運用した場合は、社会的に与える影響が大きくなると考えられます。そこで、全国的に影響を及ぼすと予想されるものについては、国が**特例適用の基準**を示し、それが総務省消防庁からの**通知**という形で示されています。市町村はこの基準に準拠して運用を行うこととしています。

本条の適用に際しては、消防署長等が運用を行うための判断材料として、**性能評価機関**において、性能評価と消防防災システム評価が行われています。

建築基準法の性能規定化

1980年代の日米貿易摩擦などが原因で国際的な規制緩和の傾向が強まり、国際調和・選択の自由拡大・技術開発の誘導などの観点から、消防法に先駆けて平成12（2000）年に建築基準法は性能規定化の法改正が行われました。

1980年代後半、日本はバブル景気でした。建築物は大型化・高層化が進み、そして海外の建材を輸入し、海外の建築家が日本で活動するなどして、建築形態は大きく変わりました。多層の吹抜空間を有する建築物、特殊な構造方法を使った建築物、あるいは、特殊な材料を使った建築物など、法規制に沿うと合理的な計画が困難な建築物が多く出現しました。これらの建物に対応した性能設計的な手法は、平成12（2000）年以前にも存在していました。

旧建築基準法第38条では、法規定と同等以上の効力があることを設計者が個別に示し、大臣認定を申請することで特例的に認められていました。特殊な膜屋根を使った東京ドーム、展示場1室の面積が30,000㎡にも及ぶ東京ビッグサイト、商業とホテルが駅コンコースと一体の巨大空間を有する京都駅ビルなどは、旧法第38条認定の代表的な建築物です。

そして平成12（2000）年の法改正では、判断基準が曖昧だった旧法の性能的設計手法に替わり避難安全検証法と耐火性能検証法が施行され、新たな性能規定の時代になりました。

第6章

消防用設備①
消火設備

消火設備は、個人が初期消火に用いる消火器、共同住宅やオフィスで用いられているスプリンクラー、工場など水での消火が困難な場所を対象とする不活性ガス設備などさまざまな種類のものがあります。本章では消火設備の種類・性能と、その設置について解説します。

6-1 消火設備の種類

消火設備とは、火災が発生したときに消火を目的に用いる設備を指し、消防隊が到着するまでの火災初期に用いるものなので初期消火設備ともいいます。人の手を使って消火をするものと、火災を感知して自動的に消火をするものの2種類があります。

消火設備の種類と関係法令

消防法で規定される消火設備は12種類あり、その特徴、関連する法令は次の通りです。

消火器具　(6-2参照)

火災発生初期に用いられるもっとも取り扱いの簡単な器具・設備です。手動での操作となります。

・設置基準：施行令第10条

・技術基準及び細目等：施行規則第6条～第9条

屋内消火栓設備　(6-3参照)

人間が手動で消火するための放水設備です。

・設置基準：施行令第11条

・技術基準及び細目等：施行規則第12条

スプリンクラー設備　(6-4 ～ 6-9参照)

天井面に設置したスプリンクラーヘッドから放水する設備です。一定の条件で自動的に作動する仕組みです。

・設置基準：施行令第12条

・技術基準及び細目等：施行規則第13条～第15条

屋外消火栓設備　(6-10参照)

屋外に設置した消火栓箱から放水する設備です。中に収められた放水設備を利用して人力で消火活動を行う際に利用されます。

・設置基準：施行令第19条

・技術基準及び細目等：施行規則第22条

動力消防ポンプ設備　(6-11参照)

動力消防ポンプ設備とは、エンジン付きの消防ポンプを移動することで池や川なども水源にすることができる消火設備です。

・設置基準：施行令第20条

パッケージ型消火設備・パッケージ型自動消火設備　(6-12参照)

パッケージ型消火設備は屋内消火栓設備の代替設備として、パッケージ型自動消火設備は屋内消火栓設備及びスプリンクラー設備の代替として認められているものです。

・技術基準：総務省令第92号及び関係告示

共同住宅用スプリンクラー設備　(6-13参照)

共同住宅用スプリンクラー設備は共同住宅のみに対応できる設備です。

・技術基準：総務省令第40号及び関係告示

なお、**水噴霧消火設備、泡消火設備、不活性ガス消火設備、ハロゲン化物消火設備、粉末消火設備**は第7章で解説しています。

6-2 消火器具

消火器具は火災が発生したときに、最も初期に、最も簡単に消火を行うための器具で最も身近な消火設備です。

消火器具と種類

消防法では、**消火器と簡易消火用具を合わせたものを消火器具**としています。

消火器の種類は、火災の種類に対応した消火剤による分類、使い勝手による分類、消火薬剤の加圧方法による分類等いろいろな種類があります。

①住宅用消火器

住宅用のみで使用することができる消火器なので、消防法で設置義務のある事業所においては消火器として認められません。住宅用であるため消火薬剤にハロゲン化物消火薬剤と二酸化炭素は使用できません。形式は蓄圧式のみとなります。対応できる火災は、「普通火災」、「天ぷら油火災」、「ストーブ火災」です。

②住宅用以外の消火器

消防法で設置義務のある場合に設置できます。外面の25%以上を赤色とするように決められています。

③据置式消火器

使用方法から分類される種別です。小型の消火器は本体を持ったまま使用（手さげ式）することができますが、据置式消火器は床面上に据え置いた状態でノズル部分を持ち、ホースを伸ばして使用するものです。ホースの長さは10m以上になります。なお、使用方法の分類は、「手さげ式」、「据置式」、「背負式」、「車載式」です。

④交換式消火器

消火薬剤交換方法から分類される種別です。通常、使用した後の消火器は消火薬剤を再充填して使用します。交換式とは消火薬剤の入った容器ごと交換するもの（本体容器及び付属するキャップ、バルブ、指示圧力計等一体として交換できるもの）です。消火薬剤交換方法の分類は、「交換式」、「交換式でないもの」になります。

⑤加圧式消火器

消火薬剤加圧方法から分類される種別です。容器内に加圧用ガスボンベ（液化炭酸ガス、窒素ガス等）が取り付けられており、レバー操作によりガスボンベの封板を破封し、加圧用ガスが消火薬剤を攪拌し圧力で放出されます。消火薬剤加圧方法の分類は、「加圧式」、「蓄圧式」になります。

⑥蓄圧式消火器

消火薬剤加圧方法から分類される種別です。容器内に消火薬剤とともに窒素ガスが蓄圧されており、レバー操作により消火剤が窒素ガスの圧力で放出されます。蓄圧式は再充填ができないため使い切りです。消火薬剤加圧方法の分類は、「加圧式」、「蓄圧式」になります。

消火器の能力単位

消火器には、**一般火災（A火災）**、**油火災（B火災）**、**電気火災（C火災）**など、火災の種類ごとの消火能力が決められています。消火能力を能力単位として消火器に表示されています。**能力単位とは、簡易消火用具により消火できる能力を基準**としたものです。

能力単位は火災の種類によって異なります。たとえば同じ消火剤であっても、A火災において能力単位が2で、B火災にあっては能力単位が4になったりします。この場合、消火器には「A-2 B-4」というような能力単位が表示されます。C火災には能力単位はありません。

能力単位の大きなものを**大型消火器**といいます。大型消火器とは、A火災で能力単位が10以上、B火災で能力単位が20以上のもので、ガソリンスタンドや大規模ビルの電気室などの危険物貯蔵施設や特殊な室に設置されます。消火剤の容量が大きく重いため車載式になります。

消火器具とは

消火器具
- 消火器
  水その他消化剤を圧力により放射して消化を行う器具、国家検定の対象品目になっている
- 簡易消火用具
  水バケツ・水槽・乾燥砂・膨張ひる石・膨張真珠岩をいう

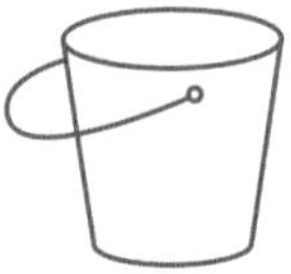

水バケツ

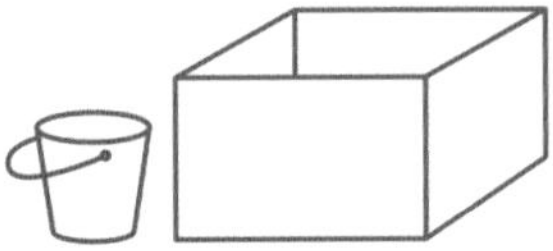

防火水槽と水バケツ

乾燥・砂・膨張ひる石・膨張真珠岩・スコップ

簡易消火用具の能力単位

簡易消火用具の種類	能力単位
1. 水バケツ（容量8リットル以上）×3個	1
2. 水槽（容量80リットル以上）1個＋消火専用バケツ（容量8リットル以上）×3個	1.5
3. 水槽（容量190リットル以上）1個＋消火専用バケツ（容量8リットル以上）×6個	2.5
4. 乾燥砂（50リットル以上）1塊＋スコップ	0.5
5. 膨張ひる石または膨張真珠岩（160リットル）1塊＋スコップ	1

消火器具の設置数の算出

構造区分 ＼ 防火対象物の区分	一般のもの	主要構造部を耐火構造とし、かつ、内装の仕上げ難燃材料
令別表第1 (1) 項イ、(2)項、(16の2)項、(16の3)項、(17)項に掲げる防火対象物	能力単位の数値の合計数 $\geqq \dfrac{延面積又は床面積}{50㎡}$	能力単位の数値の合計数 $\geqq \dfrac{延面積又は床面積}{100㎡}$
令別表第1 (1)項ロ、(3)項～(6)項、(9)項及び(12)項～(14)項に掲げる防火対象物	能力単位の数値の合計数 $\geqq \dfrac{延面積又は床面積}{100㎡}$	能力単位の数値の合計数 $\geqq \dfrac{延面積又は床面積}{200㎡}$
令別表第1 (7)項、(8)項、(10)項、(11)項及び(15)項に掲げる防火対象物	能力単位の数値の合計数 $\geqq \dfrac{延面積又は床面積}{200㎡}$	能力単位の数値の合計数 $\geqq \dfrac{延面積又は床面積}{400㎡}$

消火器に適用される火災の絵表示

普通火災用
（A火災）

油火災用
（B火災）

電気火災用

消火器の外観

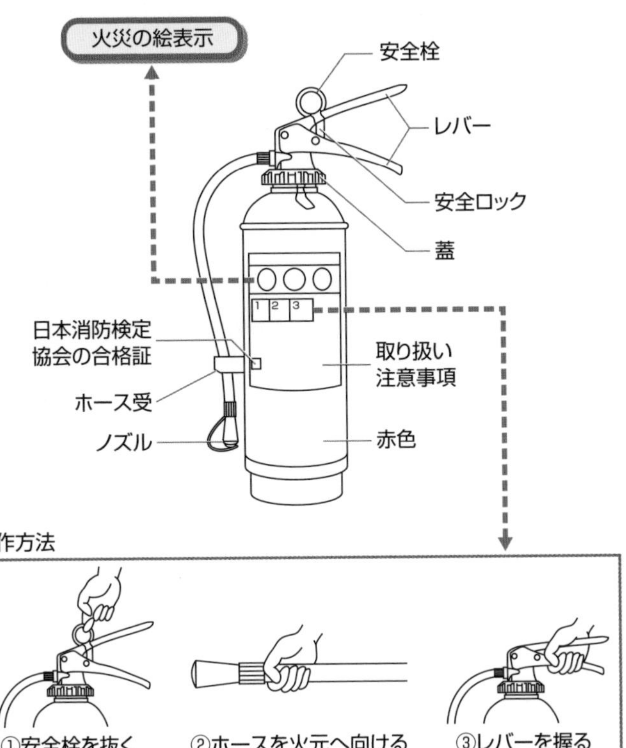

消火器の表示

平成21（2009）年に発生した劣化消火器の破裂事故等を契機に、消火器の規格に関する改正がありました、そこでは消火器の安全上の注意事項についての**表示の義務付け**が規定されています。表示の内容は、①住宅用以外か住宅用の表示、②取り扱いに関する表示、③加圧式か蓄圧式の表示、④維持管理・点検の表示、⑤廃棄時に関する表示、⑥消火器が適用する火災の絵表示などです。規格の改正に伴い**絵表示**も従来のマークから変わりました。

簡易消火用具を設置してよい場合

簡易消火用具を設置してよい場合は次の通りです。

①消火能力単位の数値の合計が2未満の場合

②消火能力単位の数値の合計が2以上の場合、簡易消火用具の能力単位の合計数は、消火器具の能力単位の1/2を超えて設置できない。

消火器具の設置数と位置

消火器具の設置数は、防火対象物ごとに決められた一定の数値（㎡）で、延べ面積または床面積（㎡）を除した値で算定できます（図表「消火器具の設置数の算出」参照）。

消火器具の設置位置は、①床面からの高さが1.5m以下の位置、②防火対象物の各部分の位置から歩行距離が20m（大型消火器の場合は30m）以下となる位置、③分かりやすい位置、となっています。そして、設置した場所には**消火器と表示した標識**を付けることになります（図表「消火器の設置例」参照）。

消火器の設置の緩和

消火器の設置にあたっては、他の消火用設備等を設置することで**設置数を減じる**ことができます。なお、消火器の設置における緩和規定は次の通りです。

①スプリンクラー設備等を設置した場合

屋内消火栓、スプリンクラー設備、水噴霧消火設備、泡消火設備、不活性ガス消火設備、ハロゲン化物消火設備、粉末消火設備等を設置した場合は、これら設備の有効範囲の部分で必要とされる能力単位の1/3までを減少することが認められます。

また、これらの設備の有効範囲内では、大型消火器を設置しなくてすみます。ただし、11階以上の階では適用されません。

②大型消火器を設置した場合

その消火適用性が設置すべき消火器具の適用性と同一であるときは、その有効範囲内では、必要とされる消火器具の能力単位の1/2まで減らせます。

消火剤による消火器の種類

消火器の種類	特徴	消火作用	放射時間	放射距離	適応火災
1.水消火器	現在は製造されていない。	冷却	30～70秒	10～12m	普通火災
2.強化液消火器	強アルカリ性の消火薬剤を使用。粉末消火器と並んでよく使われている。	冷却 窒息 抑制	30～70秒	4～16m	普通火災 油火災 電気火災
3.ハロゲン化物消火器	ハロン規制のため現在は製造されていない。	抑制 窒息	約15秒	約3m	普通火災 油火災 電気火災
4.二酸化炭素消火器	人体に有害なため小部屋や地下街などでは使用できない。	窒息	10～30秒	約3m	油火災 電気火災
5.粉末消火器	最も普及している。ＡＢＣ粉末を消火剤とするためＡＢＣ消火器といわれる。	窒息 抑制	7～16秒	3～8m	普通火災 油火災 電気火災
6.泡消火器	ＡＢＣ消火器普及以前は最も広く使われていた。消火薬剤は劣化しやすい。	冷却 窒息	50～60秒	6～12m	普通火災 油火災

消火器の設置例

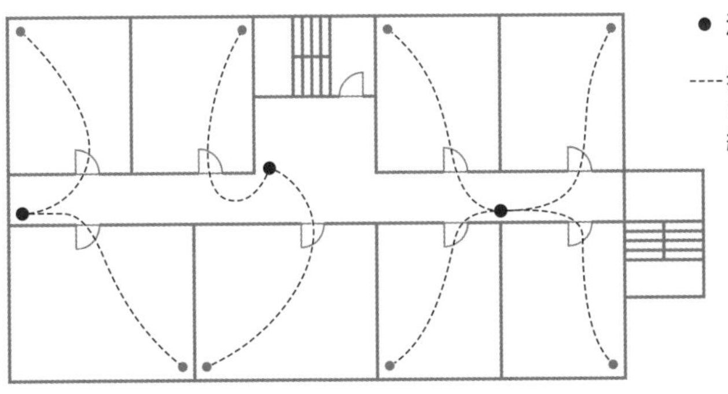

● 消火器の設置位置

----歩行距離
（実際に人間が歩行する経路の長さ）

消防用設備の設置と歩行距離・水平距離

消防用設備を設置する場合に、建物の各部分から消防用設備までの**歩行距離または水平距離が何m以下**となる位置に設置する、というような表現があります。

歩行距離とは、実際に人が歩行する距離であって、平面上の壁や扉の位置に影響する距離になるため、具体的な平面プランで決める必要があります。

水平距離とは、直線的に測定するもので、平面上の壁などの障害物は無視してかまいません。したがって、図面上で円を描いてカバーできる位置に設置すればよいことになります。以降の解説する消防用設備の設置において同様の考えとなります。

歩行距離と水平距離の考え方

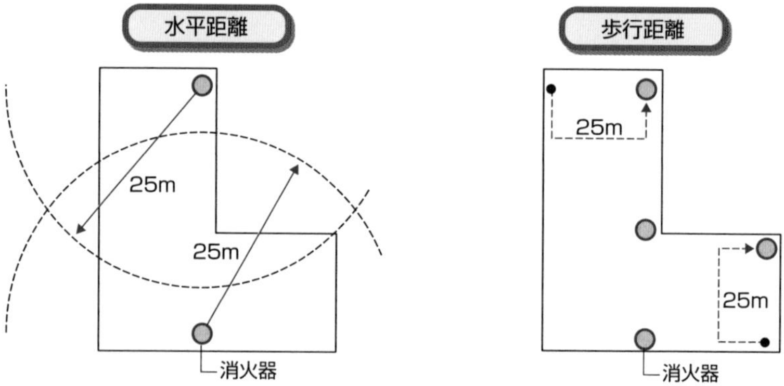

6-3 屋内消火栓設備

屋内消火栓設備は、火災を発見した人が消火栓ボックスからホースを取り出し、火災に向かって放水することで消火する設備です。

屋内消火栓の種類

屋内消火栓設備の種類は、**2人の操作で消火を行う1号消火栓**と、**1人で操作が可能な2号消火栓**、及び**1号消火栓で操作を容易にした易操作性1号消火栓**の3種類があります。元々は1号消火栓のみでしたが「操作を容易に」を目的に法改正が行われ、昭和62（1987）年に2号消火栓が、平成9（1997）年に易操作性1号消火栓が登場しました。易操作性1号消火栓は、通常の1号消火栓との区別を分かりやすくするために、消火栓収納箱の扉の表面に**表示マーク**を貼付することになっています。

屋内消火栓の操作方法

屋内消火栓は2人操作用の1号消火栓と、1人操作用の2号消火栓では異なります。

①1号消火栓の操作方法（2人で操作）

1.消火栓ボックス付近の起動用押しボタンを押す。
2.表示灯が点滅して消火ポンプの起動を知らせる。
3.消火栓ボックスからホースを取り出し火災位置に向かう。
4.火災位置に近づいたらもう一人の人に合図する。
5.合図を受けた人は消火栓ボックス内のバルブを開ける。
6.ホースを持った人は放水する。

②2号消火栓の操作方法（1人で操作）

1.消火栓ボックスの扉を開くと同時にホースリールが前面に出てくる。
2.開閉レバーの開放またはホース延長操作と連動して消火ポンプが自動的に起動する。
3.ホースを取り出してノズルの開閉弁を回し放水する。

屋内消火栓の種類と性能

項目		1号消火栓（令11条3項1号）	2号消火栓（令11条3項2号）
防火対象物		a.(12)項イ〔工場〕、(14)項〔倉庫〕の防火対象物 b.令別表第1に掲げる建築物その他の工作物で、指定可燃物（可燃性液体類を除く）を危令別表第4で定める数量の750倍以上を貯蔵し取り扱うもの c. a及びb以外の防火対象物	左欄のa及びb以外の防火対象物
消火栓	水平距離	25m以下	15m以下
	放水量	130㍑／min以上	60㍑／min以上
	放水圧力	0.17Mpa～0.7Mpa	0.25Mpa～0.7Mpa
ポンプ吐出能力		150㍑／min ×消火栓設置個数（最大2）	70㍑／min ×消火栓設置個数（最大2）
水源水量		2.6m³×消火栓設置個数（最大2）	2.6m³×消火栓設置個数（最大2）
非常電源		非常電源専用受電設備（特定防火対象物で延べ面積1,000m²以下のものを除く）、自家発電機、蓄電池設備、燃料電池設備	

屋内消火栓の設置例

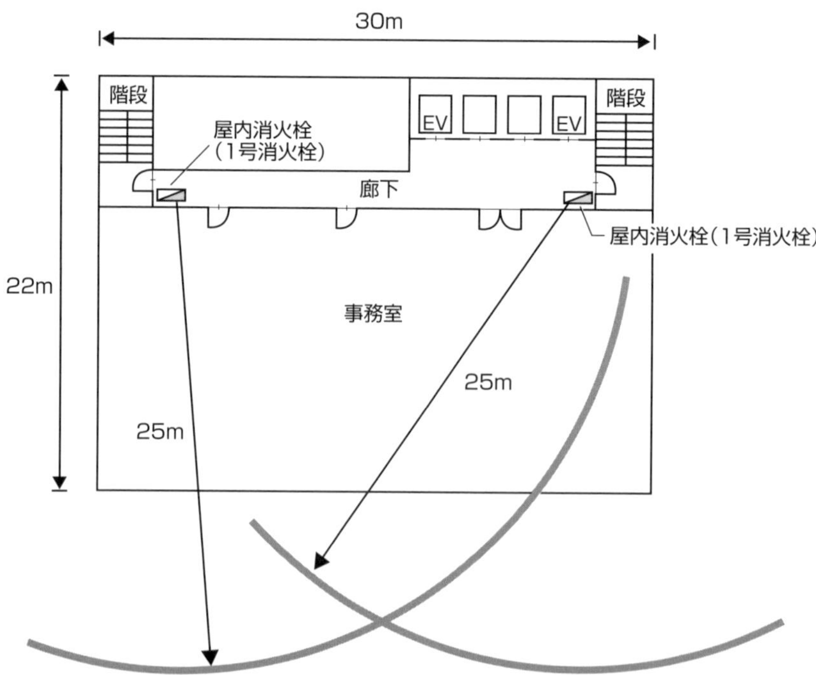

消火栓の外観

●1号消火栓（総合盤付）

a:地区音響装置
b:表示灯（ポンプ起動時はブリッカー）
c:報知器発信機（P型）と兼用の起動押しボタン

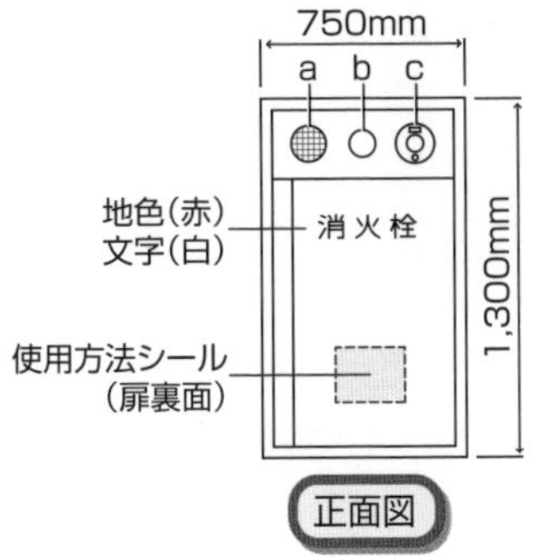

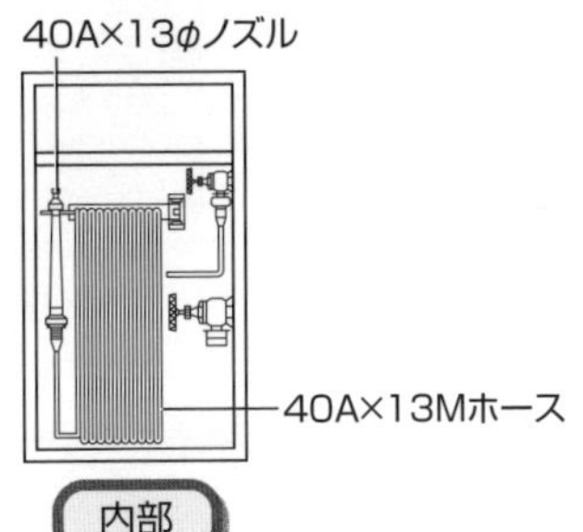

●易操作性1号消火栓

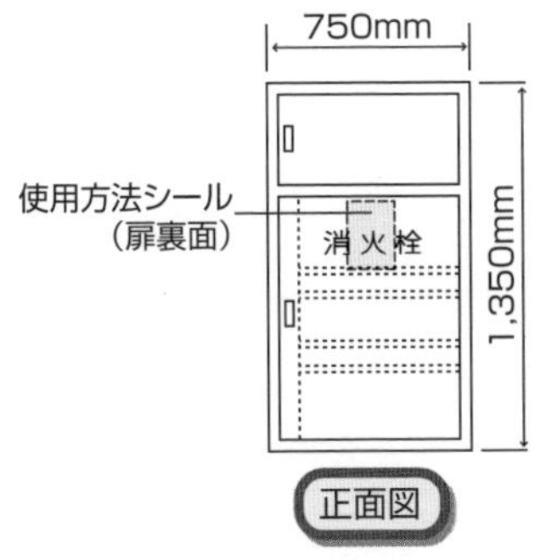

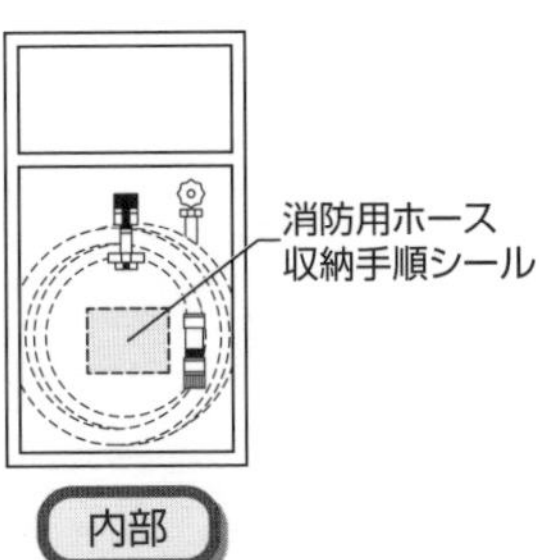

●2号消火栓（総合盤なし）

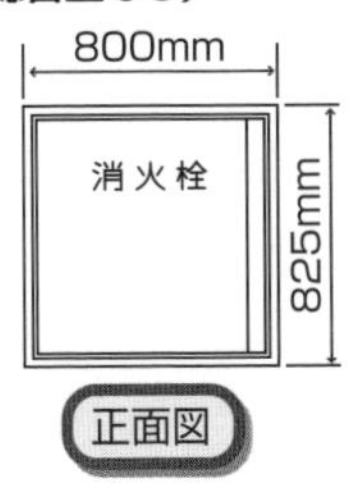

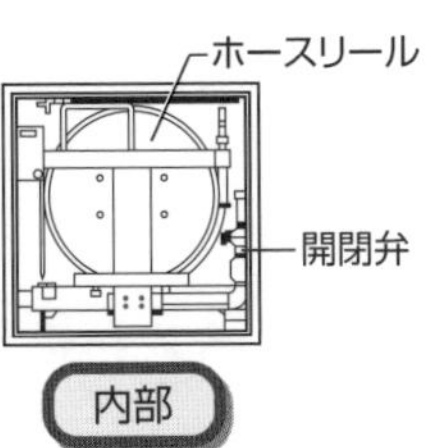

易操作性1号消火栓の表示マーク

（緑地に白絵）

易操作性1号消火栓の操作方法

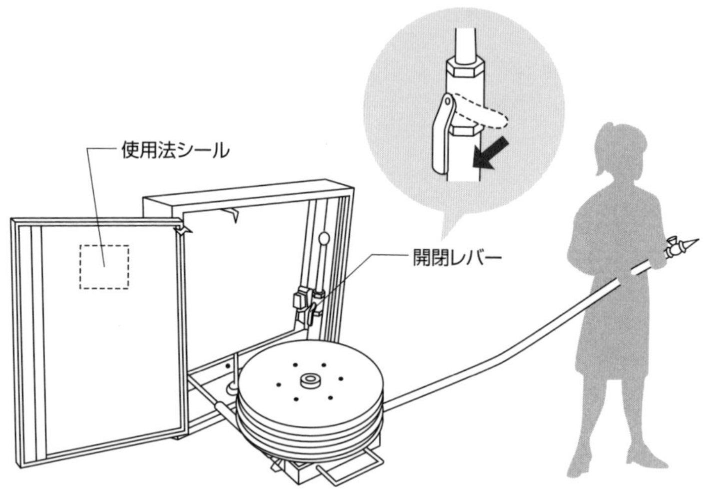

扉を開くと同時にホースリールが前面に出てくる。
開閉レバーと連動してリミットスイッチにより加圧送水装置が運転される。
手もとホースのノズルの開閉弁を回し放水する。

屋内消火栓設備のシステム構成

屋内消火栓設備のシステムは、水源、加圧送水設備（消火ポンプ）、配管、屋内消火栓ボックス、起動装置、非常電源などから構成されます。配管中は高架水槽からの水で常に充水状態にあります。

屋内消火栓設備のシステム構成

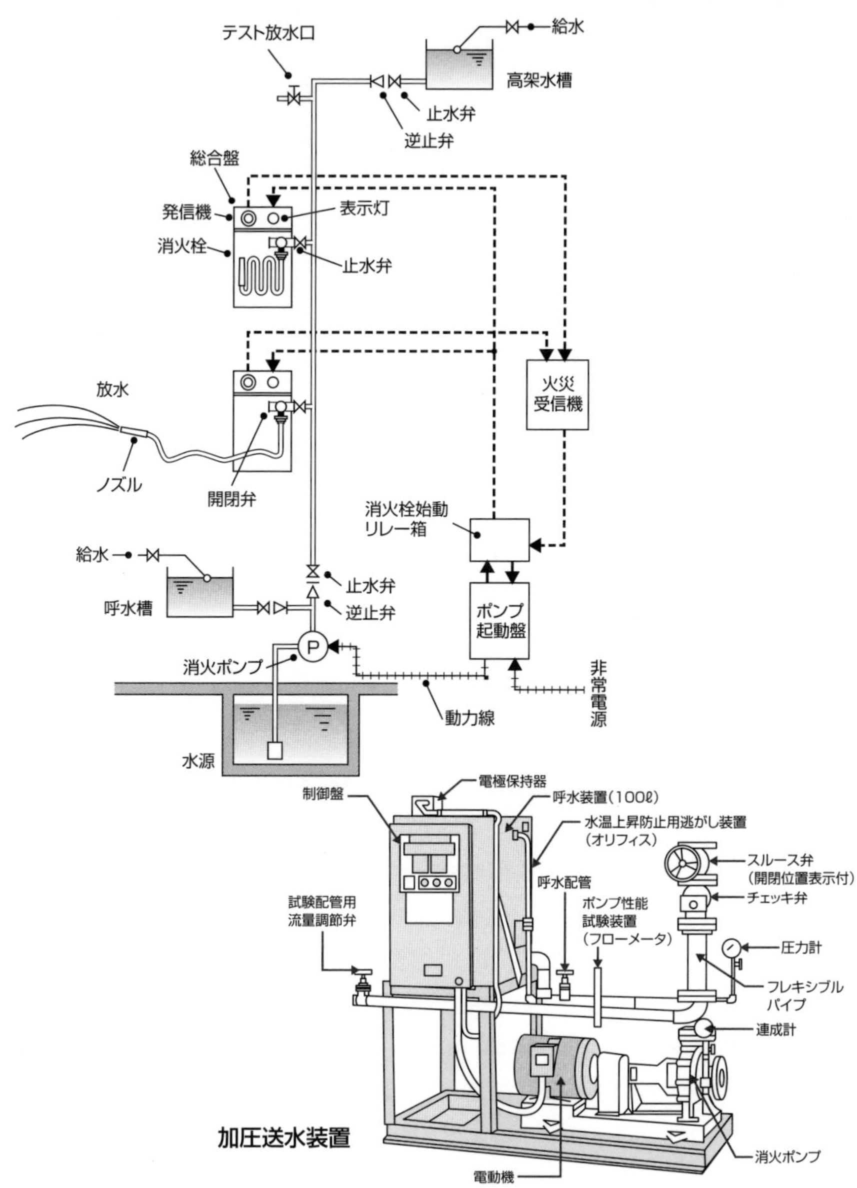
テスト放水口
給水
高架水槽
止水弁
逆止弁
総合盤
発信機
表示灯
消火栓
止水弁
放水
火災
受信機
ノズル
開閉弁
消火栓始動
リレー箱
給水
呼水槽
止水弁
逆止弁
ポンプ
起動盤
消火ポンプ
非常電源
動力線
水源
電極保持器
制御盤
呼水装置（100ℓ）
水温上昇防止用逃がし装置
（オリフィス）
スルース弁
（開閉位置表示付）
呼水配管
チェッキ弁
試験配管用
流量調節弁
ポンプ性能
試験装置
（フローメータ）
圧力計
フレキシブル
パイプ
連成計
加圧送水装置
消火ポンプ
電動機

屋内消火栓の設置

屋内消火栓の設置は、防火対象物の階ごとに、1つの消火栓のホース接続口から、その階の建物各部分までの**水平距離が、1号消火栓にあっては半径25m以内、2号消火栓にあっては半径15m以内ごとの位置**に設けます。水平距離とは直線的に測定するもので、円を描いて建物を包含するようにします。平面上の壁などの障害物は無視してもかまいません（図表「屋内消火栓の設置例」参照）。

水平距離の考え方は6-2を参照してください。

屋内消火栓設備の水源

屋内消火栓設備の水源は、屋内消火栓の放水量で決まります。

屋内消火栓の放水量は、①1号消火栓で**130㍑/分**、②2号消火栓で**60㍑/分**、となり、同時に2個の消火栓の放水を見込むことになっています。**放水時間は20分間**となっていますので、**水源**は**放水量（㍑/分）×20分×n個**になります。n個とは、消火栓の設置が1ヵ所の場合は1、消火栓の設置が2ヵ所以上の場合は2、となります。

屋内消火栓設備の設置の免除

屋内消火栓の設置に当たっては、他の消火用設備等を設置することで設置を免除することができます。なお、屋内消火栓の設置における具体的な免除の規定は次の通りです。

①スプリンクラー設備、水噴霧消火設備、泡消火設備、不活性ガス消火設備、ハロゲン化物消火設備、粉末消火設備、屋外消火栓設備、動力消防ポンプ設備

これら各消火設備の有効範囲の部分は設置を免除できます。屋外消火栓、動力消防ポンプの設置にあっては、設置免除の範囲は1階と2階部分に限ります。

②代替としてパッケージ型消火設備

パッケージ型消火設備を設置した場合、**設置を免除**できます。

6-4 スプリンクラー設備①

本節はスプリンクラー設備の構造を解説します。スプリンクラー設備のシステムは、水源、専用送水口、加圧送水装置（消火ポンプ）、自動警報装置、配管、流水検知装置、スプリンクラーヘッド、起動装置、非常電源から構成されます。

スプリンクラー設備の種類

スプリンクラー設備の種類は閉鎖型と開放型の2種類のシステムに大別され、さらに放水方法やヘッドの種類などで細分類されています。

スプリンクラー設備の種類

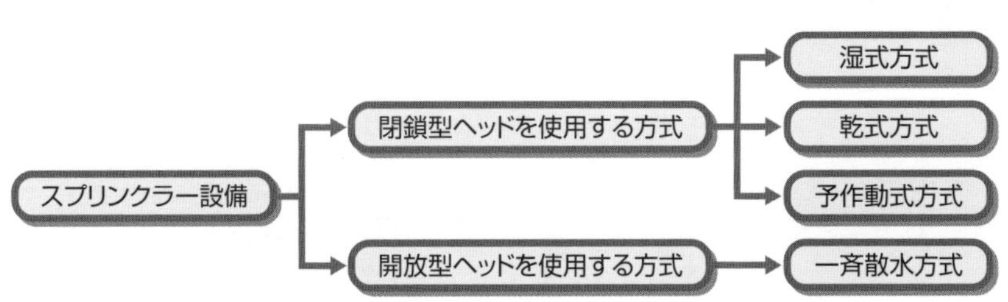

ドレンチャー設備

施行令第12条第2項第3号に**「延焼のおそれのある部分の開口部にはスプリンクラーヘッドを設けること」**とあります。この条文にはただし書きがあり**「防火対象物の10階以下の部分にある開口部で建築基準法に規定する防火設備が設けられているものにはこの限りでない」**となっています。このただし書きにある防火設備がドレンチャー設備になります。ドレンチャー設備は、消防法においては消火設備ではなく、延焼のおそれのある外壁部の開口部に設け、**水幕により延焼を防ぐ**ものとなっています。施行規則第15条に**「開口部に設置する防火設備」**として規定されています。

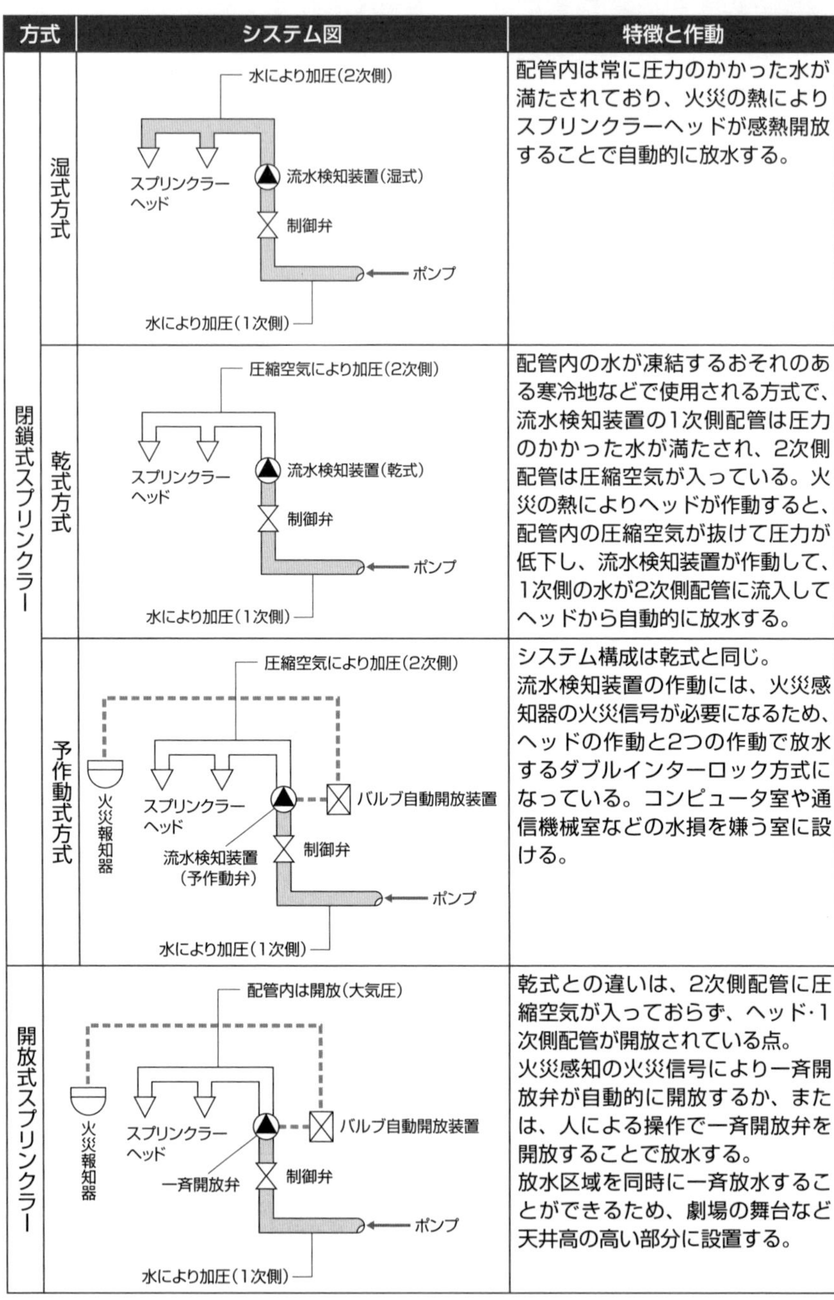

スプリンクラー設備の模式図

方式		システム図	特徴と作動
閉鎖式スプリンクラー	湿式方式	水により加圧(2次側) スプリンクラーヘッド 流水検知装置(湿式) 制御弁 ポンプ 水により加圧(1次側)	配管内は常に圧力のかかった水が満たされており、火災の熱によりスプリンクラーヘッドが感熱開放することで自動的に放水する。
閉鎖式スプリンクラー	乾式方式	圧縮空気により加圧(2次側) スプリンクラーヘッド 流水検知装置(乾式) 制御弁 ポンプ 水により加圧(1次側)	配管内の水が凍結するおそれのある寒冷地などで使用される方式で、流水検知装置の1次側配管は圧力のかかった水が満たされ、2次側配管は圧縮空気が入っている。火災の熱によりヘッドが作動すると、配管内の圧縮空気が抜けて圧力が低下し、流水検知装置が作動して、1次側の水が2次側配管に流入してヘッドから自動的に放水する。
閉鎖式スプリンクラー	予作動式方式	圧縮空気により加圧(2次側) 火災報知器 スプリンクラーヘッド バルブ自動開放装置 流水検知装置(予作動弁) 制御弁 ポンプ 水により加圧(1次側)	システム構成は乾式と同じ。 流水検知装置の作動には、火災感知器の火災信号が必要になるため、ヘッドの作動と2つの作動で放水するダブルインターロック方式になっている。コンピュータ室や通信機械室などの水損を嫌う室に設ける。
開放式スプリンクラー		配管内は開放(大気圧) 火災報知器 スプリンクラーヘッド バルブ自動開放装置 一斉開放弁 制御弁 ポンプ 水により加圧(1次側)	乾式との違いは、2次側配管に圧縮空気が入っておらず、ヘッド･1次側配管が開放されている点。 火災感知の火災信号により一斉開放弁が自動的に開放するか、または、人による操作で一斉開放弁を開放することで放水する。 放水区域を同時に一斉放水することができるため、劇場の舞台など天井高の高い部分に設置する。

スプリンクラー設備のシステム構成

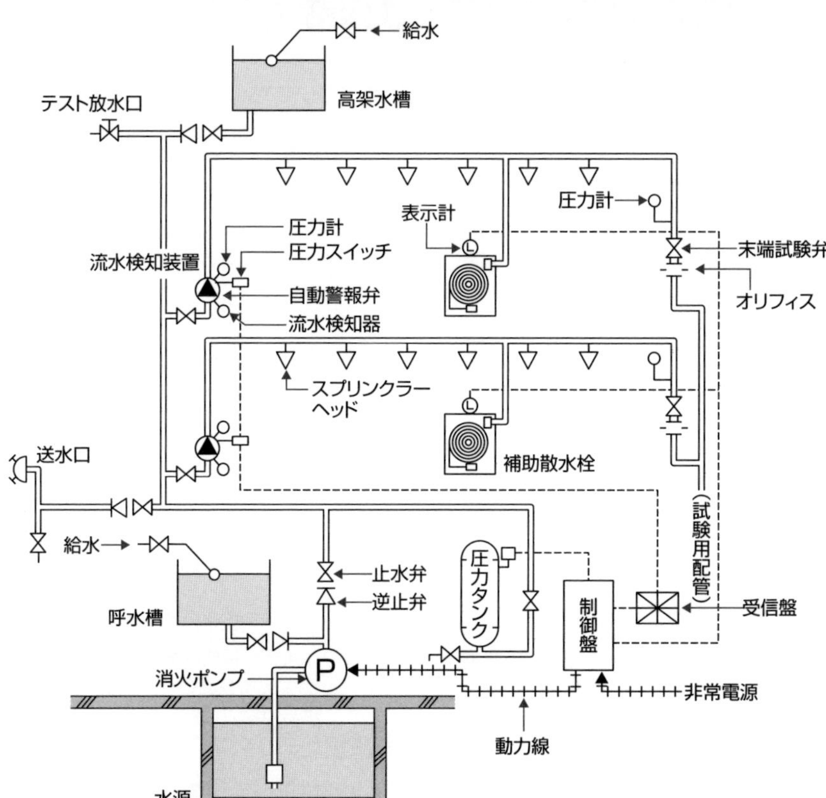

6-5 スプリンクラー設備②

本節はスプリンクラー・ヘッドの機能と構造について解説します。

スプリンクラーヘッドの構造

スプリンクラーヘッドは、取り付ける場所、放水性能、放水方法などにより分類されています（図表「スプリンクラーヘッドの特徴」参照）。

スプリンクラーヘッドは、一定温度に達するとヘッドの一部が分離して飛散落下することで放水できるようになる**火災感熱機構部分**と、**放水部分のノズル**と**散水板（デフレクター）**で構成されています（図表「スプリンクラーヘッドの構造」参照）。

火災感熱機構には、①一定の温度（**標準温度**）になると**ヒューズ部分（ヒュージブルリンクという低い融点を持つ合金）が融解してヘッドを開放するタイプ**と、②一定の温度（標準温度）になると**液体入りのグラスバルブが割れてヘッドを開放するタイプ**の2種類があります。

スプリンクラーヘッドの標準温度とは、スプリンクラーヘッドが作動するための温度として、あらかじめヘッドに表示された温度のことです。標準温度は感知するまでの時間の違いにより区分され、**1種**と**2種**があります。1種は2種に比べて感知温度が早くなっています。ヘッドの感知は表示温度に極めて正確に反応しますので、ヘッドを取り付ける場所の用途や空間形状の性能及び設置場所の周囲温度などに合った適切な種類を選ばなければなりません（図表「スプリンクラーヘッドの標準温度」参照）。

スプリンクラーヘッドの特徴

型式	特徴	設置対象物、場所
標準型	感度種別：１種 放水圧：0.1Mpa 以上 放水量：80㍑／分 以上 有効散水半径：2.3m その他：放水は円状に均一に分散するもの	・一般の防火対象物 ・指定可燃物を貯蔵・取扱の部分 ・地下街、準地下街 ・ラック式倉庫
高感度型	感度種別：１種 放水圧：0.1Mpa 以上 放水量：80㍑／分 以上 有効散水半径：2.6m	・一般の防火対象物 ・指定可燃物を貯蔵・取扱の部分 ・地下街、準地下街
小区画型	感度種別：１種 放水圧：0.1Mpa 以上 放水量：50㍑／分 以上 その他：防護面積13㎡以下	(5)項、(6)項、(16)項のうち、(5)項、(6)項の用途部分で、宿泊室 ・病院その他これらに類する部分（談話室、娯楽室、居間、寝室、教養室、休憩室、面会室、休養室）
水道直結型	放水圧：0.02Mpa 以上 放水量：15㍑／分 以上 その他：防護面積13㎡以下	(6)項ロの防火対象物またはその部分で、特定施設水道連結スプリンクラー設備を設置する部分
側壁型	感度種別：１種 放水圧：0.1Mpa 以上 放水量：80㍑／分 以上 その他：放水は半円状に均一に分散するもの	(5)項、(6)項、(16)項のうち、(5)項、(6)項の用途部分で、宿泊室・病院及び廊下・通路その他これらに類する部分（フロント、ロビー等）
開放型	感度種別：感熱部がない 放水圧：0.1Mpa 以上 放水量：80㍑／分 以上 その他：放水は半円状に均一に分散するもの	・舞台部 ・(6)項ロの防火対象物またはその部分で天井の高さが3m以上10m以下の部分
放水型	放水量：指定可燃物を貯蔵・取扱の部分は10㍑／分・㎡その他の部分は5㍑／分・㎡その他の性能は消防長官が定めるもの その他：ドームやアトリウムなど大空間では遠く高く放水しなければならない。側壁に設置する固定式または可動式の放水ヘッドで水平方向に放水する。可動式ヘッドはセンサーで火炎位置を特定する。	・一般の防火対象物 a.指定可燃物を貯蔵・取扱の部分で床から天井までの高さが6mを超える部分 b.(4)項又は(16)項イの(4)項の用途部分で床から天井までの高さが6mを超える部分 c.a及びb以外で床から天井までの高さが10mを超える部分 ・地下街 a.店舗で床から天井までの高さが6mを超える部分 b.地下道で床から天井までの高さが10mを超える部分 ・準地下街 床から天井までの高さが6mを超える部分

スプリンクラーヘッドの構造

a：ヒュージブルリンク型

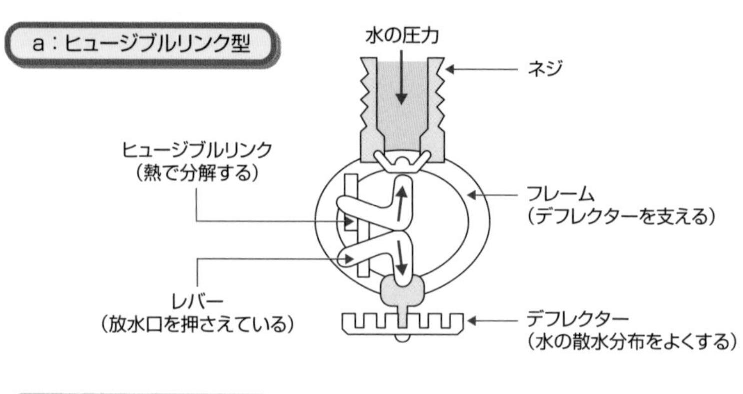

b：グラスバルブ型

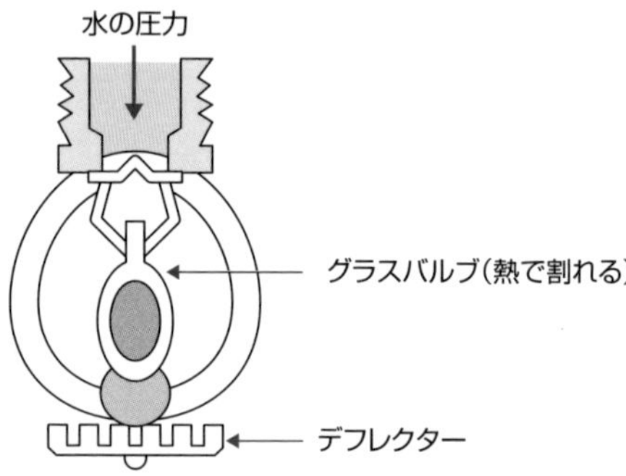

標準温度に達し、ヘッドが分離飛散

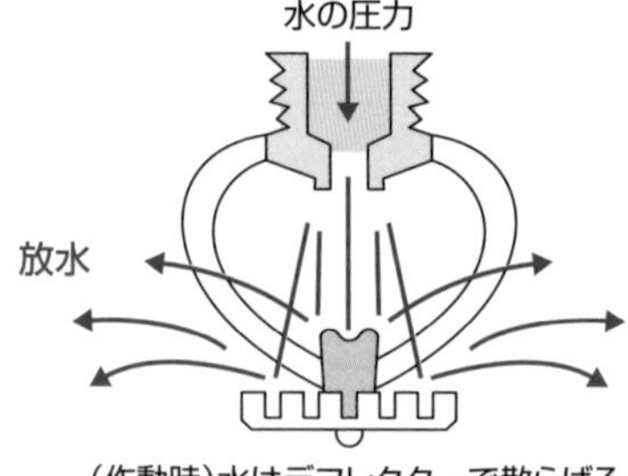

（作動時）水はデフレクターで散らばる

スプリンクラーヘッドの標準温度

ヘッドの表示温度	取付場所の最高周囲温度	感度種別	ヘッドの試験条件	
			気流温度	気流速度
79℃未満	39℃未満	1種	135℃	1.8m／秒
		2種	197℃	2.5m／秒
79℃以上、121℃未満	39℃以上、64℃未満	1種	197℃	1.8m／秒
		2種	291℃	2.5m／秒
121℃以上、162℃未満	64℃以上、106℃未満	1種	291℃	1.8m／秒
		2種	407℃	2.5m／秒
162℃以上	106℃以上	1種	407℃	1.8m／秒
		2種	407℃	2.5m／秒

スプリンクラーヘッドの種類

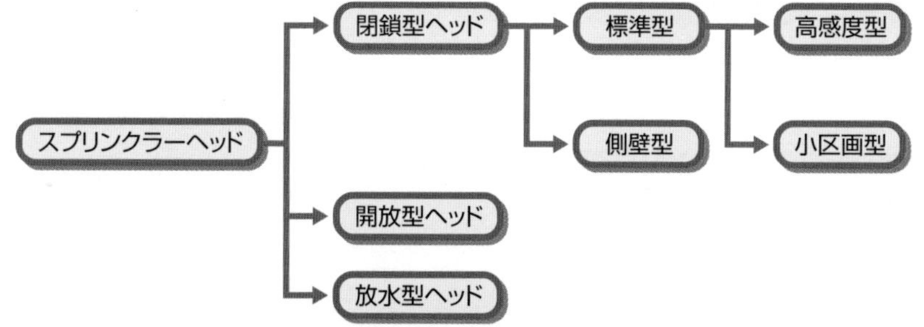

放水型ヘッドの放水例

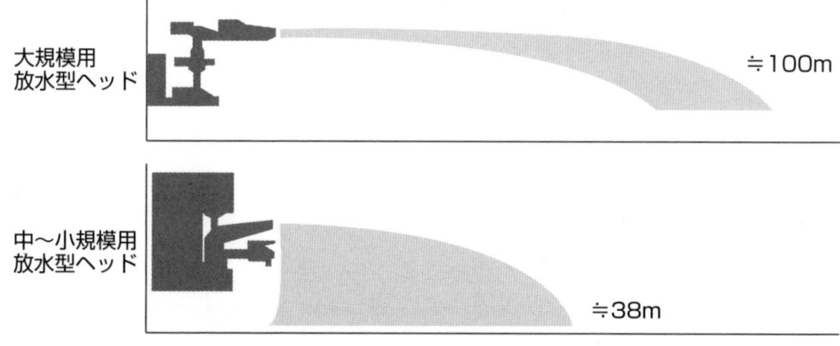

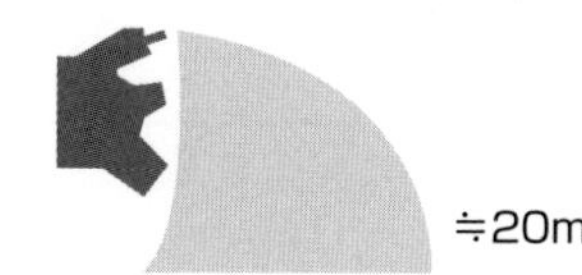

6-6 スプリンクラー設備③

本節ではスプリンクラーヘッドの配置とその注意点について、舞台部や倉庫など防火対象物別に解説します。

スプリンクラーヘッドの配置

スプリンクラーヘッドは防火対象物の構造、用途等により配置の方法が決まっています。

①スプリンクラーヘッドの選定と配置

前節のスプリンクラーヘッドの特徴で示したように、スプリンクラーヘッドには**有効散水半径**がありますので、**一定の間隔で配置**し、それぞれの距離を半径とした円を描いたときに隙間が生じないようにしなければなりません。

②スプリンクラーヘッド配置における注意事項

スプリンクラーヘッドは**散水障害や未警戒になる部分（散水の範囲から外れる部分）**をつくらないように配置しなければなりません。

③放水型ヘッドの配置

放水型ヘッドを使用する場合の規定は、平成8（1996）年に消防法施行令の改正により新たに定められたものです。一般の防火対象物において放水型ヘッドを使用する部分は、a）床面から天井までの高さが10mを超える部分、b）（4）項と（16）項イの（4）項の用途部分で床面から天井高さが6mを超える部分、となっています。

放水型ヘッドの対象にならないものとして、a）階段･エスカレーター付近に設けられる50㎡未満の吹抜の部分、b）天井または小屋裏が傾斜していることで局所的に床面から天井までの高さが10m（または6m）を超えない高さとなる部分、となっています。

④舞台部のヘッドの配置

舞台部のような天井高が高く可燃物の量が多い場所は、火災が発生すると延焼が非常に早く、閉鎖型ヘッドでは熱気流が流れてヘッドの感知が遅れる危険性があります。このような場合は**開放型ヘッド**を設置します。舞台部には、すのこや渡りなどがあるため、散水障害になる危険性もありますので、ヘッドの配置には注意を要します。

⑤ラック式倉庫のヘッドの配置

ラック式倉庫とは棚またはこれに類するものを設け、**昇降装置により収納物の搬送を行う装置を備えた倉庫をいいます。天井の高さが10mを超え、延べ面積が700㎡以上のラック式倉庫には、スプリンクラー設備の設置が義務づけられています。**ラック式倉庫の構造は、各階の床に相当するものがなく、可燃物が集積されているため火災が発生すると消火活動は著しく困難で、周囲に与える影響も大きいと考えられます。総務省消防庁は平成10（1998）年に**「ラック式倉庫のラック等を設けた部分におけるスプリンクラーヘッドの設置に関する基準」**を規定しています。

スプリンクラーヘッドの選定

感度種別 ＼ 散水半径	1種	2種
2.3m	○	○（閉鎖型ヘッド）
2.6m	○（高感度型ヘッド）	×

○：設置可能、×：設置不可

舞台部のヘッド配置：散水が障害物で妨害されている例

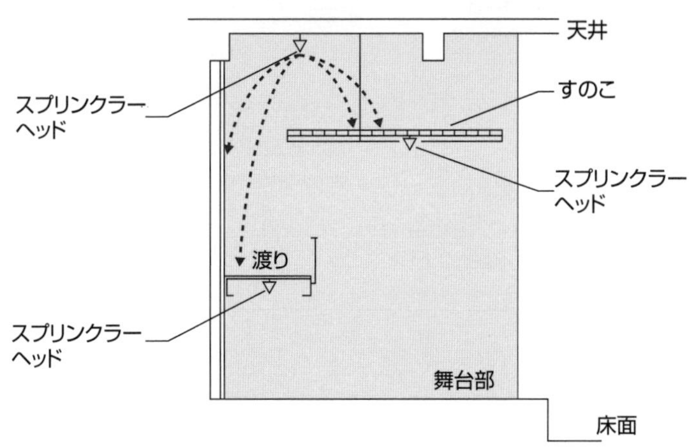

スプリンクラーヘッドの配置方法

標準型ヘッド

ヘッドの配置は原則として、図1または図2の格子配置（正方形・矩形）とする。図は、いずれの各部分からの水平距離が2.3mの場合。

図3の千鳥配置は、単位面積当たりの散水量が少なくなることから、余裕を持って配置する必要がある。

図1

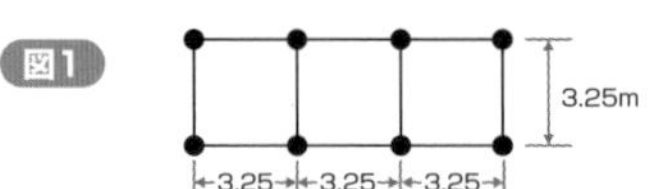

図2

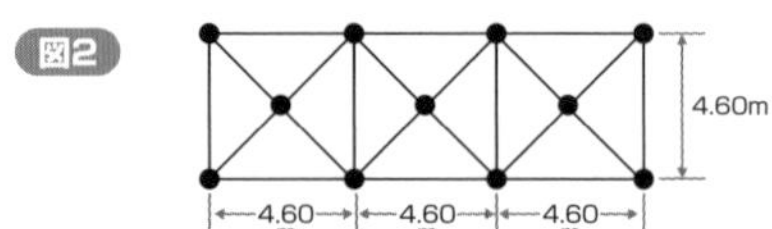

図3

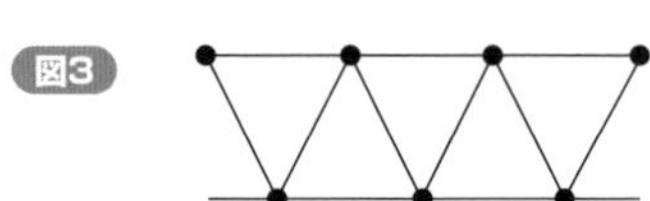

小区画型ヘッド

同一の宿泊室等に2つ以上のヘッドを設ける場合、以下の3つの要件を満たすこと。

(a)ヘッドの相互間の距離は>3mとすること

(b)ヘッドのデフレクター下方は≦45cm、水平距離は≦30cmの範囲には何も設けられていないこと

(c)壁を濡らすための水平方向は、壁面まで何も設けられていないこと

図4

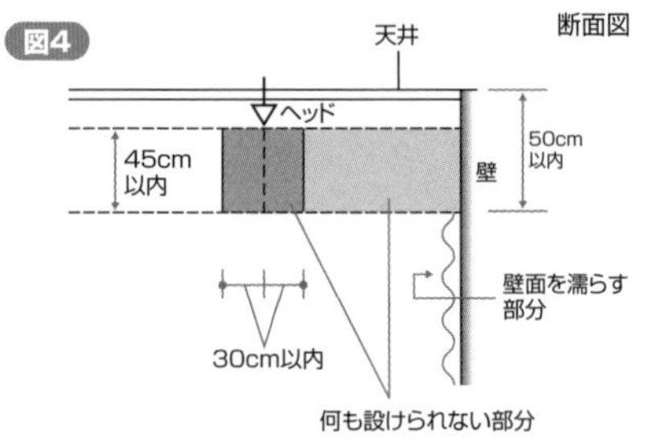

側壁型ヘッド

ヘッドのデフレクター下方は≦45cm、水平距離は≦45cmの範囲には何も設けられていないこと。

図4、図5で何も設けられない部分とは、次のような2つの場合をいう。

法令によるもの　　通達によるもの

図5　平面図

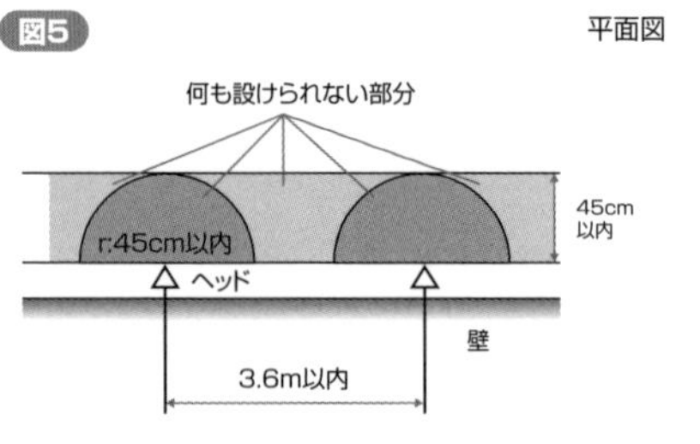

スプリンクラーヘッド配置にあたっての注意事項

(a) 間仕切壁等による散水障害や未警戒部分が生じないようにすること

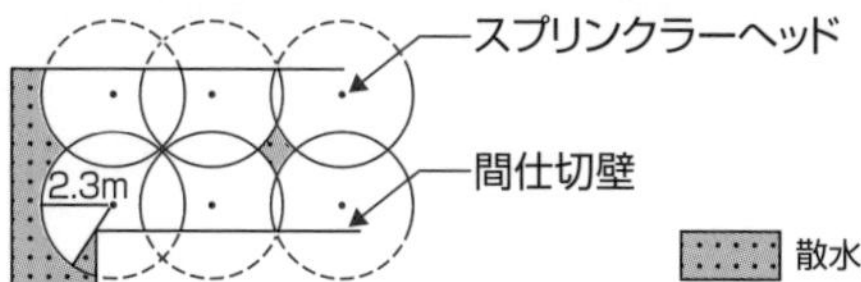

(b) はり、たれ壁等がある場合の取付面および散水障害からの離間距離は右図によること

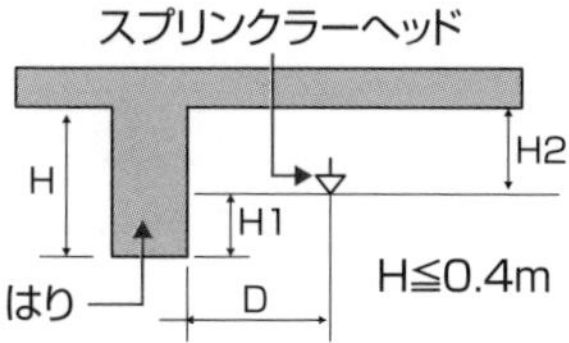

はり、たれ壁等がある場合の H1 および D との関係は下表による。ただし、他のヘッドにより有効に警戒される場合にあってはこの限りでない。

D(m)	H1(m)	H2(m)
0.75未満	0	0.3以下
0.75以上1.00未満	0.1未満	
1.00以上1.50未満	0.15未満	
1.5以上	0.3未満	

(c) はり、ダクト等がある場合の設置方法は右図によること

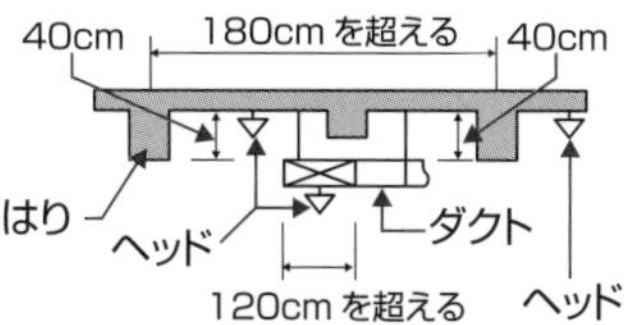

(イ)取付面から40cm以上のはり等によって区画された部分ごとに設けること。ただし、はり等の相互間の中心距離が180cm以下である場合はこの限りでない。
(ロ)ダクト棚等の幅または奥行きが120cmを超える場合は、ダクト等の下面にも取り付ける。

(d) ヘッド周囲の必要スペースは右図によること

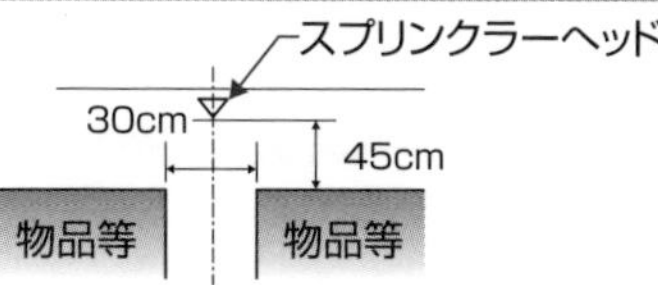

ヘッド周囲の必要スペースは、デフレクターの下方45cm、水平方向30cm以上の空間を確保すること(倉庫等で物品を格納する場合)。

(e) 傾斜している屋根、または天井に取り付ける場合は右図によること

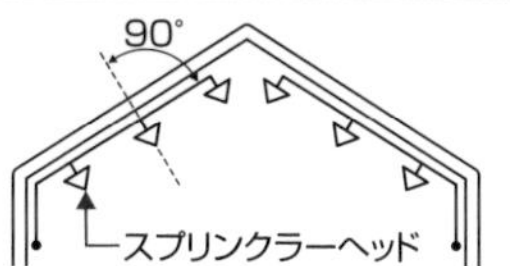

ヘッドはその取付面に対して直角となるように設けること。

第6章　消防用設備①　消火設備

6-7 スプリンクラー設備④

本節ではスプリンクラー設備の散水栓や水源の規定について解説します。

補助散水栓

スプリンクラーヘッドは散水障害や未警戒になる部分をつくらないようにしなければなりませんが、設備シャフトや便所などにおいて**未警戒となる場合は、屋内消火栓または補助散水栓を設けることで補完すること**ができます。

補助散水栓の設置は、前述の図表「スプリンクラー設備のシステム構成」（6-4参照）に示すように、スプリンクラー配管の流水検知装置の2次側配管から分岐して配置します。補助散水栓の性能は2号消火栓とほぼ同じものです。

スプリンクラー設備の水源

スプリンクラー設備の**水源**は、**スプリンクラーヘッドの開放個数と放水量**で決まります。スプリンクラーヘッドの開放個数は建物の用途等で異なります。

スプリンクラーヘッドの放水圧力はヘッド先端で**0.1MPa以上、放水量は80㍑/分以上、放水時間は20分間**となっています。ヘッド1個当たりの水源は「80㍑/分×20分＝1.6㎥」になりますので、**同時開放個数×1.6㎥＝必要水源容量**となります。

水源を使い果たしても、なお鎮火しないときには**送水口**から消防車のポンプにより送水を行うことでヘッドから放水して消火活動を継続します。送水口は消防車が寄り付ける道路に面した位置に設けます。送水口の配置計画には所轄消防機関との協議が必要になります。

補助散水栓と2号消火栓の比較

項目	補助散水栓	2号消火栓
放水量	60ﾘｯﾄﾙ／分	60ﾘｯﾄﾙ／分
放水圧	0.25 ～ 1.0Mpa	0.25 ～ 0.7Mpa
設置位置	建物を半径15mの円で包含できる位置	建物を半径15mの円で包含できる位置
水源	スプリンクラーヘッドの個数に応じて算出するため、補助散水栓用としては加算しない。	1.2㎥×２（消火栓の個数）
設置対象建物	令別表第1（1）項から(16の3)項の防火対象物	工場、作業場、倉庫及び指定可燃物量を多量に取り扱う防火対象物以外の建築物

スプリンクラーヘッドの同時開放個数

対象建物		ヘッド同時開放個数	
		標準型	高感度型
百貨店	－	15	12
その他	地上階数10以下	10	8
	地上階数11以上	15	12
ラック式倉庫*	等級Ⅰ、Ⅱ、Ⅲ	30	24
	等級Ⅳ	20	16

＊ラック式倉庫の等級とは、ラックの高さ、水平遮へい板の長さから分けられるものです。

送水口の外観

埋込み式

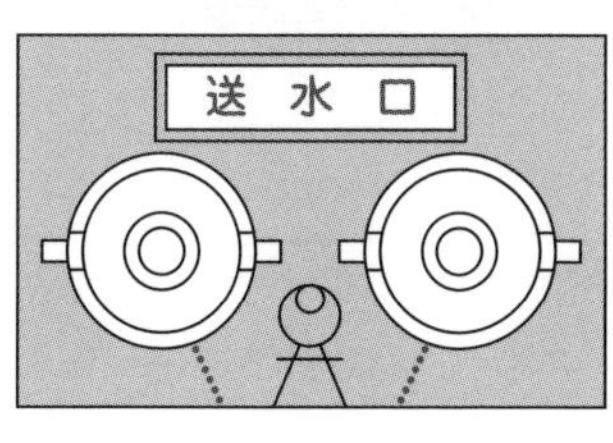

スタンド式

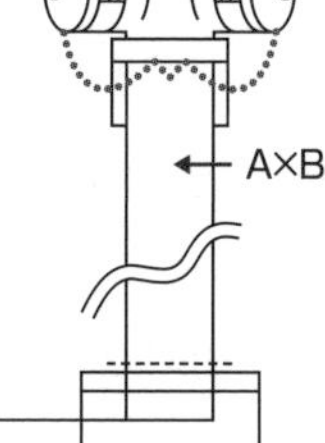

← A×B ～ B'

A: ポンプの定格吐出量（ﾘｯﾄﾙ / 分）
B: ポンプの定格全揚程（MPa）
B'：ポンプの締切圧力の 1.5 倍（MPa）

6-8 スプリンクラー設備⑤

スプリンクラー設備は、消防法で設置基準が規定されていますが、火災の危険性の低い箇所に対しては設置免除の基準が設けられています。本節では該当する設備について解説します。

スプリンクラー設備の設置の免除

スプリンクラー設備は火災の早期消火に極めて有効であり、消防法で一定の設置基準が規定されています。しかし、火災発生の危険性の低い部分については、室の位置や用途あるいは構造的に判断して、スプリンクラー設備の設置を要しないこととしています。スプリンクラー設備の設置を免除されている部分と、スプリンクラーヘッドの省略できる部分に分けられています。

①スプリンクラー設備の免除される防火対象物またはその部分

スプリンクラー設備を設置することを要しない防火区画（施行規則第12条の2）に適合している区画で、防火対象物またはその部分全体を区画している場合。

②スプリンクラー設備の免除される部分

1.水噴霧消火設備、泡消火設備、ハロゲン化物消火設備、粉末消火設備の各消火設備の有効範囲の部分（施行令第12条の2）。

2.防火対象物の10階以下の各部分にある開口部で防火設備（防火戸その他総務省令で定めるものに限る）が設けられている開口部（施行令第12条の2の3、施行規則第15条）。

3.代替としてパッケージ型自動消火設備を設置している部分（H16総務令92）。

4.グループホーム等の居住型福祉施設が一部入居している共同住宅で、一定の基準を満たしている場合（施行規則第13条の1）。

③スプリンクラーヘッドの設置を要しない部分

1.火災発生の危険性の少ない場所。

a）階段（ただし、避難階段及び特別避難階段以外の階段のうち令別表第1(2)項、(4)項、(16)項イ（(2)項、(4)項に掲げる用途に供される部分）、(16の2)項に掲げる防火対象物の場合は必要）、浴室、便所等

b) エレベーターの機械室、機械換気設備の機械室等

c) 令別表第1(6)項ロに掲げる防火対象物並びに同表(16)項イ、(16の2)項及び(16の3)項に掲げる防火対象物のうち同表(6)項ロの用途に供される部分(当該防火対象物又はその部分の延べ面積が1,000㎡未満のものに限る)の廊下、収納設備(その床面積が2㎡未満であるものに限る)、脱衣所その他これらに類する場所

d) 複合用途防火対象物で車両等の停車場又は発着場のうち、乗降場及びこれに通ずる階段、通路

2.二次的な被害を出すおそれのある場所

a) 通信機械室、電子計算器室、電子顕微鏡室等

b) 発電機、変圧器等の電気設備の設置場所

c) 手術室、分娩室、内視鏡検査室、人工血液透析室、麻酔室、重症患者集中治療看護室

d) 回復室、洗浄滅菌室、器材室、陣痛室、沐浴室、汚物室、その他の関係室等

e) 無響室、心電室、肺機能検査室、胃カメラ室、超音波検査室、採液・採血室、細菌検査室、血液保存室、解剖室等

f) 特殊浴室、新生児室、未熟児室、授乳室、隔離室、観察室等

g) 手術室関連モニター室、ギプス室等

h) 病理検査室、臨床監査室、その他関係室等

i) エックス室及びそれらに関連する室等

j) 理学療法室、霊安室

3.効果が期待できない場所。

a) エレベーターの昇降路、リネンシュート、パイプダクトシャフト等

b) 直接外気に開放されている廊下、その他外部の気流が流通する場所

c) 劇場等（固定式のいす席部分）でスプリンクラーヘッドの取り付け高さが8m以上ある場所

4.スプリンクラー代替区画部分で用途が(2)または(4)項であるため、スプリンクラー設備の要否を判定する際に除外することを許されなかったものを含む。

・ただし、主要構造部を耐火構造としたものに限る

・地階、無窓階には適用できない

・11階以上の(16)項イのうち、10階以下の階で特定用途部分の存しない階にあっては、防火区画の床面積200㎡を400㎡に緩和してよい

5.主要構造部を耐火構造とした(16)項イの防火対象物のうち、特定用途部分から一定構造の防火区画された(5)項ロを除く非特定用途部分（ただし11階以上のもの、地階、無窓階は除く）。

総務省令による設置の免除

主要構造部を耐火構造とした防火対象物の階で、**一定の構造により区画された部分は、スプリンクラー設備の設置が除外**される規定があります。

①総務省令で定める部分（スプリンクラー代替区画部分）

通称スプリンクラー代替区画といいますが、施行規則第13条に規定されているため13条区画ともいいます。主要構造部を耐火構造とした防火対象物の階の部分が対象となります。

②総務省令で定める部分（スプリンクラー代替区画以外の部分）

施行規則第12条に規定される構造です。13条区画とは違い、（6）項ロの防火対象物全体または（6）項ロの部分全体を区画する必要があるため、全体設置か全体免除のどちらかになります。

総務省令で定める部分（スプリンクラー代替区画部分）

<table>
<tr><td>1 対象条件</td><td colspan="3">主要構造部を耐火構造とした防火対象物の階で、下記の構造条件に示す一定の構造で区画された部分をいう。この区画は、通称「スプリンクラー代替区画」、「13条区画」等と呼ばれている。
ただし、下記の防火対象物又はその部分はスプリンクラー設備の要否を判定する際の面積算定から除外されない。
・令別表第1(2)項・(4)項・(5)項ロ・(16)項イで(2)項、(4)項、(5)項ロの用途が存在するもの
・令別表第1(1)項の防火対象物の舞台部
・地階・無窓階
・地下街・準地下街
・ラック式倉庫
・指定可燃物(可燃性液体類を除く)の貯蔵・取扱いをする建築物・工作物</td></tr>
<tr><td rowspan="7">2 構造条件</td><td>区画対象
区画条件</td><td>耐火構造の壁・床で区画され下記a～dの条件に該当する部分</td><td>耐火構造の壁・床で区画されb, dに該当する廊下</td></tr>
<tr><td>a.区画の大きさ</td><td>11階以上の場合の床面積 ≦ 100㎡
10階以下　〃　≦ 200㎡</td><td></td></tr>
<tr><td>b.壁・天井の内装制限</td><td>難燃材料</td><td>準不燃材料</td></tr>
<tr><td>c.区画部分の開口部の大きさ</td><td>開口部の面積の合計 ≦ 8㎡
かつ、ひとつの開口部面積≦4㎡
外壁の窓などは開口部面積には算入されない</td><td></td></tr>
<tr><td rowspan="3">d.開口部の構造</td><td colspan="2">特定防火設備である防火戸
常時閉鎖又は随時閉鎖ができ、かつ煙感知器と連動して閉鎖できること。ただし廊下と階段を区画する部分以外は防火シャッターは認められない</td></tr>
<tr><td colspan="2">鉄製網入りガラス戸(ただし次の条件を満たすこと)
・二方向避難ができる部分の出入口以外の開口部であること
・直接外気に開放されている廊下、階段等に面していること
・開口部面積の合計 ≦ 4㎡</td></tr>
<tr><td colspan="2">居室より地上に通ずる主たる廊下・階段等に設けるものは直接手で開くことができ、かつ自動閉鎖部分を有すること。
開口部の大きさ：幅 ≧ 75cm、高さ ≧ 1.8m、下端の床面からの高さ ≦ 15cm</td></tr>
</table>

総務省令で定める部分（スプリンクラー代替区画以外の部分）

<table>
<tr><td>1
対象条件</td><td colspan="3">下記に示す一定の構造で区画された(6)項ロの防火対象物又はその部分をいう。
スプリンクラー代替区画とは違い、(6)項ロの防火対象物全体又は、(6)項ロの部分全体を区画する必要があるため、全体設置か全体免除かになる。</td></tr>
<tr><td rowspan="9">2
火災発生時の延焼を抑制する機能を備える構造条件</td><td>区画対象
区画条件</td><td>延べ面積 < 1,000㎡</td><td>延べ面積 ≦ 1,000㎡</td></tr>
<tr><td>a．構造</td><td>居室を準耐火構造の壁・床で区画</td><td>居室を耐火構造の壁・床で区画</td></tr>
<tr><td>b．壁・天井の内装制限</td><td colspan="2">・地上に通ずる主たる廊下その他の通路
・その他の部分</td></tr>
<tr><td>c．区画部分の開口部の大きさ</td><td colspan="2">開口部の面積の合計≦8㎡　かつ　ひとつの開口部面積≦4㎡
外壁の窓などは開口部面積には算入されない。</td></tr>
<tr><td rowspan="3">d．開口部の構造</td><td rowspan="2">防火戸
随時閉鎖ができ、かつ煙感知器と連動して閉鎖できること。ただし廊下と階段を区画する部分以外は防火シャッターは認められない</td><td>特定防火設備である防火戸
随時開くことができる自動閉鎖装置付きのもの又は随時閉鎖ができ、かつ煙感知器と連動して閉鎖できること。ただし廊下と階段を区画する部分以外は防火シャッターは認められない。</td></tr>
<tr><td>鉄製網入りガラス戸
(ただし次の条件を満たすこと)
・二方向避難ができる部分の出入口以外の開口部であること
・直接外気に開放されている廊下、階段等に面していること
・開口部面積の合計≦4㎡</td></tr>
<tr><td colspan="2">居室より地上に通ずる主たる廊下・階段等に設けるものは直接手で開くことができ、かつ自動閉鎖部分を有すること。
開口部の大きさ：幅 ≧ 75㎝、高さ ≧ 1.8m、下端の床面からの高さ ≦ 15㎝</td></tr>
<tr><td>e．区画の大きさ</td><td>床面積 ≦ 100㎡で、区画された部分すべてが4以上の居室を含まない。</td><td>床面積 ≦ 200㎡</td></tr>
</table>

6-9 スプリンクラー設備⑥

本節では福祉関連などスプリンクラー設備の設置が強化された施設について解説します。

スプリンクラー設備の設置が強化される施設

平成18（2006）年に長崎県大村市における認知症高齢者グループホームにおいて7名が死亡する火災が発生しました。この火災を契機に、スプリンクラー設備設置に関する規制が強化されました。この法改正で**特定施設水道連結型スプリンクラー設備の設置**が認められるようになりました。詳細は第11章を参照ください。

なお、法改正の原因になった火災の詳細は2-1を参照してください。

特定施設水道連結型スプリンクラー設備

小規模福祉施設の防火安全対策の強化を目的に法改正が行われました。法改正前は、病院・福祉施設で延床面積1,000㎡以上の規模でスプリンクラー設備を設置するとしていましたが、平成21（2009）年の法改正では、**自力避難困難者入所施設で延床面積275㎡以上**に設置を義務付けられました。そして、延床面積1,000㎡未満の施設には**特定施設水道連結型スプリンクラー設備**の設置が可能になりました。

特定施設水道連結型スプリンクラー設備とは、**給水設備の配管の一部**にスプリンクラー用配管とスプリンクラーヘッドを組み込むもので、スプリンクラーヘッドの水圧は、給水設備と同様に水道本管の圧力を利用するもの、高置水槽からの圧力を利用するもの、加圧給水装置の圧力を利用するものの3種類があります。給水設備に組み込むため、**水道法や建築基準法の規制**を受けることになります。

特定施設水道連結型スプリンクラー設備の種類

●直結直圧式

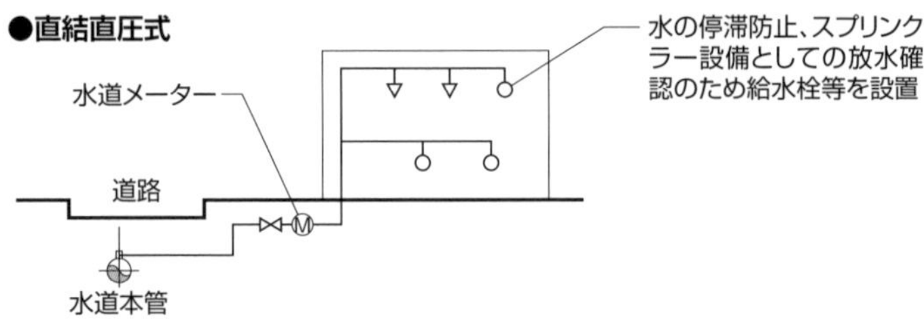

●高置水槽方式

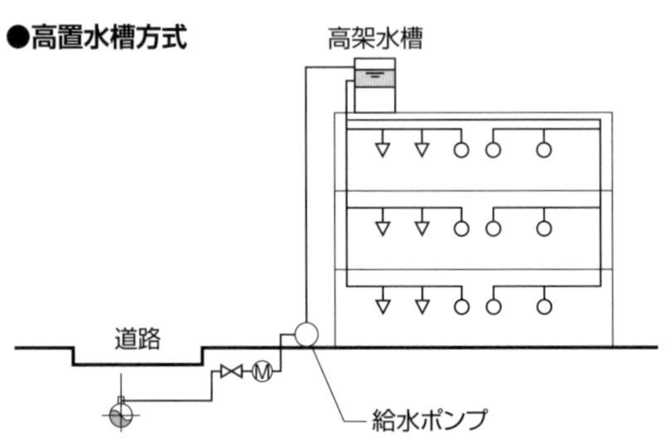

●加圧方式

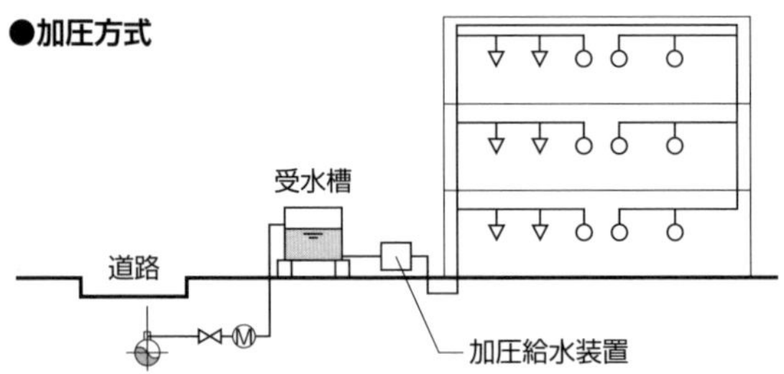

●直結補助水槽併用方式

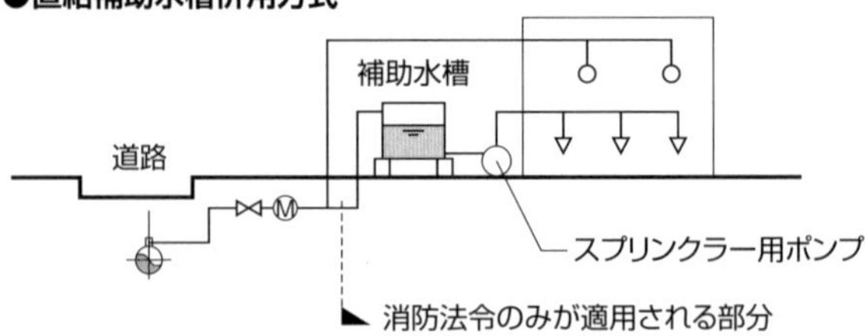

6-10 屋外消火栓設備

屋外消火栓設備は消火栓箱が屋外に設けられます。建築物の外部から放水し、建物内部1階と2階部分の火災消火と延焼防止に当たる設備です。

屋外消火栓設備のシステム構成と操作方法

屋外消火栓設備のシステムは、水源、加圧送水装置、屋外消火栓ボックス、非常電源などから構成されます。

屋外消火栓の使用方法は屋内消火栓とほぼ同様ですが、放水圧、放水量とも屋内消火栓に比べてかなり大きいため取り扱いには熟練を要します。

屋外消火栓ボックスの内部または近接した位置に設ける操作装置において直接操作あるいは遠隔操作により起動します。

屋外消火栓の設置

屋外消火栓の設置は、建築物の各部分からホースの接続口までの**水平距離が40m以下の位置**としなければなりません。

水平距離の考え方は6-2を参照してください。

屋外消火栓の水源

屋外消火栓設備の**水源**は、屋外消火栓の放水量で決まります。

屋外消火栓の放水量は**350㍑/分**で、同時に2ヵ所の消火栓での放水を見込むことになっています。**放水時間は20分間**となっていますので、水源は**「350㍑×20分×n個」**になります。n個とは、消火栓の設置が1ヵ所の場合は1、消火栓の設置が2ヵ所以上の場合は2となります。

屋外消火栓と屋内消火栓の性能比較

項目	屋外消火栓	屋内消火栓（1号消火栓）
放水量	350ℓ/分	130ℓ/分
放水圧	0.25Mpa以上	0.17～0.7Mpa
設置位置	半径40mで防火対象物が包含できる位置に設置	半径25mで防火対象物が包含できる位置に設置
ポンプ吐水能力	350ℓ/分×消火栓設置個数（消火栓個数は最大2）	150ℓ/分×消火栓設置個数（消火栓個数は最大2）
放水圧力	0.25Mpa以上	0.17Mpa以上

屋外消火栓の外観

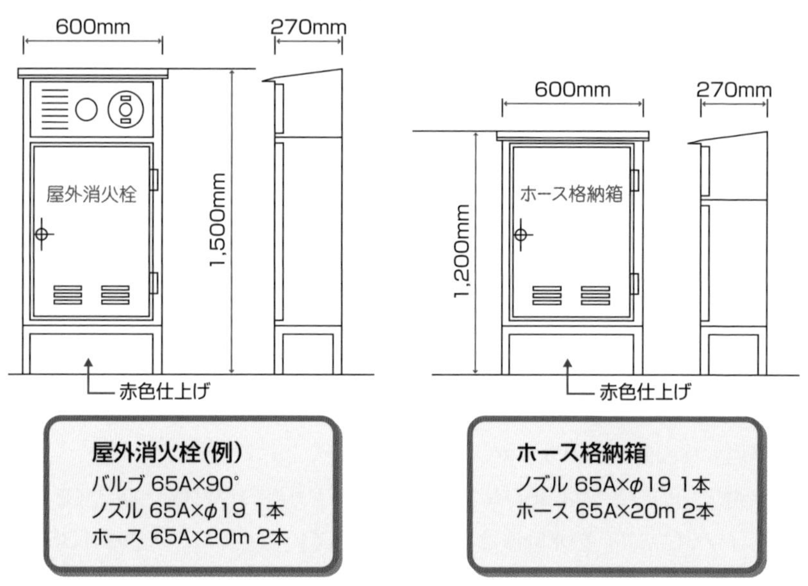

屋外消火栓(例)
バルブ 65A×90°
ノズル 65A×φ19 1本
ホース 65A×20m 2本

ホース格納箱
ノズル 65A×φ19 1本
ホース 65A×20m 2本

屋外消火栓設備の設置の免除

屋外消火栓の設置は、他の消防用設備等などにより**設置を免除**することができます。免除の条件は次の通りです。

①スプリンクラー設備等による代替

スプリンクラー設備等、次に挙げる消防用設備を設置する場合においては、これら設備の有効範囲内の部分についてのみ屋外消火栓設備の設置の必要はありません。

スプリンクラー設備、水噴霧消火設備、泡消火設備、不活性ガス消火設備、ハロゲン化物消火設備、粉末消火設備、動力消防ポンプ設備

②施行令第32条の規定による省略

不燃材料でつくられた防火対象物またはその部分で、出火の危険性がなく、延焼のおそれの少ないと認められた場合で、次のa)～f)の各条件のいずれかに該当する場合、屋外消火栓設備は設置不要です。

a）倉庫、塔屋部分などに不燃性物品を収納するもの

b）浄水場、汚水処理場等の用途に供する建築物で、内部設備が貯水槽等であるもの

c）プールまたはスケートリンク

d）サイダー、ジュース工場等

e）不燃性の金属、石材等の加工工場で、可燃性のものを収納・取扱をしないもの

f）その他共同住宅等

屋外消火栓の設置例

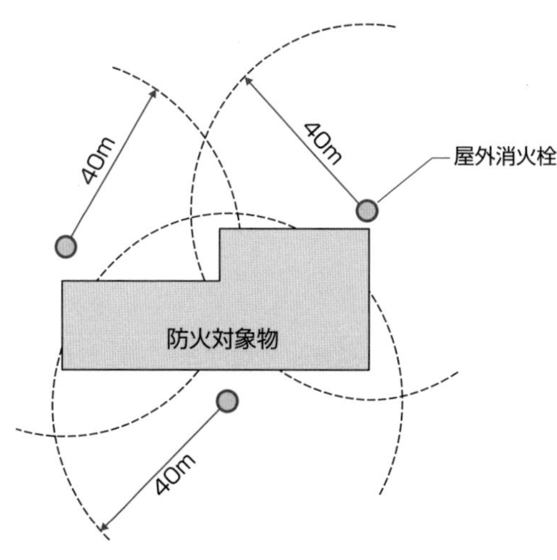

6-11 動力消防ポンプ設備

動力消防ポンプ設備とは、エンジン付きの消防ポンプを移動することで池や川なども水源にすることができる消火設備です。

動力消防ポンプ設備の種類

動力消防ポンプは、規格上は次の2種類に分類できます（図表「動力消防ポンプの例」参照）。

①消防ポンプ自動車

ポンプが自動車の車台に固定されたものです。

②可搬式消防ポンプ

車両を使用しないで、ポンプを人力で搬送、あるいは自動車などに取り付けて搬送するもの、かつ重量は150kg以下のものです。

動力消防ポンプの放水量と水源

動力消防ポンプの**放水量**は、防火対象物の種類で変わります。防火対象物が屋内消火栓設備の設置を必要とするものの場合は規格放水量は0.2㎥／分以上、防火対象物が屋外消火栓設備の設置を必要とするものの場合は規格放水量は0.4㎥／分以上になります。

動力消防ポンプの**水源**は、上記の規格放水量で**20分間放水できる容量以上**とします。ただし､その水量が20㎥以上となるときは20㎥となります。水源は水槽、池、湖、河川等四季を通じて確保できるものとされています。

動力消防ポンプの配置

動力消防ポンプは**水源の直近の場所に常置**することになります。ただし、消防ポンプ自動車または自動車にけん引されるものは、**水源から歩行距離で1,000m以内の場所**に常設することとされています。

動力消防ポンプに必要な**配置**は、水源を中心に水平距離を半径とする円により、防火対象物の各部分が覆われるように配置しなければなりません。

動力消防ポンプの規格放水量が0.5㎥／分以上のものの場合は水平距離（半径）は≦100mに、同じく0.4㎥／分以上～0.5㎥／分未満のものの場合は≦40m、同じく0.4㎥／分未満のものの場合は≦25mになります。

動力消防ポンプ設備の設置の免除

屋外消火栓設備、または、1階もしくは2階に屋内消火栓設備・スプリンクラー設備・水噴霧消火設備・泡消火設備・不活性ガス消火設備・ハロゲン化物消火設備・粉末消火設備のいずれかの設備を設置した場合には、動力消防ポンプ設備は設置しないことができます。

動力消防ポンプの例

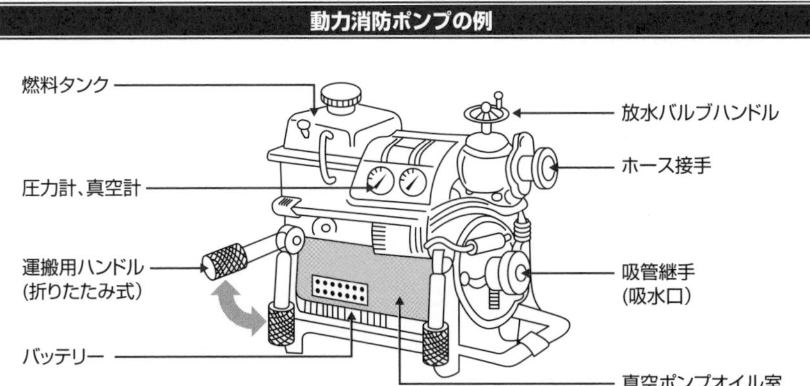

6-12 パッケージ型消火設備・パッケージ型自動消火設備

パッケージ型消火設備は屋内消火栓設備の代替設備として、パッケージ型自動消火設備は屋内消火栓設備及びスプリンクラー設備の代替として認められているものです。

設置の規定

パッケージ型消火設備とパッケージ型自動消火設備は、消防法の**性能規定化に伴う客観的検証法**によって確認することができる場合に、屋内消火栓設備及びスプリンクラー設備に代えて設置することができます（性能規定化は5-1参照)。

パッケージ型消火設備の構成と種類

パッケージ型消火設備は、人力でホースを延長してノズルから消火剤を放射して消火を行う消火設備です。設備の構成は、ノズル、ホース、消火剤貯蔵容器、起動装置、加圧用ガス容器等をひとつの収納箱に収めたものです。右ページの図表の通り、パッケージ型消火設備は、その性能により**Ⅰ型**と**Ⅱ型**の２種類があります。

パッケージ型消火設備の設置の免除

パッケージ型消火設備の設置に当たっては、次の部分は除外することができます。

①指定可燃物（可燃性液体類に係るものを除く）を危険物の規制に関する政令別表第4で定める数量の750倍以上貯蔵し、または取り扱うもの。

②地階、無窓階または火災のとき煙が著しく充満するおそれのある場所。

パッケージ型消火設備の概要

項目	Ⅰ型	Ⅱ型
設置対象の防火対象物	**耐火建築物の場合は**、地階を除く階が６以下で、かつ、延面積が概ね3,000㎡以下のもの。 **耐火建築物以外の場合は**、地階を除く階が３以下で、かつ、延面積が概ね2,000㎡以下のもの。	**耐火建築物の場合は**、地階を除く階が４以下で、かつ、延面積が概ね1,500㎡以下のもの。 **耐火建築物以外の場合は**、地階を除く階が２以下で、かつ、延面積が概ね1,000㎡以下のもの。
設置位置	階の各部分からひとつのホース接続口までの**水平距離は20m以下とする。**	階の各部分からひとつのホース接続口までの**水平距離は15m以下とする。**
防護部分の面積	850㎡以下	500㎡以下
その他	・40℃以下で温度変化の少ない場所に設けること。 ・直射日光及び雨水のかかるおそれの少ない場所に設けること。 ・火災のとく著しく煙が充満するおそれのある場所には設置できない。	

パッケージ型自動消火設備の構成

パッケージ型自動消火設備とは、火災によって生じる熱、煙等を感知して自動的に消火剤を放射して消火を行う消火設備で、感知部、放出口の他はひとつの収納箱に収められています。収納されているものは、消火薬剤貯蔵器、受信装置、作動装置、加圧用ガス容器等です。

パッケージ型自動消火設備の設置方法

パッケージ型自動消火設備の設置対象は、**令別表第１(5)項、(6)項**、及びその用途が存する防火対象物で、**延べ面積**が10,000㎡以下のものに限られています。

スプリンクラーヘッドの不要部分には、パッケージ型自動消火設備も設置不要です。ただし、その未設置部分は、屋内消火栓設備またはパッケージ型消火設備で補完しなければなりません。

パッケージ型自動消火設備の設置方法は次のようになります。

a）同時放射区域は、原則として、パッケージ型自動消火設備を設置しようとする防火対象物の壁、床、天井、扉等で区画されている室の部分ごとに設定すること。

b）壁、床、天井、扉等で区画されている室等の面積が13㎡を超えている場合においては、同時放射区域を2以上に分割して設定できる。この場合、それぞれの同時放射区域の面積は13㎡以上とすること。

c）パッケージ型自動消火設備は、その防護面積が同時放射区域の面積以上であるものを設置すること。2以上のパッケージ型自動消火設備を組み合わせて使用する場合にあっては、当該設備の防護面積の合計が同時放射区域の面積以上であるものを設置し、同時に放射できるように作動装置等を連動させること。

d）パッケージ型自動消火設備は、同時放射区域において発生した火災を有効に感知し、かつ、消火できるように設けること。

パッケージ型自動消火設備の設置の免除

パッケージ型自動消火設備の設置に当たっては、主要構造部を耐火構造とした防火対象物の部分で一定の構造により区画された部分（**スプリンクラー代替区画部分**）は除くことができます。

パッケージ型消火設備の例

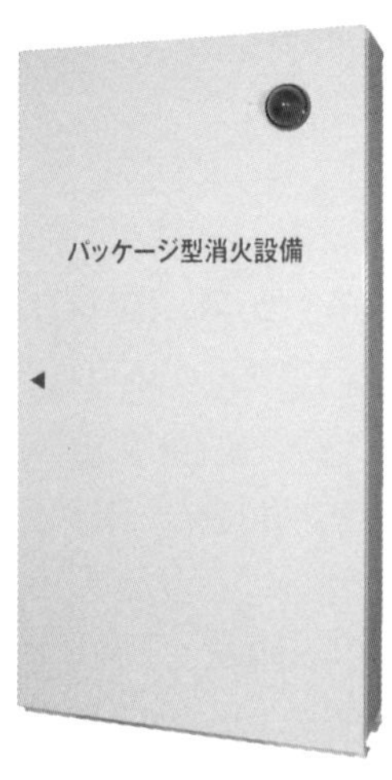

写真提供：ヤマトプロテック株式会社

6-13 共同住宅用スプリンクラー設備

共同住宅用スプリンクラー設備は共同住宅のみに対応できる設備です。総務省令で特定共同住宅等として構造分類されたものにおいて、通常用いられる消防用設備等に代えて用いることのできる設備です。

特定共同住宅

共同住宅は、住戸のプライバシーがあるため消防用設備等の点検維持が困難ですが住戸間の延焼の危険性が少ないなど、他の建築物とは大きく異なる特徴を有しています。

共同住宅における消防用設備等の設置基準は特例により運用されていましたが、さまざまな構造・形態の共同住宅が増える時代背景に合わせて、特例基準は何度も改正されてきました。そして、**共同住宅に適した性能、機能を有し、かつ、点検維持も容易な消防用設備等**が開発され、それらの設備は通常用いられる消防用設備等に代わるものとして設置できるようになっています。

通常用いられる消防用設備等に代わるものとして、共同住宅用スプリンクラー設備、共同住宅用自動火災報知設備、住宅用自動火災報知設備、共同住宅用非常警報設備、共同住宅用連結送水管、共同住宅用非常コンセント設備があります。

平成17(2005)年に**特定共同住宅等に関する総務省令**が施行､平成19(2007)年に関係告示が施行されました。この規定を適用するかどうかの選択権は建築主にあります（特定共同住宅等については11-2参照）。

共同住宅用スプリンクラー設備の構成

共同住宅用スプリンクラー設備の構成は、通常のスプリンクラー設備と同じです。構成するそれぞれの設備の概要は次のようになります。

共同住宅用スプリンクラー設備の構成

項目		内容
1. 放水ヘッド	種類	閉鎖型スプリンクラーヘッドの小区画型ヘッド（感度種別1種）
	放水量	50㍑／分
	放水圧	0.1Mpa
	設置場所	各住戸、共用室、管理人室の厨房、収納室（4㎡以上）
	設置単位	水平距離2.6m以下包含かつ13㎡以下ごと
2. 制御弁		各住戸、共用室、または管理人室ごとに設ける
3. ポンプ吐出量		240㍑／分
4. 水源		4㎥
5. 音声警報		スプリンクラーヘッドが開放した旨の信号を受信した後に音声警報を発する。 音声警報音は、シグナル音及びメッセージより構成する。 音声警報は、住戸、共用室、管理人室ごとに1個以上設ける。 音声警報の範囲は、5層以下を1ブロックとした出火ブロック及び直上ブロック並びにエレベーター昇降路（カゴ）とする。
6. 表示装置		スプリンクラーヘッドが開放した旨の信号は管理人室等に設置した表示装置に受信する。管理人室に常時人がいない場合は、住人及び消防隊が確認できる場所に設ける。

共同住宅用スプリンクラー設備の設置基準

共同住宅用スプリンクラー設備の設置基準は第11章を参照ください。

第 7 章

消防用設備②特殊消火設備

本章では、前章に引き続き消火設備を解説します。消火設備には薬剤や気体を使用するものがあり、それらは特殊消火設備と呼ばれています。消火能力の高い設備ですが、人体への毒性を持つ場合もあり、設置や運用は消防法で厳格に規定されています。

7-1 特殊消火設備の種類①

泡消火、水噴霧消火、不活性ガス消火、ハロゲン化物消火及び粉末消火を特殊消火設備といいます。本節ではそれぞれについて解説しています。

特殊消火設備の特徴

消防法で規定される特殊消火設備とその特徴、関連する法令は次の通りです。

水噴霧消火設備 （7-3参照）

水噴霧消火設備はスプリンクラー設備と同様に自動的に放水することで消火する設備です。

・設置基準：施行令第13条、14条

・技術基準及び細目等：施行規則第16条、17条

泡消火設備 （7-4参照）

泡消火設備はポンプから圧送された水と泡消火剤が混合して泡水溶液をつくり、その泡水溶液が放出口（泡ヘッド）で空気を吸引して空気泡が発生します。その空気泡が消火剤になります。放出された空気泡が燃焼物の表面を覆うことによる窒息効果、そして水の冷却効果で消火します。

・設置基準：施行令第13条、15条

・技術基準及び細目等：施行規則第18条

不活性ガス消火設備 （7-5参照）

不活性ガス消火設備は、二酸化炭素、窒素、アルゴンガス、あるいはこれらの混合ガスを消火剤とする消火設備です。

・設置基準：施行令第13条、16条

・技術基準及び細目等：施行規則第19条

ハロゲン化物消火設備 （7-6 ～ 7-7参照）

ハロゲン化物消火設備は不活性ガスとほぼ同じ構成、同じ使われ方をします。不活性ガスと同様の窒息効果による消火方法ですが、その他に連鎖反応抑制により燃焼を抑える効果もあり、不活性ガスに比べて大きな消火能力を有しています。

・設置基準：施行令第13条、17条

・技術基準及び細目等：施行規則第20条

粉末消火設備　(7-8参照)

粉末消火剤で消火する設備で、火炎の熱により粉末消火剤が分解して発生する二酸化炭素によって空気中の酸素濃度を低下させる窒息効果による消火方法です。併せて、粉末消火剤が燃焼物の表面を覆い燃焼を抑制する効果もあります。

・設置基準：施行令第13条、18条

・技術基準及び細目等：施行規則第21条

火災場所ごとの消火方法

火災場所＼消火設備の種類		水噴霧	泡	不活性ガス	ハロゲン化物	粉末
飛行機の格納庫・発着場			○			○
道路の用に供される部分		○	○	○		○
自動車の修理または整備に供される場所			○	○	○	○
駐車の用に供される場所		○	○	○	○	○
発電機・変圧器等の電気設備等				○	○	○
鍛造場、ボイラー室、乾燥室、その他多量の火気使用部分				○	○	○
通信機器室				○	○	○
指定可燃物	綿花、木毛、かんなくず、ぼろ、紙くず、糸類、わら類、再生資源燃料、合成樹脂類	○	○	○		
	ぼろ、紙くず、石炭、木炭類	○	○			
	可燃性固体類、可燃性液体類、合成樹脂類	○	○	○	○	○
	木材加工品、木くず	○	○	○	○	

特殊消火設備の用語

次の用語は、泡消火、不活性ガス消火、ハロゲン化物消火、粉末消火の特殊消火設備に共通なものです。

①防護区画

不燃材料の壁等及び自閉装置付きの防火設備である防火戸で囲った室を指します。防護区画の構造は区画内の全域で消火剤を均一に放射し、消火剤が外部に漏れないようにしなければなりません。

②防護対象物

駐車場の自動車など、その消火設備で消火すべき対象物のことです。

③防護空間

防護対象物のすべての部分から0.6m離れた部分で囲まれた部分を指します。

④防護面積

防護対象物の外周線で包囲された部分の面積を指します。外周線とは防護対象物の最高位(h)の高さの3倍(3h)の数値、または1mのうちの最大値を指します。

⑤ヘッドの有効防護空間

水噴霧消火設備、泡消火設備、ハロゲン化物消火設備、粉末消火設備等のそれぞれのヘッドから放射する消火剤によって、有効に消火できる空間を指します。

特殊消火設備の方式の分類

特殊消火設備の分類方法は次の通りです。

①設置方式による分類

a)固定式

全機器が固定して取り付けられており、火災のときに煙が充満するおそれのある場所に設置する。全域放出方式と局所放出方式に分けられる。

b)移動式

消火剤貯蔵容器は固定されており、ホースノズルを人が操作することで移動しながら消火する。火災発生時に著しく煙が充満するおそれがない場所に設置する。

②放出方式による分類

a)全域放出方式

防護区画全域に消火剤を均一に放出して消火する。

b)局所放出方式

防護対象物ごとに消火剤放出口を設け、火災が発生した防護対象物に向け、消火剤を直接放出して消火する。

防護空間と防護面積

防護空間と防護対象物の関係

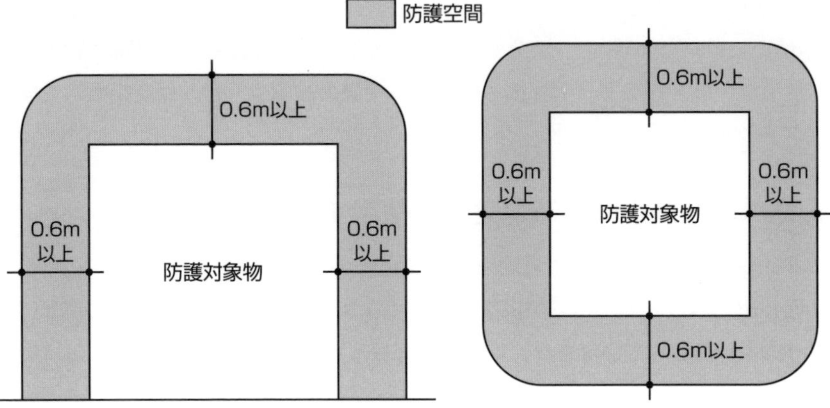

防護面積と防護対象物の関係

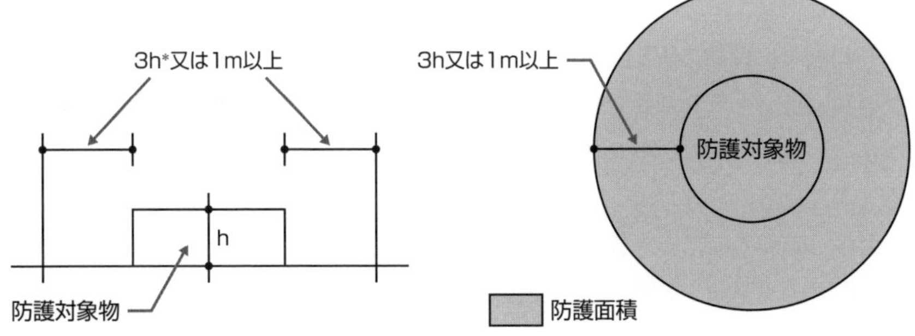

＊3h＝防護対象物の高さ（h）の3倍の高さ。

7-2 特殊消火設備の種類②

特殊消火設備の中には、人命に危険性のある消化剤を使用する設備があります。本節では、危険性のある消化剤を使用する設備の設置や起動、保安措置等を解説します。

人命への危険性のある消火剤を使用する設備の設置

不活性ガス、ハロゲン化物消火剤及び粉末消火剤は、人命への危険性が高く、死者が出た事故も発生しています。これらの消火設備は常時人がいない部分に設置することとされていますが、安全性を確保することで設置が認められています。安全対策のガイドラインがまとめられ、さらに消防庁からの通達も出ています。

人命への危険性のある消火剤を放出する設備の起動

不活性ガス、ハロゲン化物消火剤及び粉末消火剤は放出時において**人命への危険性が高く、設備の起動においては手動式が原則**になっています。ただし**常時人がいない部分、または手動式が不適当な部分においては自動式**とすることもできます。手動式の起動装置の設置場所は、防護区画外で区画内を見通すことができる出入口付近の操作が容易な位置とします。防護区画ごとに起動装置を設けることになっています。火災発生時には、防護区画内に人がいないことを確認してから起動ボタンを押します。

自動式は火災感知器の作動と連動して起動することになりますが、誤作動防止対策として**一つの防護区画内に2系統の感知器を設置して、両方の系統が作動した場合にはじめて起動**するようにしなければなりません。自動式の消火剤は窒素または混合ガスとなっています。

人命への危険性のある消火剤を放出する設備の保安措置

不活性ガス、ハロゲン化物消火剤及び粉末消火剤の全域放出方式の場合、密閉またはそれに近い状態に区画された防護区画内の全域に消火剤を均一に放射しますので、人命安全の対策を施す必要があります。**「ガス放出時の安全対策」**は次の通りです。

①音響警報装置

音響警報装置とは、ガス放出時に警報を発するもので、サイレン音の後に、「火事です。二酸化炭素を放出しますので室外に退避してください。窒息のおそれがありますから速やかに退避してください」等の呼びかけが繰り返し行われます。音響警報装置に関する対策は次の通りです。

a）手動または自動による起動装置の操作または作動と連動して自動的に警報を発するものであり、かつ、消火剤放出前に遮断されないもの。

b）防護区画または防護空間にいるすべての者に、放射されることを有効に報知できるように設ける。

c）全域放出方式のものに設ける音響警報装置は、音声による警報装置とする。ただし、常時人のいない防火対象物は、この限りではない。

d）消防庁長官が定める基準に適合するもの。

②排出措置

不活性ガス消火設備を設置した場所には、消火剤及び燃焼ガスを安全な場所に排出するための措置を講じる必要があります。

③防護区画開口部の保安措置

二酸化炭素を放出するものを設置した防護区画と防護区画に隣接する部分を区画する壁等に開口部がある場合、防護区画に隣接する部分は、次の保安措置を講じる必要があります。

a）出入口等の見やすい位置に、防護区画内で消火剤が放出されたことを表示する表示灯を設けること。

b）防護区画に隣接する部分には、消火剤が防護区画内に放出されることを報知できる音響警報装置を設けること。

④遅延装置

二酸化炭素を放出するものは、次の対策を講じる必要があります。

a）放出起動装置のスイッチ等の作動から、貯蔵容器の容器弁または放出弁の開放までの時間が20秒以上となる遅延装置を設けること。

b）手動式起動装置には、上記に定める時間内に消火剤が放出しないような措置を講じること。

⑤耐震

消火剤貯蔵容器、配管及び非常電源には、地震による震動等に耐えるため、有効な措置を講じる必要があります。

⑥その他

消火剤を放出するものは、防護区画内の圧力上昇を防止するための措置を講じる必要があります。

消火剤貯蔵容器の設置位置の制限

不活性ガス、ハロゲン化物消火剤及び粉末消火剤の貯蔵容器は高圧ガスを取り扱うため、**高圧ガス保安法及び同法に基づく容器検査に合格**したものでなければなりません。当然、取り扱いにも注意を要します(図表「防護区画の構造基準」参照)。

ガス容器の設置場所は、① 防護区画外で、② 火災の際に延焼の危険性がない場所、③ 衝撃による損傷のおそれが少ない場所、④ 直射日光や雨の影響がなく温度変化の少ない場所（温度40℃以下）、としなければなりません。貯蔵容器には消防庁長官が定める基準に適合した安全装置を設置することになっています。

防護区画の構造基準

項目	内容
1. 区画	不燃材料でつくった壁、床または天井で区画すること。
2. 開口部	・階段室、非常用エレベーター乗降ロビー、その他これらに類する場所に面して設置しない。 ・開口部は原則として自閉式の防火戸等とすること。 ・床面から高さが階高の2／3以下の位置にある開口部で、放出された消火剤の流出により消火効果を減ずるおそれのあるもの、または保安上の危険があるものは、消火剤放出前に閉鎖できる自動閉鎖装置を設置すること。 ・通信機械室、指定可燃物貯蔵·取扱室では、床面からの高さが階高の2／3以上の位置にある自閉されない開口部は、囲壁面積の1%以下とすること。 ・上記以外の防火対象物で、床面からの高さが階高の2／3以上の位置にある自閉されない開口部は、囲壁面積の10%以下、または体積の数値のいずれか小さいほうの値とする。体積の数値とは、体積が20㎥なら、開口面積は20㎡となる。
3. 換気装置	消火剤放出前に換気装置は自動停止すること。

特殊消火設備の設置の免除

特殊消火設備の設置に当たっては、他の消火用設備等を設置することで設置を免除することができます。免除の条件は次の通りです。

①スプリンクラー設備による代替

指定可燃物の貯蔵・取扱施設のスプリンクラー設備を設置した場合の、その有効範囲は泡消火設備の設置の必要はありません。

②建築物と一体となる道路部分

道路部分とそれ以外の部分の間が、開口部のない耐火構造の壁と床で区画され、かつ、ひさし等により延焼防止措置が設けられている場合は設置免除の特例扱いができます。

7-3 水噴霧消火設備

本節では特殊消火設備の一種である水噴霧消火設備について、スプリンクラー設備との違いや特徴、構造を解説します。

水噴霧消火設備の特徴

水噴霧消火設備がスプリンクラー設備と異なるのは、水噴霧ヘッドから放水する水は、**霧状に放射**し急激な**蒸発作用による冷却効果**で消火します。スプリンクラー設備より冷却効果は高く、蒸気により酸素を遮断する**窒息効果**もあります。水噴霧消火設備は、放水が不適当とされている**電気火災**や**油火災**が発生する駐車場、危険物施設の貯蔵・取扱施設などに設置されます。油火災に水噴霧した場合、水と油が混ざり、油の表面に一時的に白濁した浮遊物（乳化作用）が生じて油面を被覆します。この被覆が燃焼面を覆い、油の蒸発を抑えて燃焼を防止します。この効果を**エマルジョン効果**といいます。

①水噴霧消火設備のシステム構成

水噴霧消火設備のシステムは、水源、加圧送水装置（消火ポンプ）、自動警報弁、一斉開放弁、配管、流水検知装置、水噴霧ヘッド、起動装置、非常電源などから構成されます。配管中は高架水槽からの水で常に充水状態にあります。

②水噴霧消火設備の起動

水噴霧消火設備の起動は、火災が発生すると感知器から火災受信機へ火災信号を送ることで一斉開放弁が開放し水噴霧ヘッドから放水がはじまります。それに伴い配管内の水の流れを流水検知器がキャッチして加圧送水装置（消火ポンプ）が起動します。

③水噴霧ヘッドの構造と配置

水噴霧ヘッドは**霧雨のような状態で放水**をするための構造になっています。一方、スプリンクラー設備に用いられるヘッドは水流をデフレクターに激しく当てて放水するので、土砂降りの雨のような放水です。

④水噴霧消火設備の水源

水噴霧消火設備の水源は、水噴霧ヘッドの放射水量と防護面積から算定します。

・防護面積が床面積≦50㎡の場合は、床面積×1㎡当たりの水量×20分間です。

・防護面積が床面積>50㎡の場合は、50㎡×1㎡当たりの水量×20分間です。

水噴霧消火設備のシステム構成

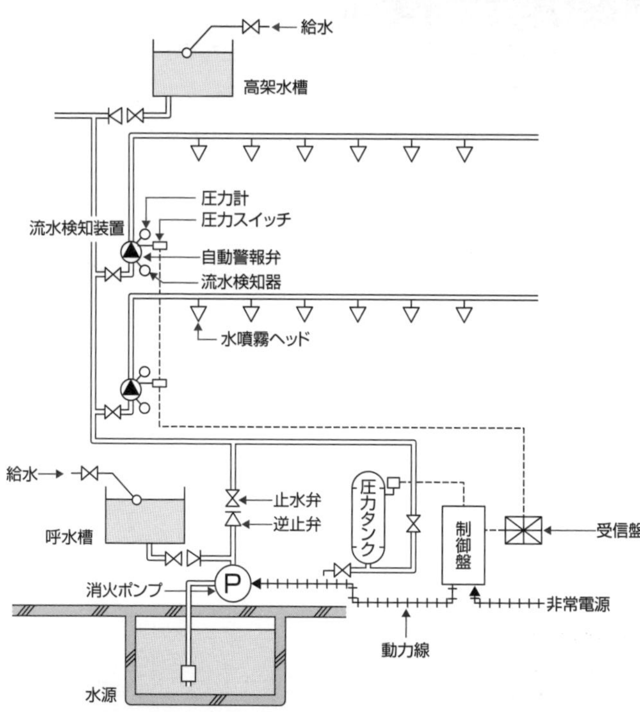

水噴霧ヘッドと標準放射量

項目	内容
指定可燃物の貯蔵・取扱施設	保護対象物のすべての表面をヘッド有効防護空間内に包含するように設ける。 標準放射量：床面積1㎡当たり10㍑／分
駐車場	防護対象物のすべての表面をヘッドの有効防護空間内に包含するように設け、かつ、車両周囲の床も防護するように設ける。 標準放射量：床面積1㎡当たり20㍑／分 ヘッドの有効防護空間 周囲の床 防護対象物 （駐車場の自動車など）

水噴霧消火設備の排水設備

水噴霧消火設備は水を霧状にするため、放射圧力や放射量はスプリンクラー設備と比べて高くなっています。放射された水と燃料タンク等から流れ出た液体と合流した場合、かえって火災を拡大させる危険性があります。そのため、火災によって流出した可燃性の液体を火災区域外に排出しなければなりません。

排水設備の規定

a）床面の勾配は、排水溝に向かって100分の2以上とすること。

b）高さ10cm以上の区画境界堤を設けること。

c）消火ピット（油分離装置付）を設けること。

d）排水溝は、40cm以内に1個の集水管を設け、消火ピットに連結すること。

排水設備の規定

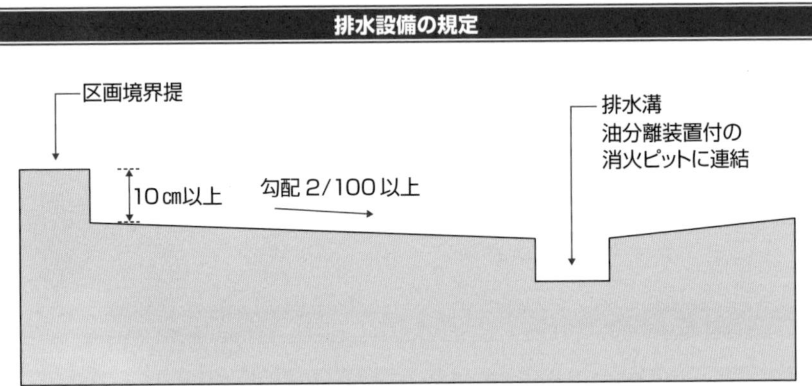

7-4 泡消火設備

本節では特殊消火設備として泡消火設備について解説します。前節の水噴霧消火設備と似ていますが、水ではなく薬剤を使用し消火するのが大きな特徴です。

泡消火設備の特徴

泡消火設備は、水による消火や他の消火剤（二酸化炭素、ハロゲン化物、粉末等）では消火効果が少ない場所、火災面積が広く消火が著しく困難となる油火災が発生する場所、または放水することで火災が拡大する危険性のある場所に適した消火方法です。多くは駐車場に使用されます。

①泡消火設備のシステム構成

泡消火設備のシステムは、水源、加圧送水装置（消火ポンプ）、泡消火剤、泡消火薬剤混合装置、泡放出口（泡ヘッド）、配管、自動警報弁、一斉開放弁、起動装置、非常電源などから構成されます。

②泡消火設備の種類

泡消火剤（エアフォーム）には、たん白泡消火薬剤、合成界面活性剤泡消化薬剤、水成膜泡消火薬剤の3種類があり、この消火剤を水に3～6%混合することで泡水溶液をつくります。

③泡消火設備の起動方式

泡消火設備の起動には自動式と手動式の2通りあります。

自動式は、火災感知器の作動、閉鎖型スプリンクラーヘッドの開放、火災感知用ヘッドのいずれかと連動して、加圧送水装置（消火ポンプ）と一斉開放弁及び泡消火薬剤混合装置が起動します。

手動式は、直接操作と間接操作の2通りがあり、手動起動装置の操作により起動します。放射区域が複数の場合は、放射先を選択可能にします。

④泡消火放出口の構造

水と泡消火剤を混合して泡水溶液をつくり、その泡水溶液が放出口で空気を吸引して空気泡が発生します。空気泡が放出するときに、メッシュ（金網）やデフレクターに当たって発泡し、広範囲に泡を散布します。泡水溶液が空気泡になるためには相当量の空気を必要としますので、泡ヘッドには空気取入れ口があり、そこから泡放射時に必要な相当量の空気を取り込みます。

泡水溶液容積が空気と混合して泡になったときに何倍になるかの比率を膨張比といいます。膨張比が20以下のものを低発泡、80から1,000になるものを高発泡といいます。

膨張比＝発生した泡の体積／泡発生に要した泡水溶液の体積

泡消火設備のシステム構成

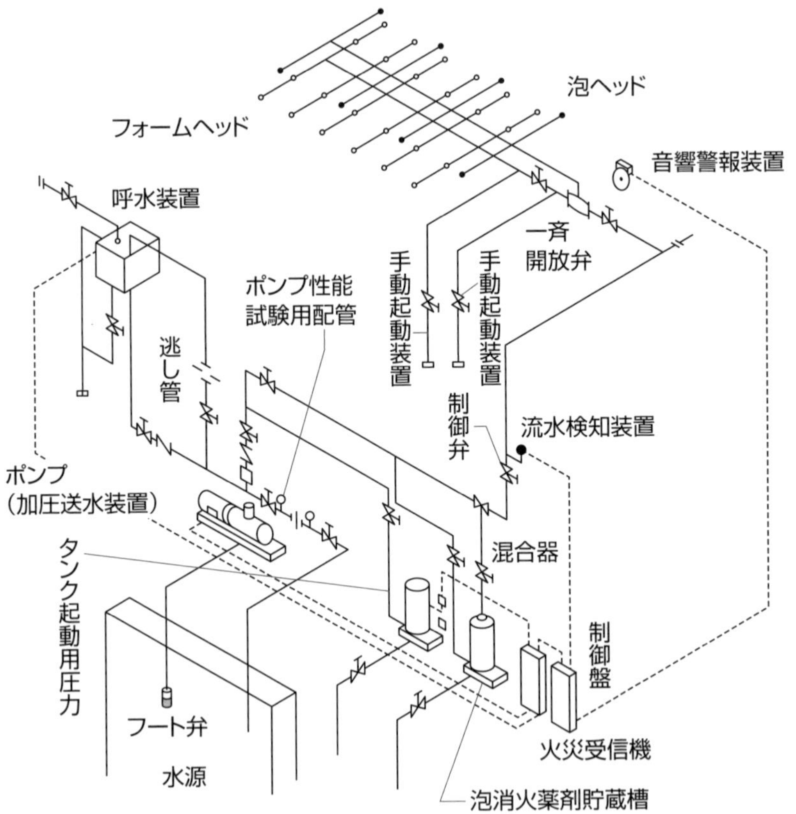

泡放出口の種類

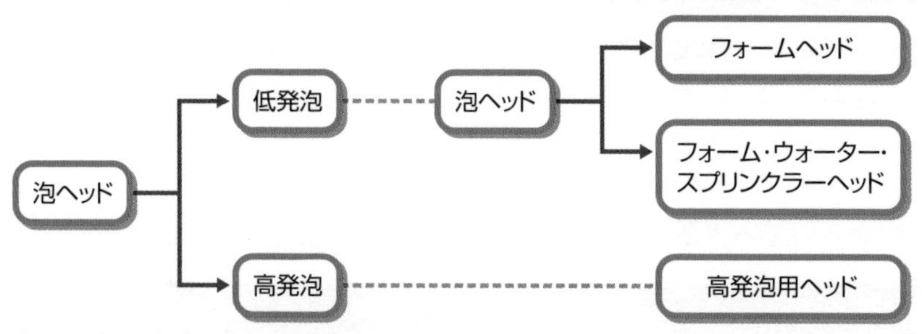

泡放出口の配置

泡放出口の種類	泡放出口の配置
泡ヘッド	フォームヘッドは表面積9㎡につき1個以上必要。 フォーム・ウォーター・スプリンクラーヘッドは床面積8㎡につき1個以上必要。 1つの放出区域の面積は、 ・道路の用に供される部分：80 ～ 160㎡ ・その他の防火対象物：50 ～ 100㎡
高発泡用ヘッド	防護区画の床面積500㎡につき1個以上必要。
移動式	ホース接続口より防護対象物の各部分まで水平距離≦15m 泡放射用器具格納庫とホース接続口までの距離 ≦3m

泡ヘッドの参考図

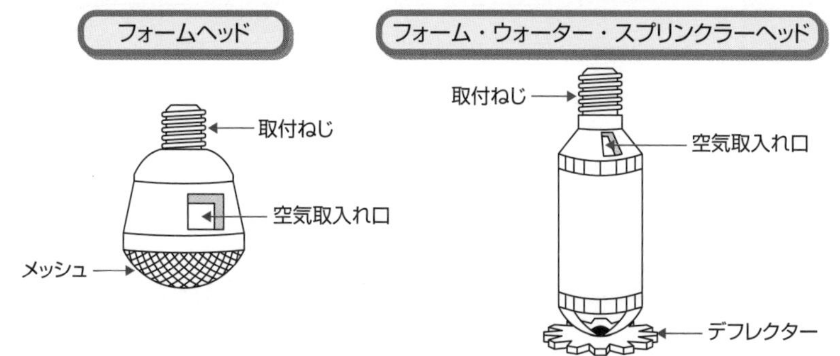

泡消火剤の放出量と水源

泡消火剤の放出量は、防護対象物と泡ヘッドの種類などで規定があります。泡消火設備の水源は、前述の泡ヘッドの設置個数と泡消火剤の放出量で決まります。泡ヘッドの配置には、ヘッドの種類などによる規定があります。

泡消火剤の放出量

ヘッドの種類	防火対象物またはその部分	泡消火剤1㎡当たりの放出量		
フォームヘッド	道路の用に供される部分 駐車場・修理工場等	たん白泡	≧	6.5リットル／分
		界面活性剤泡	≧	8リットル／分
		水成膜泡	≧	3.7リットル／分
	指定可燃物の貯蔵・取り扱い	たん白泡	≧	6.5リットル／分
		界面活性剤泡	≧	6.5リットル／分
		水成膜泡	≧	6.5リットル／分

ヘッドの種類	防火対象物またはその部分	放水口の膨張比による種別	泡水溶液放出／冠泡体積* 1㎥／分
高発泡用ヘッド（全域）	飛行機またはヘリコプターの格納庫	膨張比80以上、250未満（第1種）	2.0リットル以上
		膨張比250以上、500未満（第2種）	0.5リットル以上
		膨張比500以上、1,000未満（第3種）	0.29リットル以上
	駐車場・修理工場等	第1種	1.11リットル以上
		第2種	0.28リットル以上
		第3種	0.16リットル以上
	ぼろ及び紙くず、可燃性固体、可燃性液体	第1種	1.25リットル以上
		第2種	0.31リットル以上
		第3種	0.18リットル以上
	指定可燃物で上記以外のもの	第1種	1.25リットル以上

高発泡用ヘッド（局所）	防護対象物	防護面積1㎡当たりの放出量
	指定可燃物	3リットル／分以上
	その他のもの	2リットル／分以上

＊冠泡体積とは、防護対象物の最高位より上方に0.5m高い位置までの体積のこと。

水源の容量算定

項目	内容			
	設置場所	ヘッドの種類	ヘッドの個数	水源水量
フォームヘッド	ヘリコプターの格納庫	フォーム・ウォーター・スプリンクラーヘッド	床面積1／3以上にあるヘッド全個数（n個）	75リットル／分×n個×10分間
	指定可燃物		床面積50㎡に設けられたヘッドの全個数（n個）	
	道路の用に供される部分	フォームヘッド	その部分の床面積80㎡の区域のヘッドの全個数（n個）	設置されたヘッドの設計放射量リットル／分×n個×10分間
	駐車場		天井面より40cm以上突出したはりで区画された床面積最大区域（はりがないときは50㎡）のヘッドの全個数（n個）	
	その他		床面積最大の放射区画のヘッドの全個数（n個）	
放出区域	フォームヘッドに用いる泡消火設備の1放射区画は50㎡以上、100㎡以下とすること			
高発泡用ヘッド（全域）	泡放出口の種類		1㎥当たりの泡水溶液量	
	第1種		0.040㎥	
	第2種		0.013㎥	
	第3種		0.008㎥	
高発泡用ヘッド（局所）	床面積最大の放射区画1㎡当たりの放射量×20分間			
移動式（低発泡に限る）	道路の用に供する部分、駐車場・修理工場		100リットル／分×15分×2（ホース接続口数が1つの場合は1）＋配管内容量	
	その他		200リットル／分×15分×2（ホース接続口数が1つの場合は1）＋配管内容量	

泡消火剤の膨張比

種別		膨張比
低発泡		20以下の泡
高発泡	第1種	80以上、250未満
	第2種	250以上、500未満
	第3種	500以上、1,000未満

泡消火薬剤の排出抑制について

泡消火薬剤として用いる一部の消火剤に、**難分解性**、**生物蓄積性**、**毒性**及び**長距離移動性**を有するものがあります。そのため人の健康及び環境を保護することを目的とした**残留性有機汚染物質に関するストックホルム条約**において、泡消火薬剤の製造及び使用等が制限されることになりました。

泡消火薬剤等について、薬剤等の管理や保管容器の表示などを厳格に取り扱うことが義務づけられています。これにより**化学物質の審査及び製造等の規制に関する法律**等が改正され、排出抑制に向けた対策が講じられています。

冠泡体積

高発泡による全域放出方式で消火する場合、防護区画の床面から防護対象物の最高位より0.5m高い位置までの対象をいいます。

冠泡体積

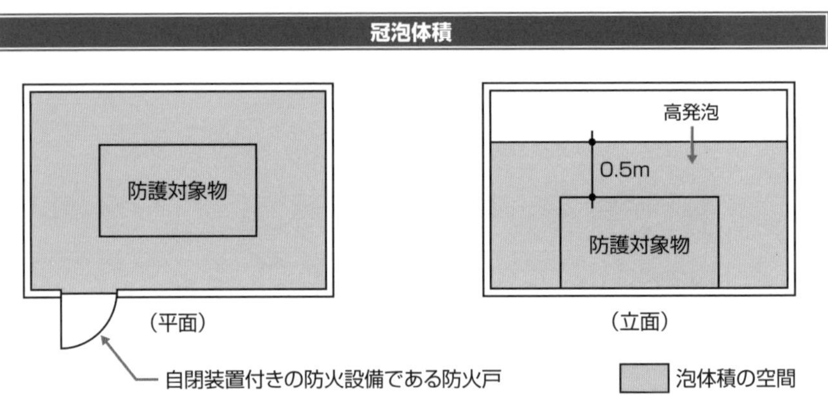

7-5 不活性ガス消火設備

不活性ガス消火設備は、過去において不燃性ガス消火設備または二酸化炭素消火設備と呼ばれていましたが、平成13（2001）年の消防法改正において現行の呼称となりました。窒息効果による消火方法で、不活性ガスを放射することで消火します。

不活性ガス消火設備の特徴

不活性ガスとは二酸化炭素、窒素、アルゴンガス、あるいはこれらの混合ガスを指します。窒素とアルゴンの混合ガスを**IG-55**、窒素とアルゴンと二酸化炭素の混合ガスを**IG-541**と呼びます。放水による消火が不適切な**油火災**や**電気火災**が発生する場所、または放水することで火災が拡大する危険性のある場所に適した消火方法です。

①不活性ガス消火設備のシステム構成と種類

不活性ガス消火設備のシステムは、消火剤貯蔵容器、起動装置、保安装置、音響警報装置、非常電源などから構成されます（図表「不活性ガス消火設備のシステム構成」参照）。

②消火剤の種類と選択基準

消火剤は防護区画の用途により選択しなければなりません。消火剤の種類により放射時間、必要ガス量が異なります（図表「ガス放出方式と消火剤の選択基準」参照）。

ガス放出方式と消火剤の選択基準

<table>
<tr><th>放出方式</th><th colspan="2">防火対象物またはその部分</th><th>消火剤の種類</th></tr>
<tr><td rowspan="3">全域放出方式</td><td colspan="2">鍛造場、ボイラー室、乾燥室、その他多量の火気を使用する部分、ガスタービンを原動力とする発電機が設置されている部分、または指定可燃物を貯蔵・取り扱う防火対象物もしくはその部分</td><td>二酸化炭素</td></tr>
<tr><td rowspan="2">その他の防火対象物またはその部分</td><td>防護区画の面積が1,000㎡以上、または体積が3,000㎥以上のもの</td><td>二酸化炭素</td></tr>
<tr><td>その他のもの</td><td>二酸化炭素、窒素、IG-55、IG-541</td></tr>
<tr><td>局所放出方式
移動式</td><td colspan="2">全部分</td><td>二酸化炭素</td></tr>
</table>

(注) IG-55は、窒素ガスとアルゴンガスの混合物。
IG-541は、窒素ガス、アルゴンガス及び二酸化炭素の混合物。

不活性ガス消火設備のシステム構成

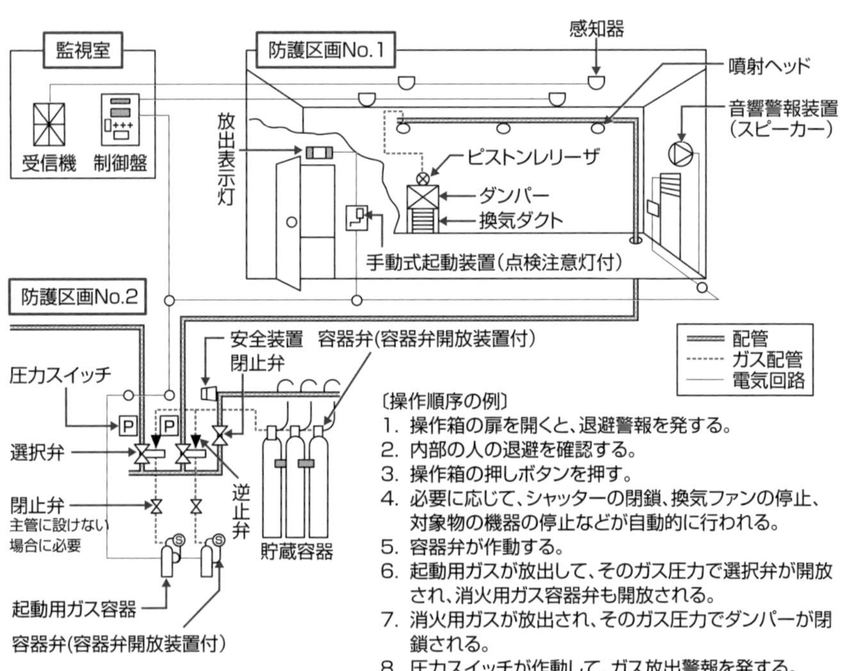

全域放出方式の放射時間と消火剤貯蔵量

放射時間

(1) 二酸化炭素を放出するもの

防火対象物またはその部分	放出時間
通信機器室	3.5分以内
指定可燃物（可燃性の固体類及び液体類を除く）を貯蔵・取り扱う対象物またはその部分	7分以内
その他の防火対象物またはその部分	1分以内

(2) 窒素、IG-55またはIG-541を放出するもの：1分以内（必要ガス量の9/10以上）

必要ガス量

(1) 二酸化炭素を放出するもの

防火対象物またはその部分		防護区画の体積（不燃材で固定された気密構造体がある場合は減ずる）(㎥)	防護区画の体積1㎥当たりの消火剤の量 (kg)	消火剤の総量の最低限度 (kg)	開口部付加量1㎡当たり (kg)
通信機器室		−	1.20	−	10
指定可燃物の貯蔵・取り扱い（可燃性の固体類及び液体類を除く）	綿花類、木毛、かんなくず、ぼろ、紙くず、糸類（動植物油がしみ込んでいる布、紙、これらの製品を除く）、わら類、合成樹脂類（不燃・難燃でないゴム製品、ゴム微半製品、原料ゴム、ゴムくず）	−	2.70	−	20
	木材加工品または木くず	−	2.00	−	15
	合成樹脂類（不燃・難燃でないゴム製品、ゴム半製品、原料ゴム、ゴムくず以外のもの）	−	0.75	−	5
上記以外のもの		50未満	1.00		5
		50～150未満	0.90	50	5
		150～1,500未満	0.80	135	5
		1,500以上	0.75	1,200	5

(2) 窒素、IG-55またはIG-541を放出するもの

消火剤の種別	防護区画の体積1㎥当たり消火剤の量（20℃で1気圧の状態に換算した体積㎥）
窒素	0.516以上、0.740以下
IG-55	0.477以上、0.562以下
IG-541	0.472以上、0.562以下

7-6 ハロゲン化物消火設備①

ハロゲン化物消火設備は前節の不活性ガスとほぼ同じ構成、同じ使われ方をします。

ハロゲン化物消火設備の特徴

ハロゲン化物消火剤は優れた消火能力を有していますが人体に対して毒性を有しています。ただし、ハロゲン化物そのものに毒性があるわけではなく、消火時の火熱による分解で毒性物質が発生します。ハロゲン化物は、水による消火が不適切な**油火災**や**電気火災**が発生する場所、または放水することで火災が拡大する危険性のある場所に適した消火方法です。

①ハロゲン化物消火設備のシステム構成

ハロゲン化物消火設備のシステムは、消火剤貯蔵容器、起動装置、保安装置、音響警報装置、非常電源などから構成されます（図表「ハロゲン化物消火設備のシステム構成」参照）。

②ハロゲン化物消火剤について

フロンによるオゾン層破壊に関する**モントリオール議定書**（平成5〈1993〉年）により、平成6（1994）年に**特定ハロンの生産が中止**されました。消火剤として使用するハロゲン化物はこの特定ハロンに含まれています。しかし、長年消火剤として使用してきたため、多くの建物に配備されています。現在は**ハロンバンク推進協議会**によりハロゲン化物消火剤を一元管理して、不要となったハロゲン化物は**リサイクルのため回収**され新規使用を抑制しています。現在はハロゲン化物に代わる**新ガス消火剤**が導入されています。ハロンに関する通知は、次の「③ハロゲン化物消火設備に関する規制について」と図表「ハロゲン化物消火剤及び代替新ガス消火剤の種類」を参照してください。

③ハロゲン化物消火設備に関する規制について

1.代替消火設備機器について……平成3年8月16日 消防予161・消防危88

2.ハロンの回収、再利用等について……平成5年7月22日 消防予215

3.ハロンバンクの運用等について……平成6年2月10日 消防予32

4.ハロン消火剤のクリティカルユース等について……平成13年5月16日 消防予155・消防危61

5.ハロン消火剤を用いるハロゲン化物消火設備・機器の使用抑制等について……平成17年4月28日 消防予87・消防危84

ハロゲン化物消火設備のシステム構成

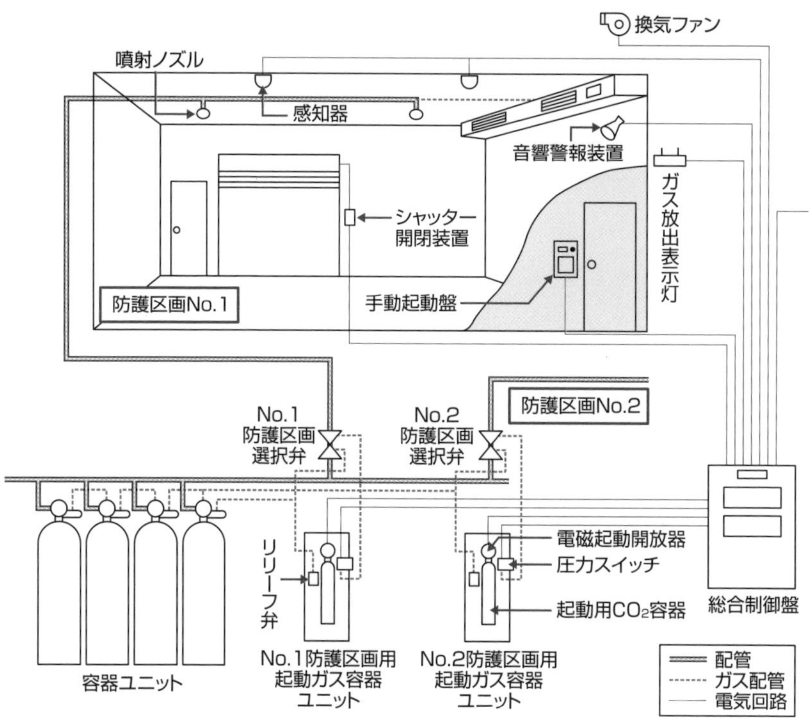

ハロゲン化物消火剤及び代替新ガス消火剤の種類

区分		呼称	消火作用	オゾン層破壊係数	温暖化係数
ハロゲン化物		ハロン1301	連鎖反応抑制、窒息	10	6,900
		ハロン1211	連鎖反応抑制、窒息	1	1,300
		ハロン2402	連鎖反応抑制、窒息	6	−
代替新ガス	ハロゲン化物系	HFC-23	連鎖反応抑制	0	9,000
		HFC-227ea	連鎖反応抑制	0	2,050
		FK5-1-12	連鎖反応抑制	0	1
	イナート系	IG-541	窒息	0	0
		IG-100	窒息	0	0
		IG-55	窒息	0	0

7-7 ハロゲン化物消火設備②

本節では、ハロゲン化物消火設備の消火剤の必要量や貯蔵量について解説します。

消火剤の必要量

ハロゲン化物消火剤の**必要貯蔵量**は、防護区画の大きさや防護対象物の表面積、防護区画の用途により選択しなければなりません。2区画以上の防護区画がある場合は最大区画のガス量とします（図表「ハロゲン化物消火剤の貯蔵量」参照）。

ハロゲン化物消火剤の貯蔵量

<table>
<tr><td rowspan="6">全域放出方式</td><td>噴射ヘッド</td><td colspan="4">噴射ヘッドの放射圧力……0.9MPa〔9kgf/㎠〕
放射時間……30秒以内に放射できること</td></tr>
<tr><td rowspan="5">必要消火剤量</td><td colspan="2">防火対象物またはその部分</td><td>防護区画の体積1㎥当たりの消火剤の量(kg)</td><td>開口部1㎡当たりの追加消火剤の量（kg）</td></tr>
<tr><td colspan="2">駐車場、自動車修理工場、発電機、変圧器、その他の電気設備、鍛造場、ボイラー室、乾燥室、その他多量の火気を使用する部分及び通信機器室</td><td>0.32</td><td>2.4</td></tr>
<tr><td rowspan="3">指定可燃物の貯蔵・取り扱い</td><td>可燃性固体、可燃性液体</td><td>0.32</td><td>2.4</td></tr>
<tr><td>木材加工品、木くず</td><td>0.52</td><td>3.9</td></tr>
<tr><td>合成樹脂類（不燃性・難燃性でないゴム製品、ゴム半製品、原料ゴム、ゴムくずを除く）</td><td>0.32</td><td>2.4</td></tr>
</table>

<table>
<tr><td rowspan="9">局所放出方式</td><td>2区画以上の防護区画</td><td colspan="3">全域または局所放出方式の設備において同一対象物またはその部分に防護区画等が2区画以上ある場合は、最大区画等のガス量を設置し、共用分配とする。</td></tr>
<tr><td rowspan="3">必要消火剤量（面積式）</td><td colspan="3">可燃性固体・液体類を上面開放した容器に貯蔵する場合、その他火災のときの燃焼面が1面に限定され、可燃物が発散するおそれがない場合、
S㎡×Qkg/㎡×乗数
S：表面積（1辺の長さ0.6m以下にあっては、0.6mとして計算した面積）Q及び乗数は下表による。</td></tr>
<tr><td colspan="2">防護対象物の表面積（Q）1㎡当たりの消火剤の量（kg）</td><td>乗数</td></tr>
<tr><td colspan="2">6.8</td><td>1.25</td></tr>
<tr><td rowspan="3">必要消火剤量（体積式）</td><td colspan="3">V㎥×Qkg/㎥×乗数
V㎥：防護対象物のすべての部分から0.6m離れた部分によって囲まれた空間の体積
Q=X-Ya/A
a：防護対象物の周囲に実際に設けられた壁の面積の合計（㎡）
A：防護区画の壁の面積（壁のない部分にあっては、壁があると仮定した場合のその部分の面積）の合計（㎡）
Xの値及びYの値・乗数は下表による。</td></tr>
<tr><td>Xの値</td><td>Yの値</td><td>乗数</td></tr>
<tr><td>4.0</td><td>3.0</td><td>1.25</td></tr>
<tr><td>放出時間</td><td colspan="3">上表の消火剤の量を30秒以内に放出できること</td></tr>
</table>

2区画以上の防護区画がある場合の貯蔵量

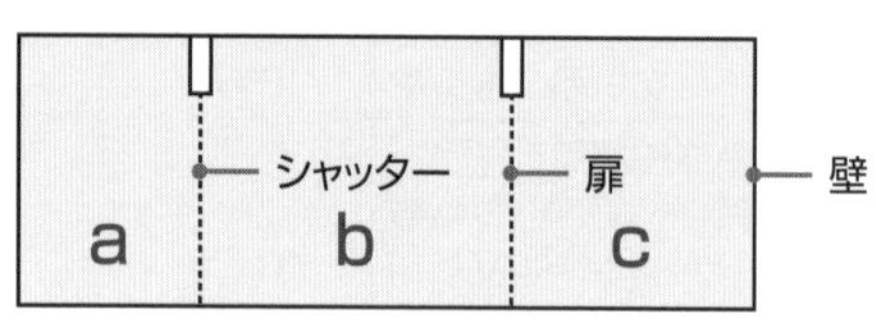

b>a、b>c

bは最大の防護区画。
このときはbに必要な
量を貯蔵すればよい。

7-8 粉末消火設備

粉末消火設備は、前節までに解説した不活性ガスやハロゲン化物と類似の窒息効果を利用した粉末式の消火方法です。

粉末消火設備の特徴

粉末消火設備は**粉末を消火剤**として使用するため、不活性ガスやハロゲン化物などガス消火設備と放出のメカニズムが大きく異なります。

①粉末消火設備のシステム

粉末消火設備のシステムは、消火剤貯蔵容器、加圧用ガス容器、起動装置、保安装置、音響警報装置、非常電源などから構成されます。

②粉末消火剤の種類

粉末消火剤には、炭酸水素ナトリウムを主成分とするもの（**第1種粉末**）、炭酸水素カリウムを主成分とするもの（**第2種粉末**）、りん酸塩類を主成分とするもの（**第3種粉末**）、炭酸水素カリウムと尿酸の反応物を主成分とするもの（**第4種粉末**）の4種類があり、それぞれの消火剤には消火の適応性があります（図表「粉末消火剤と火災の適用範囲」参照）。

消火剤の必要量

粉末消火剤の必要貯蔵量は、第1種粉末から第4種粉末のそれぞれで、防護区画の大きさまたは防護対象物の表面積などで決まります。消火剤は防護区画の用途により選択しなければなりません。2区画以上の防護区画がある場合は最大区画のガス量とします。

粉末消火剤と火災の適用範囲

消火剤の種類	A火災（一般火災）	B火災（油火災）	C火災（電気火災）
第1種粉末	×	○	○
第2種粉末	×	○	○
第3種粉末	○	○	○
第4種粉末	×	○	○

粉末消火設備のシステム構成

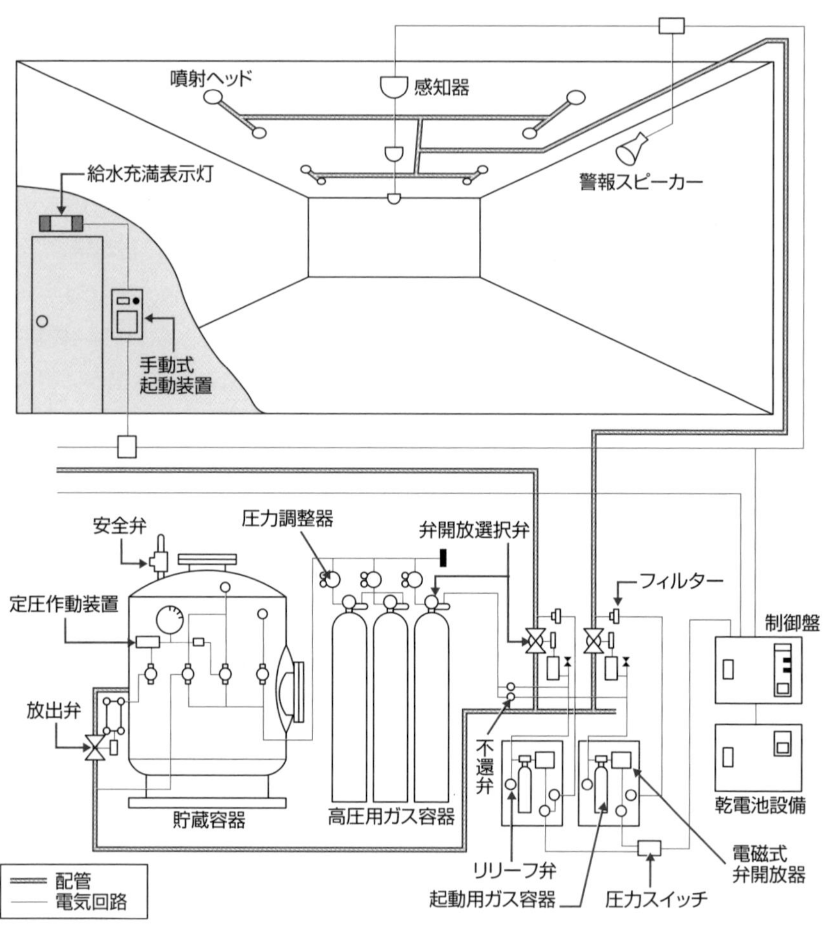

粉末消火剤の貯蔵量

<table>
<tr><td rowspan="7">全域放出方式</td><td rowspan="6">必要消火剤貯蔵量</td><td>消火剤の種別</td><td colspan="3">防護区画の体積1㎥当たりの消火剤の量（kg）</td><td>開口部付加量自動閉鎖装置を設けない場合（kg／㎡）</td></tr>
<tr><td>第1種粉末</td><td colspan="3">0.6</td><td>4.5</td></tr>
<tr><td>第2種粉末</td><td colspan="3">0.36</td><td>2.7</td></tr>
<tr><td>第3種粉末</td><td colspan="3">0.36</td><td>2.7</td></tr>
<tr><td>第4種粉末</td><td colspan="3">0.24</td><td>1.8</td></tr>
<tr><td colspan="5">駐車の用に供される部分は第3種粉末に限定。</td></tr>
<tr><td>放出時間</td><td colspan="5">上表の消火剤の量を30秒以内に放出できること。</td></tr>
<tr><td rowspan="21">局所放出方式</td><td rowspan="7">必要消火剤貯蔵量</td><td colspan="5">可燃性固体・液体類を上面開放した容器に貯蔵する場合、その他火災のときの燃焼面が一面に限定され、かつ、可燃物が発散するおそれのない場合。</td></tr>
<tr><td colspan="5">S㎡×Qkg／㎡×乗数S：表面積（一辺の長さ0.6m以下の場合にあっては(16mとして計算した面積)。Q及び乗数は下表による。</td></tr>
<tr><td>消火剤の種別</td><td colspan="3">防護対象物の表面積 1㎡当たりの消火剤の量（kg）</td><td>乗数</td></tr>
<tr><td>第1種粉末</td><td colspan="3">8.8</td><td>1.1</td></tr>
<tr><td>第2種粉末</td><td colspan="3">5.2</td><td>1.1</td></tr>
<tr><td>第3種粉末</td><td colspan="3">5.2</td><td>1.1</td></tr>
<tr><td>第4種粉末</td><td colspan="3">3.6</td><td>1.1</td></tr>
<tr><td>放出時間</td><td colspan="5">上表の消火剤の量を30秒以内に放出できること。</td></tr>
<tr><td rowspan="12">必要消火剤貯蔵量</td><td colspan="2">V㎥×Qkg／㎥×乗数
$Q=X-Y\frac{a}{A}$</td><td colspan="3">V：防護対象物のすべての部分から0.6m離れた部分によって囲まれた空間
a：防護対象物の周囲に、実際に設けられた壁の面積の合計（㎡）
A：防護空間の壁の面積の合計（壁のない部分にあっては、壁があると仮定した場合におけるその部分の面積</td></tr>
<tr><td colspan="5">Xの値及びYの値。乗数は下表による。</td></tr>
<tr><td>消火剤の種別</td><td>Xの値</td><td colspan="2">Yの値</td><td>乗数</td></tr>
<tr><td>第1種粉末</td><td>5.2</td><td colspan="2">3.9</td><td>1.1</td></tr>
<tr><td>第2種粉末</td><td>3.2</td><td colspan="2">2.4</td><td>1.1</td></tr>
<tr><td>第3種粉末</td><td>3.2</td><td colspan="2">2.4</td><td>1.1</td></tr>
<tr><td>第4種粉末</td><td>2.0</td><td colspan="2">1.5</td><td>1.1</td></tr>
<tr><td colspan="5">ただし通信機室にあっては、防護空間の体積を乗じた量に0.7を乗じた量とすること。</td></tr>
<tr><td>放出時間</td><td colspan="5">上表の消火剤の量を30秒以内に放出できること。</td></tr>
</table>

<table>
<tr><td rowspan="6">移動式</td><td>配置</td><td colspan="2">移動式の粉末消火設備のホースの接続口は、すべての防護対象物について、その防護対象物の各部分から1つのホース接続口までの水平距離を15m以下に設けること。</td></tr>
<tr><td rowspan="5">必要消火剤貯蔵量</td><td>消火剤の種別</td><td>消火剤の量（kg）</td></tr>
<tr><td>第1種粉末</td><td>50</td></tr>
<tr><td>第2種粉末</td><td>30</td></tr>
<tr><td>第3種粉末</td><td>30</td></tr>
<tr><td>第4種粉末</td><td>20</td></tr>
</table>

粉末消火設備の例

写真提供：ヤマトプロテック株式会社

第8章

消防用設備③ 火災感知・警報設備

火災やガス漏れ発生時、人命と財産を守るには素早い感知と通報が重要となります。機器も火災の熱や煙を検知するもの、ガスや漏電を検知するものなど、それぞれの用途に応じたさまざまな種類があります。さらに通知方法もその場でベルやブザーを鳴らすもの、消防署に通報するものなど多様です。

8-1 感知・通報設備の種類

感知・通報設備とは、火災の発生を感知して防火対象物の関係者に報知するもの、ガス漏れと漏電を事前に検知し火災の発生を防ぐもの、そして火災の発生を消防機関に知らせるものを指します。

感知・通報設備の種類と関係法令

消防法で規定される感知・通報設備とその特徴、関連する法令は次の通りです。

自動火災報知設備 (8-2 ～ 8-5参照)

自動火災報知設備は、火災により発生する熱、煙または炎を自動的に検出して、火災の発生を防火対象物の関係者に報知する設備です。

・設置基準：消防法施行令第21条

・技術基準及び細目等：施行規則第23条、24条、24条の2

共同住宅用火災報知・警報設備 (8-6参照)

共同住宅用自動火災報知設備、住宅用自動火災報知設備及び共同住宅用非常警報設備は共同住宅のみに対応できる設備です。

・設置及び維持に関する技術基準：総務省令第40号及び関係告示

住宅用火災警報器 (8-7参照)

住宅用火災警報器は自動火災報知設備の一種ですが、消防法では住宅用火災警報器の名称で戸建住宅や併用住宅等に設置義務があります。

・設置基準：消防法施行令第9条の2

・技術基準及び細目等：消防法施行令第5条の6、5条の7

ガス漏れ火災警報設備 (8-8 ～ 8-9参照)

ガス漏れ火災警報設備は、可燃性ガスを検知し通報する設備です。

・設置基準：消防法施行令第21条の2

・技術基準及び細目等：施行規則第24条の2の2

漏電火災警報器 (8-10参照)

漏電火災警報器は、漏電に伴う火災を防止するための設備です。

・設置基準：消防法施行令第22条

・技術基準及び細目等：施行規則第24条の3

消防機関へ通報する火災報知設備　（8-11参照）

消防機関へ通報する火災報知設備は、火災発生時に消防機関に火災の発生を通報するための設備です。

・設置基準：施行令第23条

・技術基準及び細目等：施行規則第25条

屋内消火栓併設の発信機と非常電話

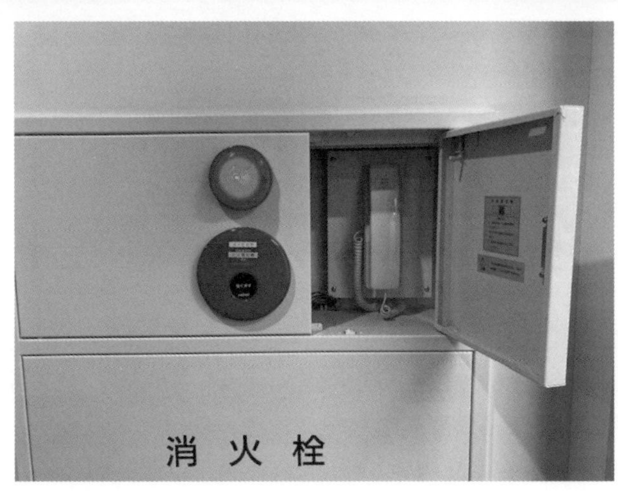

8-2 自動火災報知設備①

本節からは感知·通報設備について解説します。自動火災報知設備は、火災により発生する熱、煙または炎を自動的に検出して、火災の発生を防火対象物の関係者に報知する設備で、火災の初期対応の面で非常に重要な役割を担うものです。

自動火災報知設備のシステム構成

自動火災報知設備を構成するものは、受信機、中継器、地区音響装置、発信機、感知器などとなっています。

受信機は火災発生の信号、情報または消火設備等作動信号を受信し、火災の発生もしくは消火設備等の作動を関係者または消防機関に報知するもので、防災センター等に設けるものです。

中継器は感知器もしくは発信機から発せられた火災信号、感知器から発せられた火災情報信号を受信し、これを受信機または消火設備等に発信するものです。

地区音響装置は、各階の所定の位置に設けるもので、感知器の作動または発信機の操作により受信機が火災信号を受信し、ベル、ブザー、スピーカー等の音響または音声で異常を知らせます。

発信機は各階の所定の位置に設けるもので、火災の発生を発見した人が操作することで受信機から発信するものです。

感知器は火災により発生する熱・煙・炎を自動的に感知し、火災発生の信号・情報等を受信機、中継器、消火設備等に発信するものです。

受信機

受信機は火災信号を受信したとき、**赤色の火災灯**を点灯し、**主音響装置（主ベル）**により火災の発生を自動的に知らせるとともに、**地区表示装置**で当該火災発生の警戒区域を表示し、かつ、**地区音響装置（地区ベル）**を鳴動させるものです。

受信する信号には、**火災信号**、**火災表示信号**、**火災情報信号**、**ガス漏れ信号**または**設備作動信号**があります。これらの信号を受信して、火災の発生もしくはガス漏れの発生または消火設備等の作動を報知します。受信機の機能には特徴的な多くの種類があります。

受信機が受信する信号の種類と内容

信号の種類	内容
①火災信号	火災が発生した旨の信号。
②火災表示信号	火災情報信号の程度に応じて、火災表示を行う温度または濃度（表示温度等）を固定する装置（感度固定装置）により処理される火災表示をする程度に達した旨の信号。
③火災情報信号	熱または煙の程度その他、火災の程度にかかわる信号。
④ガス漏れ信号	ガス漏れが発生した旨の信号。
⑤設備作動信号	消火設備、排煙設備、警報設備等が作動した旨の信号。

受信機の機能

受信機の各形式の機能は次の通りです。

①P型受信機

火災信号及び設備作動信号等を**共通の信号**として受信し関係者に報知します。1級、2級、3級の別があります。3級は接続する回線数が1、2級は接続する回線数は5以下、1級には接続する回線数には制限がありません。

②R型受信機

火災信号及び設備作動信号等を**固有の信号**として受信し関係者に報知します。

③アナログ型受信機

火災信号をアナログ（連続）的にとらえ、火災情報信号のうち**注意表示**を受信したときは、注意灯及び注意音響装置により、異常の発生を地区表示装置で警戒区域を表示します。火災信号または火災情報信号のうち火災信号を受信したときは、赤色の火災灯及び主音響装置により火災の発生を表示し、かつ、地区音響装置を鳴動させます。

④G型受信機

ガス漏れ信号を受信し、関係者に報知します。

⑤GP型受信機

P型受信機とG型受信機の機能を併せもちます。

⑥GR型受信機

R型受信機とG型受信機の機能を併せもちます。

⑦2信号式受信機

同一の警戒区域からの異なる**2つの火災信号を受信**したとき、火災表示を行うことができる機能を有するものです。感知器からの最初の火災信号（第1報）では出火場所の表示と受信機の主音響装置を鳴動し、続いて他の感知器からの火災信号（第2報）が受信された場所に火災灯を点灯し、かつ地区音響装置を鳴動させます。

P型受信機（上）・R型受信機（中）・アナログ型受信機（下）

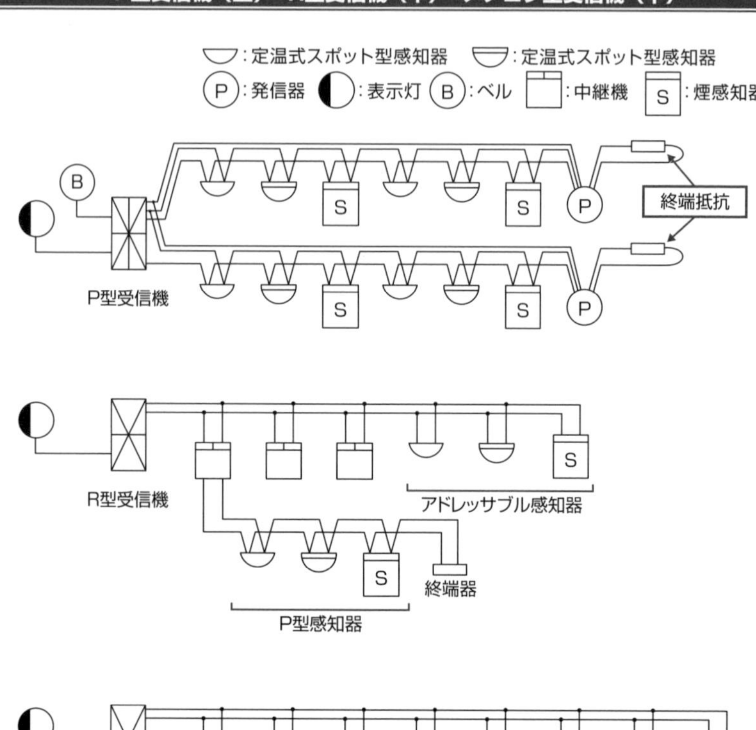

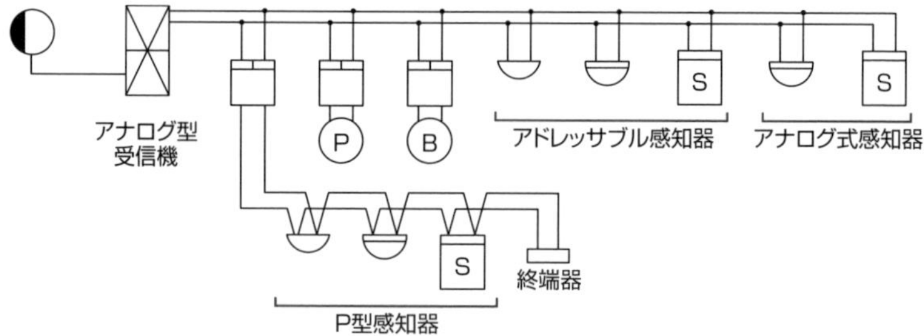

受信機の付加機能

受信機には、前述の機能のほかに、付加機能を備えたものもあります。

①自動試験機能

火災報知設備に係る機能が適正に維持されていることを自動的に確認することができる機能があるものを、**自動試験機能付受信機**といいます。

②遠隔試験機能

感知器に係る機能が適正に維持されているかを、当該感知器の設置場所から離れた位置で確認できる機能を有するものを**遠隔試験機能付受信機**といいます。

③感度固定装置

火災情報信号の程度に応じて火災表示を行う温度または濃度の感度を固定することができる装置です。当該装置はP型受信機に取り付け、アナログ式感知器と組み合わせたものを**感度固定装置付受信機**といいます。

P型1級受信機の例

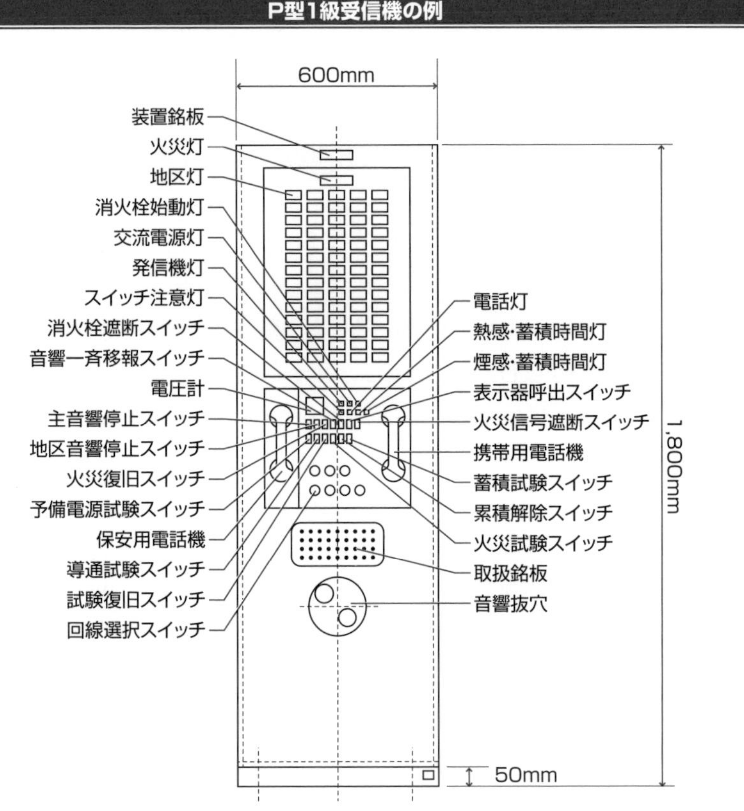

8-3 自動火災報知設備②

本節は自動火災報知設備として地区音響装置と鳴動区域等について解説します。

地区音響装置

地区音響装置は、感知器または発信機の作動と連動して、**ベル、ブザー、スピーカー等の音響または音声**で火災を知らせるものです。**主音響装置（主ベル）**と**地区音響装置（地区ベル）**で構成します。主音響装置は受信機に併設されます。地区音響装置は各階の所定の位置に設置します。地区音響装置の概要は次の通りです。

①設置位置

各階の各部分から地区音響装置までの**水平距離が25m以下**の位置に設けます。感知器の作動と連動して全域に有効に報知できるように設置します。

②鳴動方式

a）地階を除く階数が5以上で、延面積が3,000㎡を超える防火対象物またはその部分にあっては、次の**鳴動方式（区分鳴動）**ができることが求められます（図表「音響装置の鳴動範囲」参照）。

ア）出火階が2階以上の場合：出火階及びその直上階

イ）出火階が1階の場合：出火階、その直上階及び地階

ウ）出火階が地階の場合：出火階、その直上階及びその他の地階

b）音声により警報するものについては、区分鳴動方式により警報を発する部分、または全区域に火災が発生した場所を報知できる能力が必要です。

③音圧・音色

a）取り付けた装置の中心から**1m離れた位置で90デシベル以上**、音声を発するものにあっては92デシベル以上の音圧とします。

b）**特定一階段等防火対象物**のうち、ダンスホール、ディスコ、コンサートホール、カラオケボックスその他これらに類するもので、室内または室外の音響が聞き取りにくい場所があるものにあっては、当該場所において他の警報音または騒音と明らかに区別して聞き取ることができるように措置されていることが必要

です。措置とは、警報装置の音圧が当該場所の暗騒音より6デシベル以上強い、警報装置以外の音が警報装置と連動して停止する、などです。

音響装置の鳴動範囲

	出火階が2階以上	出火階が1階	出火階が地階
5F			
4F	鳴動範囲		
3F	出火階・鳴動範囲		
2F		鳴動範囲	
1F		出火階・鳴動範囲	鳴動範囲
（地面）			
B1F		鳴動範囲	出火階・鳴動範囲
B2F		鳴動範囲	鳴動範囲

出火階　鳴動範囲

鳴動区域

鳴動方式には一斉鳴動と区分鳴動があり、その鳴動の範囲を**鳴動区域**といいます。大規模な防火対象物にあっては、**一斉鳴動**による混乱を避けるため、**区分鳴動**するための**鳴動区域**の設定方法が規定されています。前述の地区音響装置を参照してください。

鳴動の機能には逐次鳴動機能と地区音響拡大警報機能があります。**逐次鳴動機能**とは、あらかじめ一時停止スイッチを操作した状態においても、タイマー時間経過後、強制的に鳴動するものです。**地区音響拡大警報機能**とは、発報後にタイマー時間内にあらたな火災信号または火災確認信号を受信した場合に、強制的に全館鳴動（全区域鳴動）に切り替わるものです。

警戒区域と感知区域

　火災の発生した区域の感知器が作動したことが分かるように**一定規模の区域**ごとに区分しておき、その区分ごとの感知器の回線を別にしておきます。そうすることで、火災発生区域と他の区域とを区分して識別することができます。このような区域区分を**警戒区域**といいます。

　ひとつの警戒区域は、さらに**感知区域**に細分化されます。壁で囲まれた部屋の部分や下がり壁、はりなどの下方に突出した部分が感知区域となります。下がり壁状の部分とは、感知器の取付面から下方に0.4m以上突出したもの、感知器の種類によっては0.6m以上突出したもの、となっています。ひとつの感知器が有効に火災を感知できる面積の範囲を感知面積といい、感知器の種類によってその**感知面積**は異なっています。

警戒区域の設定方法

　警戒区域の設定方法は次の通りです。

①**複数階にまたがって設定しないこと。**

　ただし、小規模の建築物で上下階にある警戒区域の床面積の合計が500㎡以下であれば、2階にまたがって設定できます。階段室、エレベーター昇降路、リネンシュート、パイプダクトシャフト等の竪穴区画に煙感知器を設ける場合はこの限りではありません。

②**1警戒区域の面積は600㎡以下、かつ、一辺の長さは50m以下。**

　ただし、例えば主要な出入口から内部を見通すことができる体育館のような場合には、その面積を1,000㎡以下とすることができます。また、光電分離型感知器を設ける場合は、一辺の長さは100m以下とすることができます。

8-4 自動火災報知設備③

本節では自動火災報知設備として発信機と感知器の分類を解説します。

発信機

発信機は火災を発見した人が操作することで火災の発生を受信機に発信するものです。P型発信機とT型発信機の2種類があります。

P型発信機は表面の保護板を破り押しボタンを操作して通報するものです。**T型発信機**は電話型のもので防災センター等と直接通話ができます。

発信機の設置は、①各階の各部分から発信機までの**歩行距離が50m以下**となるような位置、②直近に赤色の表示灯を設ける、③表示灯は取付面と15度以上の角度となる方向に沿って10m離れた位置から表示灯が点灯していることが容易に識別できること、などとなります。

歩行距離の考え方は6-2を参照してください。

P型発信機の外観及び発信機の表示灯の設置例

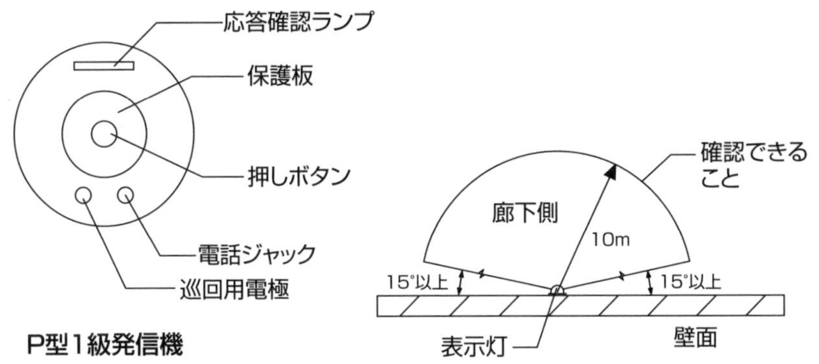

感知器

　感知器は火災により発生する熱・煙・炎を自動的に感知し、火災信号または火災情報信号を受信機、中継器、消火設備等に発信するものです。感知器の種類は次の通りです。

①差動式スポット型

　周囲温度が一定の温度上昇率になったときに火災信号を発信するもので一局所の熱効果により作動するものです。

②差動式分布型

　周囲温度が一定の温度上昇率になったときに火災信号を発信し、広範囲の熱効果の累積により作動するもので、3種類あります。

　空気管式：天井面に設ける空気管が加熱されると空気管内の空気の膨張により検出部の接点を押し広げます。

　熱電対式：熱電対部を直列に接続し、温度上昇により各熱電対に流れる熱電流を検知します。

　熱半導体式：感熱部は急激な温度上昇のときに発生する熱起電力を検知します。

③定温式スポット型

　周囲温度が一定以上になったときに火災信号を発信するもので外観が電線状以外のものです。一定温度を感知器の公称作動温度と呼び、感知温度の範囲は60℃～150℃です。

④定温式感知線型

　周囲温度が一定以上になったときに火災信号を発信するもので外観が電線状のものです。

⑤熱複合式スポット型

　差動式スポット型と定温式スポット型の性能を併せ持つもので2つ以上の火災信号を発信するものです。

⑥補償式スポット型

　差動式スポット型と定温式スポット型の性能を併せ持つもので1つの火災信号を発信するものです。

⑦熱アナログ式スポット型

周囲温度が一定以上の温度になったときに、当該温度に対応する火災情報信号を発信するものです。

⑧イオン化式スポット型

検知部に煙が入るとイオン電流が減少することを電気的にとらえ、ある一定以上減少すると作動し火災信号を発信するものです。

⑨光電式スポット型

検知部に煙が入ると光が煙により散乱を受け、その散乱光をとらえる方法のものと、煙により光の強さが減少する減光式のものがあります。

⑩光電式分離型

投光部と受光部の間に煙が入ると、光軸を遮り光量が減ることで火災信号を発信するものです。

⑪光電アナログ式（スポット型）

周囲空気が一定以上の濃度の煙を含んだ状態になったときに当該濃度に対応する火災情報信号を発信するもので一局所の煙による光電素子の受光量の変化を利用するものです。

⑫光電アナログ式分離型

周囲空気が一定以上の濃度の煙を含んだ状態になったときに当該濃度に対応する火災情報信号を発信して、広範囲の煙の累積による光電素子の受光量の変化を利用するものです。

⑬煙複合式スポット型

イオン化式スポット型と光電式スポット型の性能を併せ持つものです。

⑭熱・煙複合スポット型

差動式スポット型、定温式スポット型、イオン化式スポット型、光電式スポット型の性能を併せ持つものです。

⑮多信号式

感度、公称作動温度等が異なるものを組み合わせたものです。

⑯紫外線式スポット型

炎から放射される紫外線の変化が一定量以上になったときに火災信号を発信するものです。

⑰赤外線式スポット型

炎から放射される赤外線の変化が一定量以上になったときに火災信号を発信するものです。

⑱紫外線・赤外線併用型（スポット型）

炎から放射される紫外線及び赤外線の変化が一定量以上になったときに火災信号を発信するものです。

⑲炎複合式スポット型

紫外線式スポット型と赤外線式スポット型の性能を併せ持つものです。

⑳自動試験機能等対応型

自動試験機能、遠隔試験機能の機能を有するものです。

感知器の例

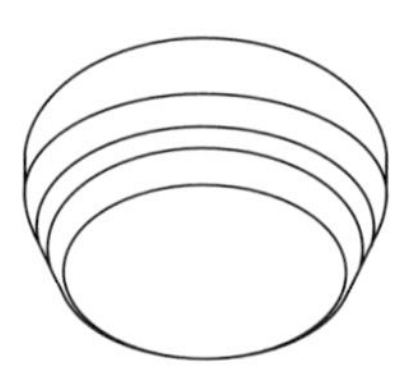

熱感知器

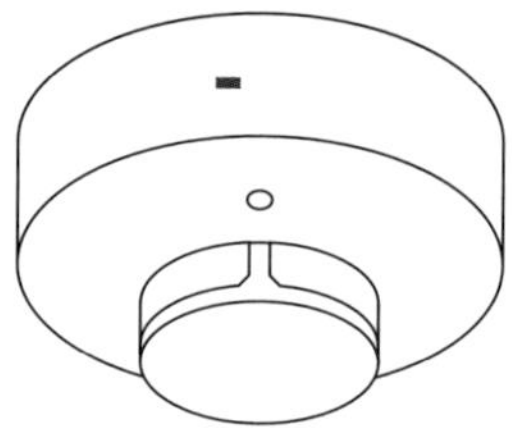

煙感知器

8-5 自動火災報知設備④

本節では自動火災報知設備として、感知器の特性と設置場所、及び設置に不向きな場所について解説します。

感知器の特性

感知器には動作特性があり、使用する際は感知器の特性を十分理解する必要があります。

①感知器の作動温度と作動時間

感知器には作動する温度の違いにより、感知時間に差があります。感知温度の差により**1種**、**2種**などに分類されます。たとえば、差動式スポット型感知器の場合は、**1種は室温より20℃高い気流で30秒以内に作動、2種は室温より30℃高い気流で30秒以内に作動**となっています。つまり、2種より1種のほうが高感度となります。

②公称作動温度

周囲の温度が一定以上になると感知機は火災信号を発信します。この一定温度を公称作動温度といいます。感知温度の範囲は60℃～150℃となっています。

③蓄積型と非蓄積型

火災を感知した場合に、直ちに火災信号を発するものを**非蓄積型**といいます。一方、**蓄積型は一定時間の感知を継続**してから火災信号を発するものをいいます。蓄積型において、感知後に火災信号を発するまでの時間を蓄積時間といいます。蓄積時間は5秒を超えて60秒以内となっています。蓄積型は火災信号を受けても直ちに受信を開始せずに、一定の蓄積時間内に感知器からの火災信号が継続していることを確認してから発信・受信を開始しますので、**誤報を除去**することができます。

感知器の選択基準

対象部分＼感知器の種別	煙感知器	熱・煙複合式スポット型感知器	炎感知器
1. 階段及び傾斜路	○		
2. 廊下及び通路 令別表第1のうち (1)～(6)、(9)、(12)、(15)、(16)イ、(16の2)、(16の3)の防火対象物の部分に限る。	○	○	
3. エレベーターの昇降路・リネンシュート・パイプダクトその他これらに類するもの	○		
4. 遊興のための設備又は物品を客に利用させる役務の用に供する個室(これに類する施設を含む。) 令別表第1のうち (2)ニ、(16)イ、(16の2)及び(16の3)の防火対象物((16)イ、(16の2)及び(16の3)に掲げる防火対象物にあっては、(2)ニに掲げる防火対象物の用途に供される部分に限る。)の部分に限る。	○	○	
5. 感知器を設置する区域の天井等の高さが15m以上20m未満の場所	○		○
6. 感知器を設置する区域の天井等の高さが20m以上			○
7. 上記1.～6.の場所以外の地階・無窓階及び11階以上の部分 令別表第1のうち (1)～(4)、(5)イ、(6)、(9)イ、(15)、(16)イ、(16の2)、(16の3)の防火対象物又はその部分に限る。	○	○	○

感知器の設置個数（感知面積）

項目	内容								
感知器1台で対応する面積	取付面の高さ・構造等＼感知器の種類		差動式スポット型		補償式スポット型		定温式スポット型		
			1種	2種	1種	2種	特種	1種	2種
	4m未満	主要構造部の耐火構造とした防火対象物又はその部分	90㎡	70㎡	90㎡	70㎡	70㎡	60㎡	20㎡
		その他の構造の防火対象物又はその部分	50㎡	40㎡	50㎡	40㎡	40㎡	30㎡	15㎡
	4m以上8m未満	主要構造部の耐火構造とした防火対象物又はその部分	45㎡	35㎡	45㎡	35㎡	35㎡	30㎡	−
		その他の構造の防火対象物又はその部分	30㎡	25㎡	30㎡	25㎡	25㎡	15㎡	−
	感知区域はそれぞれ壁又は取付面から0.4m以上突出したはり等によって区画された部分ごとに別の感知区域として設置する。								

誤報の防止

感知器は作動しなければならないのに作動しなかったり（**失報**）、火災でもないのに作動したりする（**非火災報**）、というようなことがあります。これらを**誤報**といい、実際の火災のときに初期対応を誤らせて惨事を拡大する危険性があります。

失報の原因は、感知器の故障、感知器の設置場所が不適切、感知器の種類の選択ミス、などが挙げられます。

非火災報は火災以外の煙や熱で感知器が作動することもありますが、その環境に不適切な感知器を設置した場合などが原因になります。東京消防庁の調査によると、東京都内の非火災報の実態は、**非火災報が1,000回で実際の火災が1回**、との報告があります。つまり、1,000回の誤報の後にようやく消防統計に記録される火災が発生したことになります。

誤報は煙感知器が原因となることが多いことから、施行規則第23条において**煙感知器を設置してはならない箇所**が規定され、さらに消防庁通知で感知器の選択基準が定められています。通知は「平成3年12月6日 消防予240」、「平成6年2月15日 消防予35」です。

感知器の設置方法

火災を可能な限り確実に検知するためには、設置場所の環境に合った感知器の設置が必要です。感知器は感知区域ごとに、感知器の種別及び取付面の高さに応じて一定の床面積に必要個数を、火災の発生を感知できるように配置します。

①熱感知器の設置方法

a）感知器下端は取付面（天井）から0.3m以内の位置に設けること。

b）換気口等の空気吹出口から1.5m以上離した位置に設けること。

c）感知器は取付面に対して45°以上傾斜させないこと。45°以上の場合は座板等を設けること。

d）補償式スポット型は、通常時の最高周囲温度が公称作動温度より20℃以上低い場所に設けること。

②差動式分布型感知器の設置方法

差動式分布型には、空気管式のもの、熱電対式のもの、熱半導体式のものなどがありますが、最も一般的な**空気管式の設置方法**は次の通りです。

a）感知器の空気管は、取付面の下方0.3m以内に設け、かつ、感知区域の取付面の各辺から1.5m以内の位置に設ける。

b）空気管と空気管の相互間隔は次の通り。

ア）主要構造部を耐火構造とした防火対象物またはその部分にあっては9m以下。

イ）その他の場合にあっては6m以下。

c)空気管の露出部分(受熱部分)は感知区域ごとに20m以上とする。直線状に張って20mにならないときはコイル状に巻いて必要な長さを確保する。

d）1つの検出部に接続する空気管の長さは100m以内とする。感知器の検出部は5°以上傾斜させない。

③煙感知器の設置方法

a）はりの深さが0.6m以上突出している場合（廊下と通路に設置する場合を除き）は、はりで囲まれた感知区域ごとに設ける。

b)感知器の下端は取付面の下方0.6m(熱電対式の場合は0.3m以内)に設置する。

c）感知器は、壁またははり等から0.6m以上離れた位置に設ける。

d）天井の低い居室（約2.3m以下）または狭い居室（約40㎡未満）の場合、出入口付近に設ける。

e）廊下の幅が1.2m未満のため壁から0.6m離れた位置に煙感知器を設けることができない場合は廊下の幅の中心天井面に設ける。

f）廊下・通路にあっては歩行距離30m（3種の感知器は20m）につき1個以上設置する。

g）廊下・通路から階段に至るまでの歩行距離が10m以下の場合は、その廊下・通路の部分は感知器の設置を省略してよい。ただし階段には感知器を設置しなければならない。

h）階段及び傾斜路にあっては垂直距離15m（3種の感知器は10m）につき1個以上設置する。

感知器の設置に適さない場所

感知器の設置に適さない場所は次の通りです。

①感知器（炎感知器を除く）の取付面の高さが20m以上である場所。

②上屋（うわや）その他外部の気流が流通する場所で、感知器によっては当該場所における火災の発生を有効に感知することができないもの。

③天井裏で天井と上階の床との間の距離が0.5m未満の場所。

④煙感知器及び熱煙複合スポット型感知器にあっては、前述の①から③までに掲げる場所の他、次に掲げる場所。

a）じんあい（塵埃）、微粉または水蒸気が多量に滞留する場所。

b）腐食性ガスが発生するおそれのある場所。

c）厨房その他正常時において煙が滞留する場所。

d）著しく高温となる場所。

e）排気ガスが多量に滞留する場所。

f）煙が多量に流入する場所。

g）結露が発生する場所。

h）a）からg）までに掲げる場所の他、感知器の機能に支障を及ぼすおそれのある場所。

⑤炎感知器にあっては、③に掲げる場所の他、次に掲げる場所。

a）④のb）からd）まで、f）及びg）に掲げる場所。

b）水蒸気が多量に発生する場所。

c）火を使用する場所で火炎が露出するものが設けられている場所。

d）④のa）からc）までに掲げる場所の他、感知器の機能に支障を及ぼすおそれのある場所。

自動火災報知設備の設置の免除

スプリンクラー設備、水噴霧消火設備、泡消火設備の各消火設備を設置したときは、その有効範囲内の部分は、自動火災報知設備の設置は免除されます。ただし、いずれも施行規則第23条第3項の閉鎖型スプリンクラーヘッドを備えている場合に限ります。

ただし、令別表第1（1）項～（4）項、（5）項イ、（6）項、（9）項イ、（16）項イ、（16の2）項、（16の3）項に掲げる防火対象物、または、その部分ならびに煙感知器等の設置が必要な階または部分は免除できません。

8-6 共同住宅用火災報知・警報設備

共同住宅用火災報知設備、住宅用自動火災報知設備及び共同住宅用非常警報設備は共同住宅のみに対応できる設備で、総務省令で特定共同住宅として構造分類されたものにおいて、通常用いられる消防用設備等に代えて用いることのできる設備です。

特定共同住宅

共同住宅は、住戸のプライバシーがあるため消防用設備等の点検維持が困難である、住戸間の延焼の危険性が少ない、など他の建築物とは大きく異なる特徴を有しています。さらには、さまざまな構造・形態の共同住宅が増える時代背景に合わせて、消防用設備等の特例基準は何度も改正されてきました。そして**共同住宅に適した性能、機能を有し、かつ、点検維持も容易な消防用設備等が開発され、それらの設備は通常用いられる消防用設備等に代わるもの**として設置できるものです。この規定を適用するかどうかの選択権は建築主にあります。

通常用いられる消防用設備等に代わるものとして、共同住宅用自動火災報知設備、住宅用自動火災報知設備、共同住宅用非常警報設備、共同住宅用スプリンクラー設備、共同住宅用連結送水管、共同住宅用非常コンセント設備があります。

平成17(2005)年に**特定共同住宅等に関する総務省令**が施行、平成19(2007)年に関係告示が施行されました。特定共同住宅等の構造分類等の詳細は第11章を参照ください。

設備の構成

火災報知・警報設備の詳細は次の通りです。なお、設備の設置基準は第11章を参照ください。

①共同住宅用自動火災報知設備の構成

共同住宅用自動火災報知設備は、共同住宅用受信機と音声警報装置、戸外表示器、そして感知器で構成されます。

共同住宅用受信機は、住戸、共用室及び管理人室等に設置し、感知器から発せられた火災信号を受信した場合に、住棟用受信機と戸外表示器で発信します。住棟受信機は、管理人室（防災センター）に設置し、共同住宅用受信機から発せられた火災信号を受信し警戒区域の火災表示を行います。管理人室等に常時人がいない場合は、火災信号を容易に確認できる場所に設けます。**音声警報装置**は、共同住宅用受信機または住棟受信機から発せられた火災信号を受信し、火災の発生を報知します。補助音声警報装置は、住戸、共用室または管理人室にいる者に対して補助的に音声警報を発する装置です。**戸外表示器**は、住戸等の外部に設け、共同住宅用受信機から発せられた火災信号を受信し、火災の発生を知らせます。**感知器**は、火災により発生する熱・煙等を自動的に感知し、火災発生の信号・情報等を共同住宅用受信機に発信するものです。遠隔試験機能付きで戸外から機能のチェックをすることができます。

②住宅用自動火災報知設備の構成

住宅用自動火災報知設備を構成するものは、住宅用受信機、音声警報装置、戸外表示器及び感知器となっています。機能は共同住宅用自動火災報知設備と同様です。

③住宅用非常警報設備の構成

起動装置は、各階の階段付近に設置し、操作することで一斉鳴動するものです。直近の容易に識別できる位置に表示灯（赤色）を設けます。**音響装置**は、非常ベルまたは自動式サイレンで警報を発します。廊下の各部分から音響装置までの水平距離は25m以下の位置に設けることになります。

共同住宅用自動火災報知設備のシステム

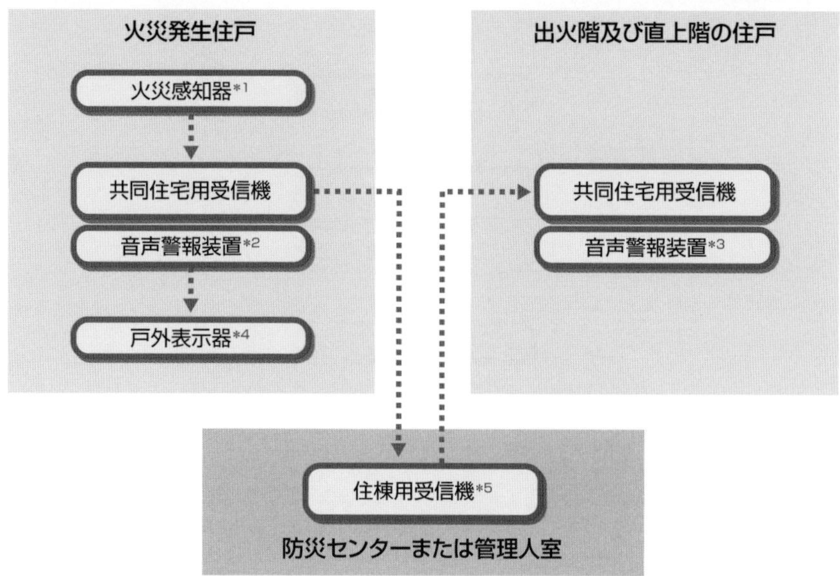

＊1　火災感知器は遠隔試験機能付き。

＊2　出火住戸の音声警報装置は２段階警報。
１回目→（女性の声で）「火災報知器が作動しました。確認してください。」
警報停止がなく一定時間経過または火災確認ボタンを押すと、
２回目→（男性の声で）「火事です。火事です。火災が発生しました。安全を確認の上避難してください。」

＊3　出火住戸以外の住戸の音声警報装置。
（男性の声で）「火事です。火事です。○○で火災が発生しました。安全を確認の上避難してください。」

＊4　出火住戸の戸外表示器。
ランプ点滅表示と音声警報。
（男性の声で）「火事です。火事です。火災が発生しました。安全を確認の上避難してください。」

＊5　住棟用受信機は警戒区域の火災表示を行う。

住宅用自動火災報知設備のシステム

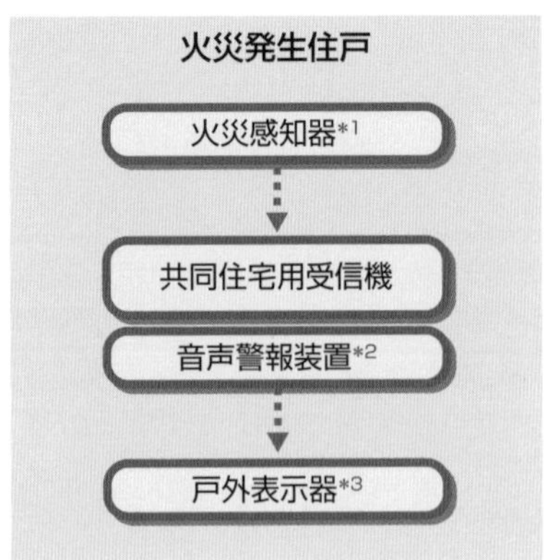

＊1　火災感知器は遠隔試験機能付き。

＊2　出火住戸の音声警報装置は２段階警報。
１回目→（女性の声で）「火災報知器が作動しました。確認してください。」
警報停止がなく一定時間経過または火災確認ボタンを押すと、
２回目→（男性の声で）「火事です。火事です。火災が発生しました。安全を確認の上避難してください。」

＊3　出火住戸の戸外表示器。
ランプ点滅表示と音声警報。
（男性の声で）「火事です。火事です。火災が発生しました。安全を確認の上避難してください。」

8-7 住宅用火災警報器

住宅用火災警報器は自動火災報知設備の一種ですが、消防法では住宅用火災警報器の名称で戸建住宅や併用住宅等に設置義務のあるものです。住宅用火災警報器は感知器そのものが音声やブザー音を発して単体で作動するもので、住警器とも略されています。

高齢化社会に向けた住宅の防火対策

住宅火災における高齢者の死亡の割合が多くなっているため、**高齢化社会**に向けた住宅に内在する危険性が強く認識され、住宅の防火対策を進めることを目的に平成16（2004）年に消防法が改正され、**住宅用火災警報器**の設置及び維持に関する規定が施行されました。

住宅用火災警報器の設置については、**市町村の火災予防条例**により、新築住宅では平成18（2006）年6月から設置義務化、既存住宅では平成20（2008）年6月から平成23（2011）年6月の間で設置義務化となりました。東京都では全国に先駆けて平成16（2004）年6月から火災予防条例により設置の義務化を行っています。

住宅用火災警報器の概要

住宅用火災警報器は煙感知器と警報器の組み合わさったもので、システム上は極めて**簡素化**され、住宅に設置するということから**廉価**に製造されるように必要最低限の機能に限られたものです。さらに**取り付け、取り外し及び電池の取り替えなどが容易**に行えるようになっています。したがって消防設備士の工事範囲とはならず、点検報告制度にも該当しません。

住宅用火災警報器の検定制度

住宅用火災警報器には国の定める規格があり、その規格に適合する製品には合格の表示がされています。近年の住宅火災による死者急増を受けて、平成26（2014）年に消防法の改正により検定制度が施行され、適合品として合格表示**（検定マーク）**が義務化されました。

それ以前は認証マーク（NSマーク）制度がありました。これは消防用設備等について、メーカーなどの依頼に応じて、国が定める基準に適合している旨を証明するマークでした。

住宅用火災警報器の種類

設置方式は、露出型（天井直付型、壁直付型）と埋込型になります。**感知方式**は、自動火災報知設備の感知器と同様に、光電式、イオン化式、熱検知式、紫外線検知式、赤外線検知式、一酸化炭素検知式などがあります。**警報方式**には、音声警報型、ブザー音型、発光型、発臭型などがあります。発光型は聴覚障害者用、発臭型は視覚障害者用になっています。また、一つの警報器が感知することで、すべての警報器が鳴動する連動タイプもあります。

検定マーク

住宅用火災警報器の設置場所

住宅用火災警報器の設置場所は、**寝室、階段及び廊下**となっていますが、所轄消防機関によっては**台所**への設置も義務づけています。詳細は**市町村条例**により決められています。

設置位置は天井または壁になっています。天井の場合は、壁や梁から60cm以上（熱感知の場合は40cm以上）離れた天井中央部付近で、エアコンや換気口から1.5m以上離して取り付けることになっています。壁の場合は、天井から15cmから50cm以内に取り付けることになっています。

火災警報器の概要

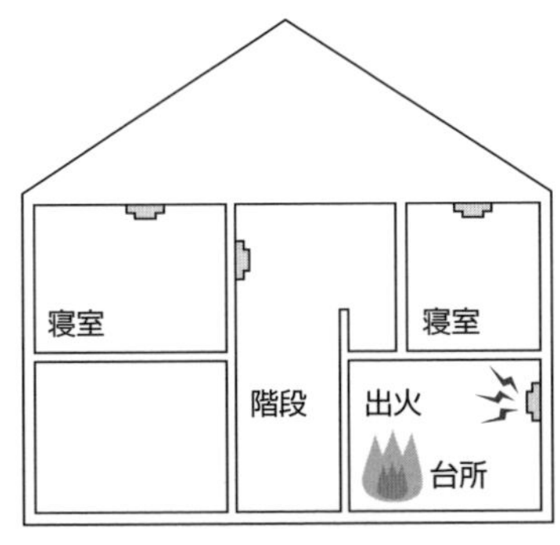

単独型

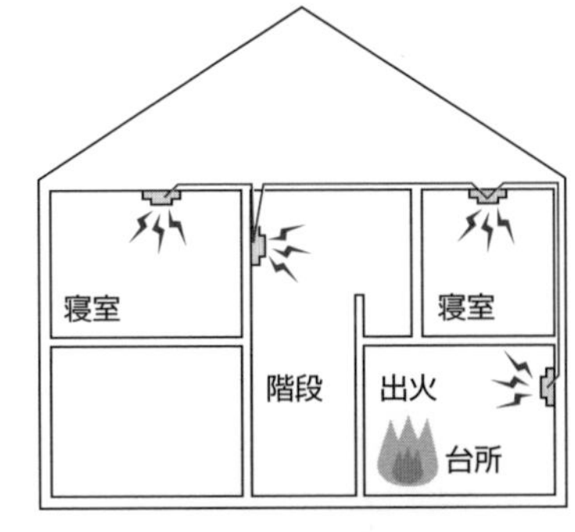

配線による連動型

無線による連動型

8-8 ガス漏れ火災警報設備①

ガス漏れ火災警報設備は、燃料ガスの漏れや自然に発生する可燃性ガスを検知して防火対象物の関係者に報知するもので、火災発生の予防のための設備です。

ガス漏れ事故と予防規制

消防法の改正に影響を与えた大規模なガス爆発事故として、昭和55（1980）年の静岡市地下街のガス爆発事故（15人死亡、200人以上の負傷者）、平成19（2007）年には東京･渋谷の温泉採取施設（3人死亡）があります。静岡の事故は休業中の飲食店からのガス漏れか、床下に発生したメタンガスが、渋谷の事故は温泉水汲み上げ時に発生した天然ガスが原因といわれています。

ガス漏れ火災警報設備のシステム構成

ガス漏れ火災警報設備を構成するものは、受信機、中継器、警報装置、ガス漏れ検知器、などとなっています。

受信機は、検知器から発せられたガス漏れ信号を直接または中継器を介して受信し、ガス漏れの発生を防火対象物の関係者に報知するもので、防災センター等に設けるものです。

中継器は、検知器もしくは発信機から発せられたガス漏れ信号を受信し、これを受信機に発信するものです。

警報装置には、音声警報装置とガス漏れ表示灯及び検知区域警報装置があります。

ガス漏れ検知器は、都市ガス用の検知器と液化石油ガス用の検知器があり、ガス濃度が警報設定値に達したときに警報を発するものです。

ガス漏れ火災警報設備の設置の免除

　ガス漏れ火災警報設備の設置に当たっては、次の場合は設置を免除することができます。

①燃料用ガス（液化石油ガスを除く）以外のものが使用されるもの。

②可燃性ガスが自然発生するおそれがあるものとして消防長等が指定するもの以外のもの。

③収容人員が1人に満たないもの。

④都道府県知事の確認を受けた温泉採取施設のための設備を設置した場所。ガス漏れ火災警報設備の設置免除の例規を次に示します。

　a）カートリッジ式ガスボンベ内蔵ガスコンロが使用される部分は、燃料用ガスが使用されているものに該当するため設置免除。

　b)密閉式バーナー(FF式バランス形)の燃焼機器が使用される部分は設置免除。

ガス漏れ火災警報設備のシステムと設置例

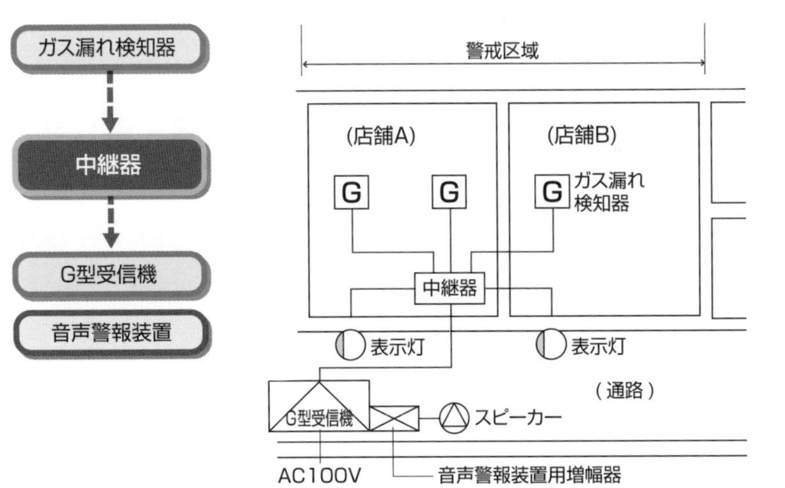

表示灯：同一警戒区域内に複数の店舗がある場合、どの店舗でガス漏れが発生しているか、容易に確認できるように各店舗ごとに表示灯を設ける。

8-9 ガス漏れ火災警報設備②

本節ではガス漏れ火災警報設備における検知器や受信機など各装置について解説します。

ガス漏れ検知器

ガス漏れ検知器とは、**ガス漏れを検知して中継器もしくは受信機にガス漏れが発生した旨の信号を発信するもの**、または、**漏れたガスを検知してガス漏れの発生を音響により警告する**とともに**中継器**もしくは**受信機**に**ガス漏れ信号を発信**するものです。

検知器は点検に便利な場所に設けなければなりませんが、その他に検知器の設置方法として、ガスの性状に応じて以下のような規定があります。

①検知器の設置場所

a）ガス燃焼機器（ガスコンロ、湯沸かし器等）が使用されている室内。

b）ガスを供給する導管が外壁を貫通する屋内側の付近。

c）可燃性ガスが自然発生するおそれがあるとして消防長等が指定した場所。

d）温泉採取のための設備を設置した場所。

②空気に対する比重が1未満のガス（都市ガス等）の場合の検知器の設置場所

a）ガス燃焼機器からの水平距離≦8m以内の場所。

b）天井面等が0.6m以上のはり等により区画されている場合は燃焼器の側に設置すること。

c）天井面等付近に吸気口のある居室は吸気口付近に設置すること。ただし、燃焼機器から8m以内に吸気口がある場合は、当該吸気口の付近に設置すれば、a）の規定により重複して設置する必要はない。

d）検知器の下端は天井面等の下方0.3m以内に取り付けること。

e）温泉採取のための設備の周囲10mにつき1個以上当該温泉採取のための設備の付近で有効に検知できる場所。

③空気に対する比重が1を超えるガス（プロパンガス）の場合の検知器の設置場所

a）燃焼機器からの水平距離≦4m以内の場所。

b）検知器の上端が床面から0.3m以内のなるべく低い位置に設置する。

c）温泉採取のための設備の周囲10mにつき1個以上当該温泉採取のための設備の付近で有効に検知できる場所。

④検知器を設けてはならない場所の規定

a）出入口の付近で外部の気流がひんぱんに流通する場所。

b）換気口の空気の吹き出し口から1.5m以内の場所。

c）ガス燃焼器の廃ガスに触れやすい場所。

d）その他ガス漏れの発生を有効に検知することができない場所。

受信機

受信機はガス漏れ信号を受信したときに、**黄色のガス漏れ灯**及び**主音響装置**によりガス漏れの発生を自動的に知らせるとともに、地区表示装置で当該ガス漏れの発生の警戒区域を表示し、かつ、**地区音響装置**を鳴動させるものです。

受信機は防災センターに設置します。1ヵ所の防火対象物に2台以上の受信機を設けるときは、これらの受信機のある場所相互で通話のできる設備を設けなければなりません。温泉採取のための設備に設ける場合は、受信機を設置する必要はありません。

ガス漏れ火災警報設備の受信機には、ガス漏れ信号を受信する**G型**と、自動火災報知設備の受信機の**P型**と**R型**の機能を併せ持つGP型とGR型があります。

警報装置

音声警報設備、ガス漏れ表示灯、検知区域警報装置などの警報装置の設置方法は次の通りです。

①音声警報設備

a）音圧、音色は、他の警報音または騒音と明らかに**区別して聞き取れる**こと。

b）スピーカーは、各階各部分からそれぞれのスピーカーまでの**水平距離で25m以内**ごとに設置すること。

c）1ヵ所の防火対象物に2台以上の受信機を設けるときは、これらの受信機があるいずれかの場所からも作動させることができる。

d）消防法令で定める基準により放送設備が設置されている場合は、その有効範囲の部分については**音声警報装置を省略**することができること。

e）温泉採取のための設備が設置されているものは上記のa）またはb）とすること。

②ガス漏れ表示灯

a）検知器を設ける室が、通路に面している場合には、当該通路に面する部分の出入口付近に設けること。

b）前方3m離れた地点で点灯が明確に識別できるものとする。ただし、1ヵ所の警戒区域が1つの室からなるときはガス漏れ表示灯を設けなくてよい。

③検知区域警報装置

a）ガス漏れ発生を検知区域において関係者に警報を通知できるもので、装置より**1m離れた位置で70デシベル以上の音圧**があること。

b）警報機能を有する検知器を設置する場合ならびに機械室その他常時人がいない場所及び貫通部には検知区域警報装置を設けなくてよい。

警戒区域

警戒区域とは、ガス漏れの発生した区域を他の区域と区別して識別することができる最小単位の区域をいいます。警戒区域の設定は次の通りです。

①**複数階にまたがって警戒区域を設定しない**こと

ただし、警戒区域の面積が500㎡以下であれば、複数階にまたがって設定できます。

②警戒区域面積≦600㎡

ただし、通路の中央から容易に警報装置を見通せるときは、1,000㎡以下とすることができます。

8-10 漏電火災警報器

漏電火災警報器は、壁などの下地に鉄鋼を用いた建築物（ラスモルタル造）において漏洩電流が流れることを検出して防火対象物の関係者に報知するもので、漏電に伴う火災を防止するための設備です。

漏電火災警報器のシステム構成

漏電火災警報器を構成するものは、変流器、音響装置、受信機などとなっています。漏電火災警報の原理は、屋内配線の被覆が破れることによりラスモルタルのラスなどの金属部と接触し漏電すると、電流は変圧器2次側の「非接地電線→漏電点→メタルラス等→B種接地線」へと閉回路を流れることになります。変圧器2次側の非接地側の電線には、接地側の電線に比して漏洩電流分だけ余計に電流が流れることになり、この差による不平衡電流分を変流器によって補足し、これを受信機で受信して音響装置を鳴らすことになります。

漏電火災警報器の級別

警戒電路の定格電流により、次のような基準で漏電火災警報器を設置します。

a）定格電流＞60アンペアの場合は、1級漏電火災警報器

b）定格電流≦60アンペアの場合は、1級または2級漏電火災警報器

ただし、警戒電路が分岐してそれぞれの分岐回路の定格電流が60アンペア以下であれば、その分岐回路ごとに2級漏電火災警報器を設置すればよいことになっています。**警戒電路**とは、漏電火災警報器によって地絡による漏電検出することができる電気回路のことです。警戒電路の定格電流は警戒電路で使用できる電流値の最高限界です。

漏電火災警報器の構成

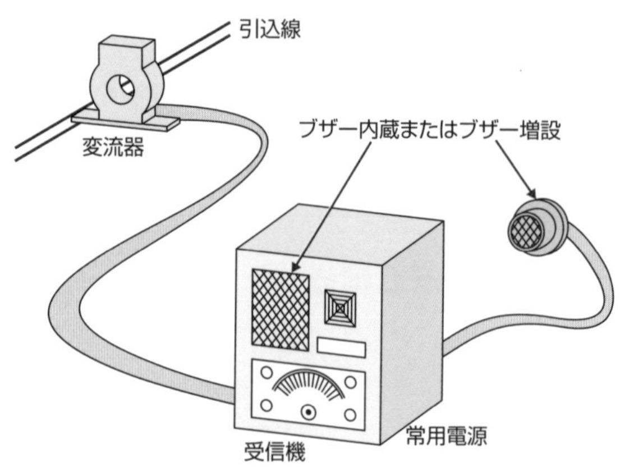

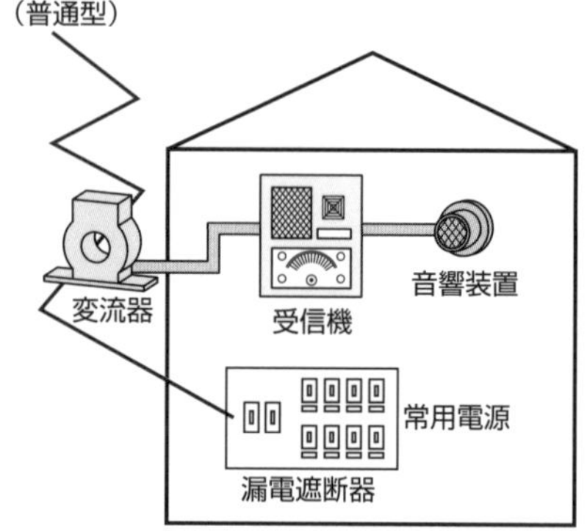

音響装置

音響装置とは検出した漏電電流の信号を受信機に送り、音響装置を通じて**警報**を発するために設置します。自動火災報知設備、非常警報設備等のベル音と区別するため**ブザー音**を用いることが多く、また、他の騒音と区別して聞き取ることができるものとなっています。音響装置は防災センター等に設けなければなりません

8-11 消防機関へ通報する火災報知設備

消防機関へ通報する火災報知設備は、消防機関に火災の発生を通報するための設備です。

消防機関へ通報する火災報知設備の種類

就寝施設となる旅館、ホテル、社会福祉施設、病院などにおいては、火災の発生をより迅速に消防機関に通報することが重要なため、火災通報専用の押しボタンの操作などにより消防機関に通報できる装置（手動起動装置）を設置することとされています。その種類には、**火災通報装置**と**消防機関へ通報する火災報知設備**の2種類があります。手動起動装置は、押しボタンを押すだけで消防機関へ通報できるものです。

火災通報装置

火災通報装置とは、火災が発生した場合に手動起動装置を操作することにより、**電話回線を利用**して消防機関を呼び出し、**蓄積音声情報により通報**するとともに通話を行うことができる装置で防災センター等に設置します。

火災通報装置の構成

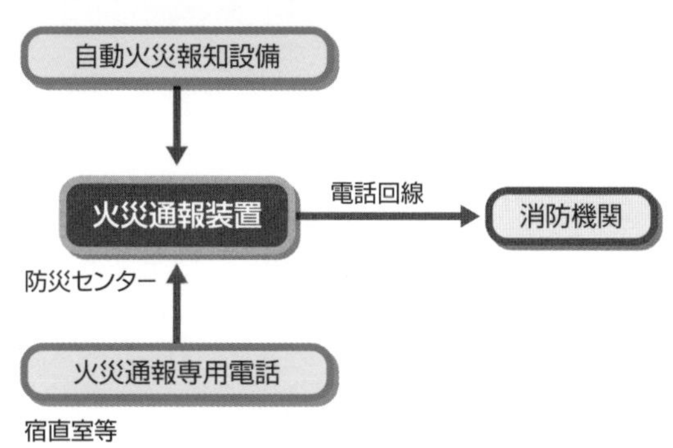

消防機関へ通報する火災報知設備

火災を発見したときに、手動によりM型発信機を操作してM型受信機（消防機関に設置）に信号を送り、火災の発生を消防機関に報知するものです。

この**M型**とはMunicipal TypeのMで公的所有の意味です。昔、街頭に消防機関に通報するための火災報知機の発信機（押しボタン）が設けられていたために公的所有とされていました。しかし、東京消防庁では昭和49（1974）年にこのM型発信機を廃止し、全国的にもほとんど廃止されている状況です。防火対象物に消防機関へ常時通報することができる電話を設置した場合は、火災報知設備を設置しないことができるため、大部分はこの免除規定を適用しているのが現状です。

消防機関へ通報する火災報知設備の設置の免除

消防機関へ通報する火災報知設備は、次の場合に設置免除されます。

a）消防機関から著しく離れた場所（約10km以上）にあるもの。

b）消防機関からの距離が500m以下のごく近い場所にあるもの。

c）消防機関へ常時通報することができる電話を設置したもの（令別表第1の（5）項イ、（6）項イ、（6）項ロは除く）。

第9章

消防用設備④
警報・誘導・避難設備

火災が発生した後、発生場所と状況を建物や施設の中にいる人に正確に伝え、避難を実施することが求められます。ベルや放送、誘導灯と避難器具を効果的に組み合わせ、昼夜間を問わず安全な場所まで退避できるようにする必要があります。

図解入門
How-nual

9-1 警報・誘導・避難設備の種類

警報・誘導・避難設備とは、建物や施設内にいる人に火災発生を知らせ、適切な指示で誘導し、安全に避難させるための設備です。

避難設備とは

避難設備とは、火災の発生した旨を人々に警報音または音声で知らせ、階段等の位置や屋外までの避難経路を示すことで、階段を利用して避難することができなかった避難者のために備える設備です。消防法における避難設備は3種類規定されていて、それぞれの設備の設置基準と技術基準及び細目等があります。

非常警報器具・設備　(9-2 ～ 9-4参照)

非常警報器具及び非常警報設備は、不特定多数の人がいる防火対象物に設置が求められる設備です。さらに大多数の人が集まる施設では、混乱を避けるため、放送設備を用いた音声での誘導が求められます。

・設置基準：施行令第24条

・技術基準及び細目等：施行規則第25条の2

避難器具　(9-5 ～ 9-6参照)

避難器具は、火災発生時に建築基準法で定める避難用設備を利用できない避難者に備える設備です。建物の構造や用途使用条件が規定されています。

・設置基準：施行令第25条

・技術基準及び細目等：施行規則第26条、27条

誘導標識・誘導灯　(9-7 ～ 9-11参照)

誘導標識及び誘導灯は、火災時に屋外まで避難できる経路の目安となるもので、より迅速かつ安全に避難できるようにするものです。

・設置基準：施行令第26条

・技術基準及び細目等：施行規則第28条、28条の2、28条の3

9-2 非常警報器具・設備①

非常警報器具及び非常警報設備は、不特定多数の人がいる防火対象物において設置の義務があるもので、火災の発生した旨を防火対象物の内部にいる人々に警報音または音声で知らせるものです。

非常警報器具・設備の種類

非常警報器具とは持ち運びできるもの、非常警報設備とは建築物に固定されて一体化しているものと規定されています。

非常警報器具

警鐘、携帯用拡声器、手動サイレン、その他

非常警報設備

非常ベル、自動式サイレン、放送設備

非常警報器具に「その他」とありますが、ここで紹介した3つの器具はあくまでも例であって、非常時の情報を伝達できるものであればゴング、ブザー等を用いてもかまわないことになります。

非常ベルと**自動式サイレン**には、起動装置、音響装置（ベルまたはサイレン）、表示灯が含まれます。非常ベルと自動式サイレンのシステムは、音響装置以外は全く同じものです。なお、非常警報器具及び非常警報設備は、収容人数が多い防火対象物では、音響だけで火災を知らせることは、かえって混乱をまねくおそれがあるため**放送設備**の設置が義務づけられています。放送設備を構成するものは、起動装置、表示灯、スピーカー、増幅器、操作装置などとなっています。

放送設備

放送設備は、火災を発見した人が起動装置を操作することにより、増幅器の電源を自動的に入れるか、または、自動火災報知設備の感知器が作動して受信機に火災信号を送ることで非常警報の放送を行います。放送設備の内容は9-3を参照してください。

9-3 非常警報器具・設備②

火災を発見した人が音響装置、放送設備を起動することによって、非常警報が発信されます。

放送設備と音響装置

この設備は、火災を発見した人が起動装置を操作し、**音響装置（ベルまたはサイレン）**を鳴動させることで火災を報知するものです。

①操作部及び遠隔操作器

操作部及び遠隔操作器は、起動装置または自動火災報知設備の作動と連動し、当該起動装置が作動した階区域を表示します。**放送設備を他の業務用放送と共用するもの**にあっては、**非常警報以外の放送を遮断**できる機構を必要とします。なお、鳴動の範囲は、一斉鳴動の他に区分鳴動も必要とされます。

②音響装置の設置方法・性能等

a）音響装置の**音圧**は、音響装置の中心より**1m離れた位置で90デシベル以上**であること。

b）音響装置の**音色**は、特定一階段防火対象物のうち、ダンスホール、カラオケボックスその他これらに類するもので、室内または室外の**音響が聞き取りにくい場所**にあるものにあっては、当該場所において他の警報音または騒音と明らかに**区別して聞き取る**ことができるものであること。また、遊興のためにヘッドフォンやイヤホンその他これに類する物を客に利用させる役務の用に供する個室があるものは、その個室において確実に警報音を聞き取ることができるように措置する（ヘッドフォン音停止等）。

c）音響装置の**設置**は、階ごとにその**階の各部分から音響装置までの水平距離が25m以下**となるように配置すること。

d）地上5階建以上で延面積3,000㎡を超える大規模な防火対象物は、**一斉鳴動**の他、**区分鳴動**もできるものとする。また、一定の時間が経過した場合または新たな火災信号を受信した場合には全区域に自動的に警報を発するように措置する。

③起動装置の設置方法等

a）階ごとに、その階の各部分から起動装置までの**歩行距離が50m以下**となるように配置し、起動装置の上部に表示灯を設けること。

b）表示灯は赤色の灯火で常時点灯（停電時は70分間点灯）。取り付け面と15°以上の角度となる方向に沿って、10m離れたところから点灯していることを容易に識別できるものであること。

なお、② c）の水平距離、③ a）の歩行距離の考え方については、6-2を参照してください。

音響装置の鳴動範囲

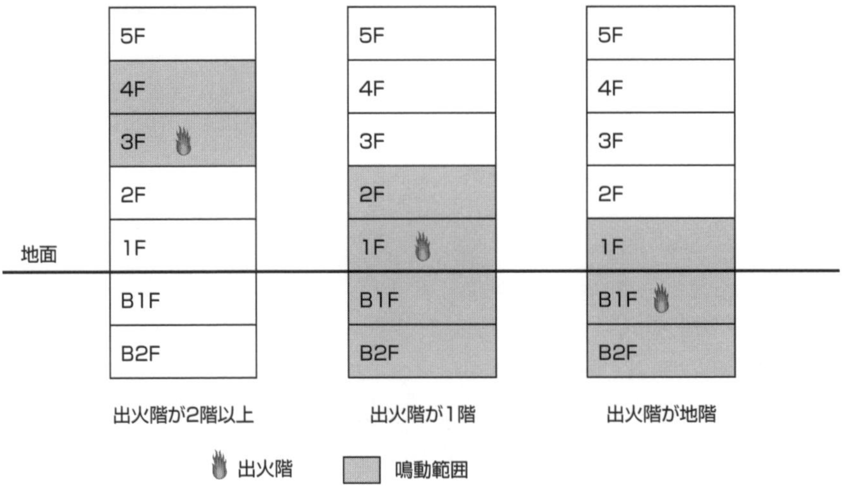

	出火階が2階以上	出火階が1階	出火階が地階
	5F	5F	5F
	4F	4F	4F
	3F	3F	3F
	2F	2F	2F
地面	1F	1F	1F
	B1F	B1F	B1F
	B2F	B2F	B2F

出火階　鳴動範囲

非常警報設備の例及び設置例

正面

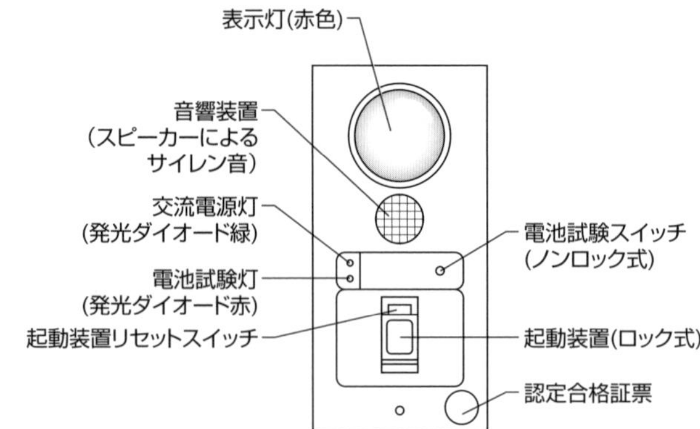

上方から見た設置例

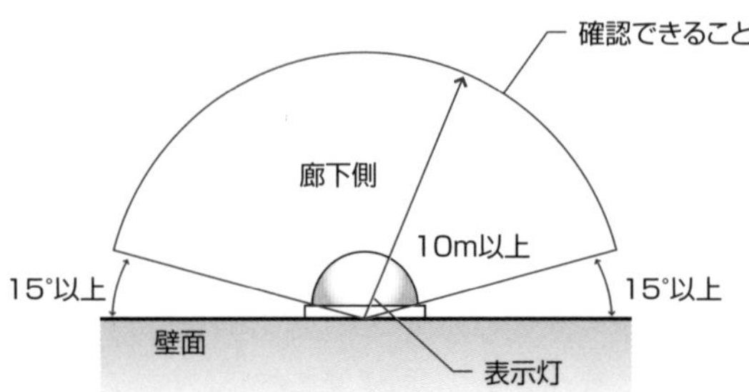

放送設備のメッセージ

放送はシグナル音と音声メッセージの組み合わせになっています。音声の内容は、感知器発報放送、火災放送及び非火災放送の3種類があり、あらかじめテープまたはデータに収録にしておいた音声を放送します。シグナル音とは、音声放送の前に注意を喚起するためのもので、火災警報用シグナルが規定されています。当然、操作者による放送（マイクロホン放送）も可能で、音声警報音を中止して放送することができます。

①発報放送

感知器が発報した場合、または、これに準じた情報を得たときに自動で起動する放送。発報放送は「第1シグナル音+メッセージ」を2回以上繰り返します。

メッセージの内容（女性の声）**「ただいま○階の火災感知器が作動しました。係員が確認しておりますので、つぎの放送にご注意ください。」**

②火災放送

火災が発生し、発信機を起動した場合、あるいは複数の感知器が作動した場合、または、発報放送が起動してから一定時間後解除されなかった場合、自動または手動で起動する放送です。

火災放送は「第1シグナル音+メッセージ+第1シグナル音+メッセージ+第2シグナル音」の繰り返しを10分間以上行う。

メッセージの内容（男性の声）**「火事です。火事です。○階で火災が発生しました。落ち着いて避難してください。」**

③非火災放送

感知器が発報したが火災の発生がないことを確認した場合に、手動で起動する放送。非火災放送は「第1シグナル音+メッセージ」を2回以上繰り返します。

メッセージの内容（女性の声）**「さきほどの感知器の作動は、確認の結果、異常がありませんでした。ご安心ください。」**

非常放送の起動フロー

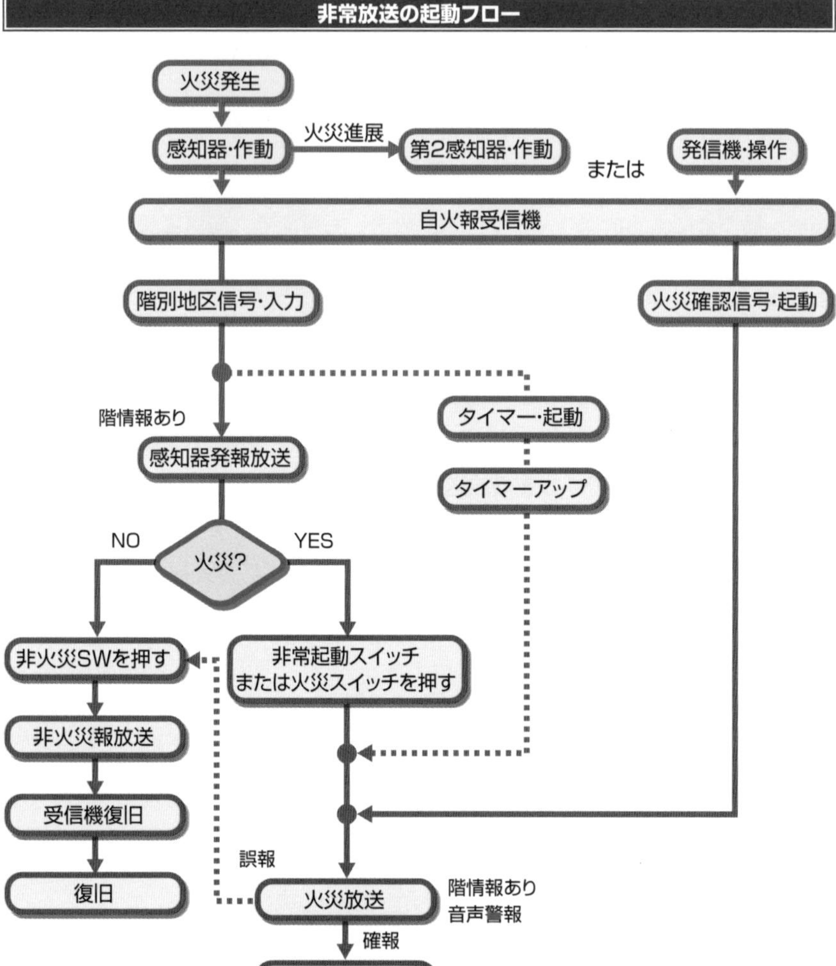
火災発生
感知器・作動
火災進展
第2感知器・作動
または
発信機・操作
自火報受信機
階別地区信号・入力
火災確認信号・起動
階情報あり
感知器発報放送
タイマー・起動
タイマーアップ
NO
火災?
YES
非火災SWを押す
非常起動スイッチ
または火災スイッチを押す
非火災報放送
受信機復旧
復旧
誤報
火災放送
階情報あり
音声警報
確報
鎮火後復旧

9-4 非常警報器具・設備③

本節では非常警報器具・設備としてスピーカーの設置条件、さらに非常警報器具・設備の設置の緩和・免除について解説します。

スピーカー

スピーカーの基準は次のようになっています。

①音圧による分類

スピーカーは取付位置より**1m離れたところの音圧**により次のように分類される。

a）L級：92デシベル以上

b）M級：87デシベル以上、92デシベル未満

c）S級：84デシベル以上、87デシベル未満

②放送区域

スピーカーの**設置単位は放送区域**ごととする。**放送区域**とは、防火対象物の2以上の階にわたらず、かつ、床、壁または戸等で区画された部分をいう。ただし、ふすま、障子を除く。スピーカーが設置されていない放送区域が存在する場合は、スピーカーが受け持つ放送区域の合計面積を算定した上で、当該面積に対応する種類のスピーカーを設置する。

スピーカーの種類と放送区域の関係は次の通り。

a）100㎡以上の放送区域……L級

b）50㎡以上100㎡未満の放送区域……L級またはM級

c）50㎡未満の放送区域……L級、M級またはS級

d）階段または傾斜路……L級

スピーカーの設置を要しない放送区域は次の通り。

a）6㎡以下の居室

b）6㎡以下の、居室から地上に通じる主たる廊下その他の通路

③設置間隔

スピーカーの設置間隔は次の通り。

a）スピーカーが設置された放送区域は、各部分から1つのスピーカーまでの水平距離が10m以下とする。

b）スピーカーが設置されない放送区域は、各部分から隣接する他の放送区域のスピーカーまでの水平距離が8m以下とする。

c）階段または傾斜路は、垂直距離15mにつき1個。

d）共同住宅等では、各住戸を1つの放送区域とする。

④スピーカーの音圧・設置

スピーカーの音圧及び設置は次の通り。なお、スピーカーの設置は「**放送設備のスピーカーの性能に応じた設置ガイドライン**（平成11年2月2日 消防予25）」で具体例が示されている。

a）スピーカーは、階段または傾斜路以外の場所に設置する場合、放送区域ごとに、音圧レベルが当該放送区域の床面からの高さが1mの箇所において75デシベル以上となるように設ける。

b）スピーカーは、階段または傾斜路以外の場所に設置する場合であって、当該放送区域の残響時間が3秒以上となるときは、当該放送区域の床面からの高さが1mの箇所からスピーカーまでの距離を算定しなければならない。

⑤スピーカーの設置免除

スピーカーの設置免除の条件は次の通り。

a）居室及び居室から地上に通じる主たる廊下その他通路で6㎡以下の放送区域。

b）a）の放送区域以外で30㎡以下の放送区域。

c）a）とb）の放送区域の各部分から隣室の放送区域のスピーカーまでの水平距離が8m以下の場合。

非常警報器具・設備の設置の緩和・免除

非常警報器具・設備の設置基準の緩和・免除条件は次の通りです。

①非常警報器具が免除される場合

自動火災報知設備または非常警報設備が設置されているときは、その有効範囲内の部分には、非常警報器具を設けないことができる。

②非常警報設備が免除される場合

a）非常ベル、自動式サイレンまたは放送設備を設置しなければならない防火対象物に自動火災報知設備を設置した場合は、その有効範囲内の部分について非常ベル等の設備を省略することができる。

b) 既存の防火対象物に設置する非常ベル等の非常電源は、特定防火対象物で延面積が3,000㎡以下のものにあっては非常電源専用受電設備とするほか、蓄電池についても一定の基準に適合する場合は、当分の間蓄電池設備の基準に適合するものとみなしてよい。

③非常警報設備の一部省略

非常ベルまたは自動式サイレンとともに放送設備の併設が義務づけられている防火対象物に、自動火災報知設備が設置されている場合、または、放送設備に非常ベルもしくは自動式サイレンと同等以上の音響を発する装置が付加されている場合は、その有効範囲内については非常ベルまたは自動式サイレンを設置しなくてもよい。

9-5 避難器具①

避難器具は、火災が発生したときに建築基準法で定める階段等の避難施設を利用して避難することができなかった避難者のために備える設備です。

避難器具の使用条件と種類

避難器具は機能や設置状況によりさまざまな使用条件があり、操作のために必要なスペース（**操作面積**）、避難器具を使用して降下するのに支障のない空間（**降下空間**）、及び、地上に降りたときに安全なスペース（**避難空地**）を確保するための規定があります。

なお、避難器具には次の8種類があり、その構造により、常時使用可能な状態にしておくものと、使用時において使用可能な状態にするものがあります。避難器具は防火対象物の種類や階数などによって使用できるものと、使用できないものがあります（図表「避難器具の適応と設置」参照）。

①滑り棒

滑り棒とは、垂直に固定した棒を滑り降りるものをいいます。避難に危険が伴うため、2階からの避難のみに使用できます。病院、福祉施設などには使用できません。滑り棒の操作または使用するためのスペース等は次のようになっています。形状は図表「滑り棒・避難ロープ・避難はしごの例」を参照してください。

②避難ロープ

避難ロープとは、上端部を固定して、吊り下げたロープを使用して降下するものです。使用するロープには、太さ、長さ、強度、材質及びつり下げ金具の強度等の規定があります。避難に危険が伴うため、2階からの避難のみに使用できます。病院、福祉施設などには使用できません。形状は図表「滑り棒・避難ロープ・避難はしごの例」を参照してください。

③避難はしご

避難はしごは使用方法により、**固定はしご**、**立てかけはしご**、及び**つり下げはしご**の3種類に分類でき、金属製と金属製以外のものに分けられます。

避難器具の適応と設置

防火対象物＼階	地階	2階	3階	4階または5階	6階以上の階
病院、診療所、福祉施設、幼稚園等	避難はしご 避難用タラップ	滑り台 避難はしご 救助袋 緩降機 避難橋 避難用タラップ	滑り台 救助袋 緩降機 避難橋	滑り台 救助袋 緩降機 避難橋	滑り台 救助袋 避難橋
旅館、ホテル、共同住宅、劇場、キャバレー、料理店、百貨店、学校、図書館、公衆浴場等	避難はしご 避難用タラップ	滑り台 避難はしご 救助袋 緩降機 避難橋 滑り棒 避難ロープ 避難用タラップ	滑り台 避難はしご 救助袋 緩降機 避難橋 避難用タラップ	滑り台 避難はしご 救助袋 緩降機 避難橋	滑り台 避難はしご 救助袋 緩降機 避難橋
工場、スタジオ、事務所等	避難はしご 避難用タラップ	(不要)	滑り台 避難はしご 救助袋 緩降機 避難橋 避難用タラップ	滑り台 避難はしご 救助袋 緩降機 避難橋	滑り台 避難はしご 救助袋 緩降機 避難橋
上記の他、直通階段が2つ以上設けらていない階	(不要)	滑り台 避難はしご 救助袋 緩降機 避難橋 滑り棒 避難ロープ 避難用タラップ	滑り台 避難はしご 救助袋 緩降機 避難橋 避難用タラップ	滑り台 避難はしご 救助袋 緩降機 避難橋	滑り台 避難はしご 救助袋 緩降機 避難橋

4階以上に設ける場合には、バルコニーに設け、金属製の固定はしご、または、金属製のつり下げはしごを用いなければなりません。固定はしごは、構造が簡単で設置しやすいものですが、防犯面で注意をする必要があります。立てかけはしごは、いわゆる一般的なはしごであって、使用時にこれを立てかけて使用するものです。形状は図表「滑り棒・避難ロープ・避難はしごの例」を参照してください。

④避難タラップ

避難タラップとは、階段状のもので、使用の際、手すりを用いるものをいいます。使用時以外はタラップの下端を持ち上げておく半固定式のものが多く使用されています。形状は図表「避難タラップ・滑り台・緩降機・救助袋・避難橋の例」を参照してください。

⑤滑り台

滑り台とは、勾配のある直線状または螺旋状の固定された滑り面を滑り降りるものをいいます。安全性が高いので2階から10階までの各階間の利用が認められています。病院や幼稚園などで使用されています。形状は図表「避難タラップ・滑り台・緩降機・救助袋・避難橋の例」を参照してください。

⑥緩降機

緩降機とは、使用者が他人の力を借りずに自重により自動的に連続交互に降下することができる機構を有するものをいいます。形状は図表「避難タラップ・滑り台・緩降機・救助袋・避難橋の例」を参照してください。

⑦救助袋

救助袋とは、使用の際、垂直または斜めに展張し、袋本体の内部を滑り降りるものをいいます。形状は図表「避難タラップ・滑り台・緩降機・救助袋・避難橋の例」を参照してください。

⑧避難橋

避難橋とは、建築物相互を連結する橋状のものをいいます。この避難器具は,建物所有者等お互いの協力が必要であるとともに、建物構造にも左右されるため、どの建物にも使用されるものではありません。形状は図表「避難タラップ・滑り台・緩降機・救助袋・避難橋の例」を参照してください。

滑り棒・避難ロープ・避難はしごの例

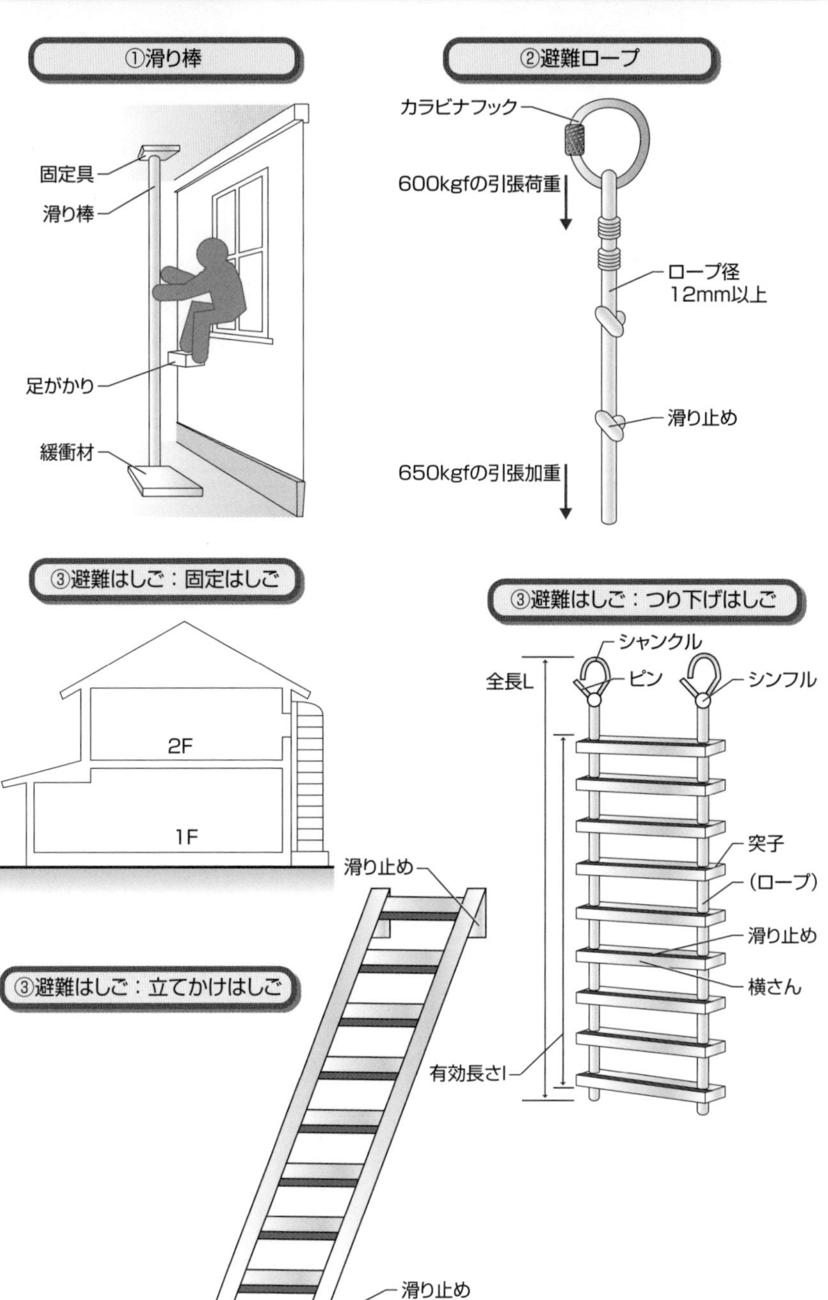
①滑り棒
固定具
滑り棒
足がかり
緩衝材
②避難ロープ
カラビナフック
600kgfの引張荷重
ロープ径
12mm以上
滑り止め
650kgfの引張加重
③避難はしご：固定はしご
2F
1F
③避難はしご：つり下げはしご
シャンクル
ピン
シンフル
全長L
突子
（ロープ）
滑り止め
横さん
有効長さl
③避難はしご：立てかけはしご
滑り止め
滑り止め

避難タラップ・滑り台・緩降機・救助袋・避難橋の例

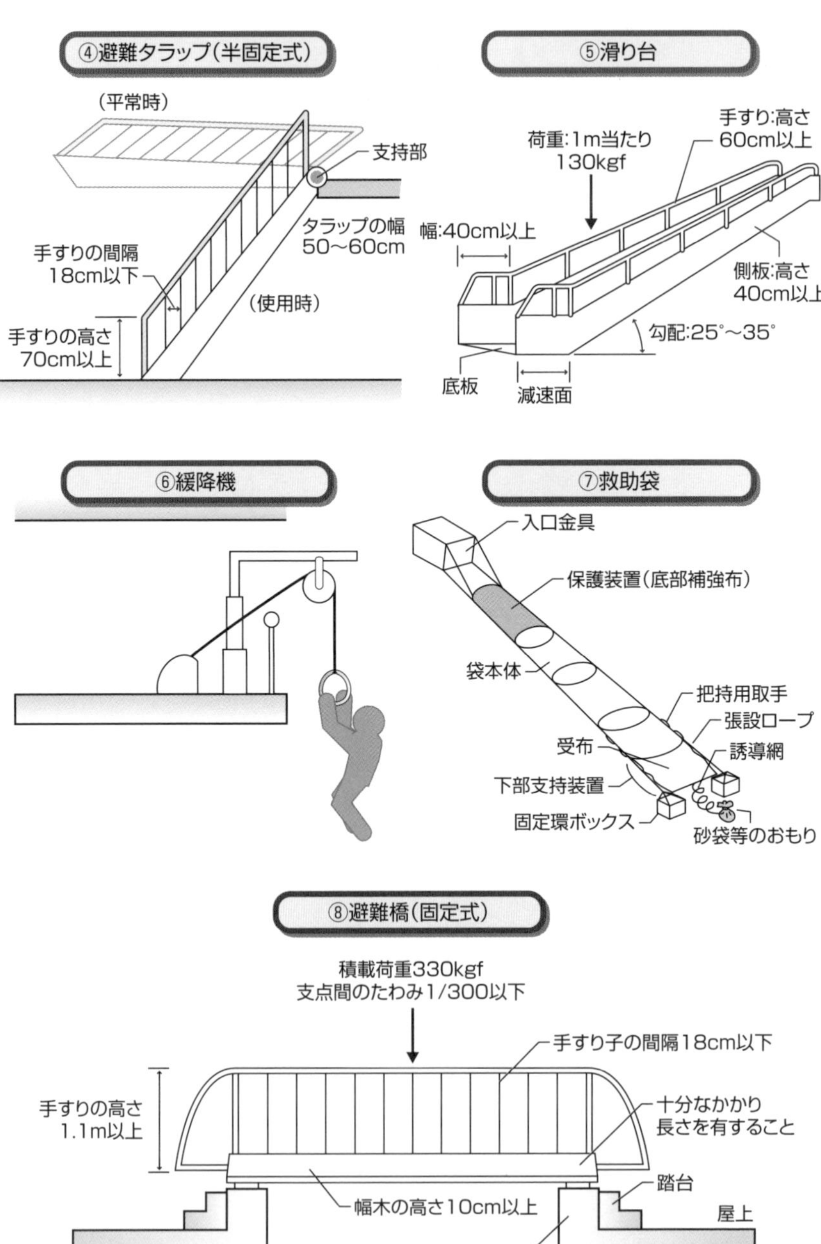

④避難タラップ(半固定式)
(平常時)
支持部
タラップの幅
50～60cm
手すりの間隔
18cm以下
(使用時)
手すりの高さ
70cm以上
⑤滑り台
荷重:1m当たり
130kgf
手すり:高さ
60cm以上
幅:40cm以上
側板:高さ
40cm以上
勾配:25°～35°
底板
減速面
⑥緩降機
⑦救助袋
入口金具
保護装置(底部補強布)
袋本体
把持用取手
張設ロープ
受布
誘導網
下部支持装置
固定環ボックス
砂袋等のおもり
⑧避難橋(固定式)
積載荷重330kgf
支点間のたわみ1/300以下
手すり子の間隔18cm以下
手すりの高さ
1.1m以上
十分なかかり
長さを有すること
踏台
幅木の高さ10cm以上
屋上
パラペット

9-6 避難器具②

本節では避難器具の設置基準と免除条件について解説します。

避難器具の設置方法

避難器具は、避難時に容易に接近することができ、階段や避難口などの避難施設から適当な距離にあり、かつ、当該避難器具使用に際しては**安全な構造を有する開口部に設置**しなければなりません。避難器具は開口部に常時取り付けておくか、または必要に応じて速やかに取り付けられるようにしておきます。

①適合条件

特定一階段等防火対象物に設ける避難器具は次のいずれかに適合すること。

a）安全かつ容易に避難することができる構造のバルコニー等に設けるもの。

b）常時、容易かつ確実に使用できる状態で設置されているもの。

c）一動作（開口部を開口する動作及び保安装置を解除する動作を除く）で、容易かつ確実に使用できるもの。

②設置条件

開口部の位置と標識の設置は以下とすること。

a）避難器具（すべり棒、避難ロープ、避難橋、避難タラップを除く）を設置する開口部は、相互に同一垂直線上にない位置にあること。ただし、避難上支障のないものについてはこの限りではない。

b）特定一階段等防火対象物において、避難器具を設置・格納する場所の出入口の上部または直近に**避難器具等設置場所**であることが容易に識別できるようにすること。

c）避難器具等設置場所には、見やすい位置に避難器具であることと、その使用方法を表示する標識を設けること。

設置個数の削減

避難器具の設置に関して建築基準法が規定する条件に合致する場合、設置個数を削減することができます。

①避難階段または特別避難階段を設けた場合

建築基準法の規定により必要とされる直通階段を、次のa）～c）としたときは、必要とされる避難器具の数から、これらの階段の数を引いた数とすることができます。この場合、引いた数が1に満たないときは、当該階に避難器具を設置しないことができます。

a）特別避難階段

b）屋外避難階段

c）屋内避難階段で、階段の各階の中間部ごとに直接外気に開放された2㎡以上の排煙上有効な開口部があり、かつ、開口部の上端は、その階段の天井の高さにあることが必要です。ただし、最上階の天井に500c㎡以上の外気に面した排煙上有効な換気口がある場合は最上階の開口部上端は天井の高さでなくても問題ありません。

②耐火建築物間に渡り廊下を設けた場合

耐火建築物相互間に、耐火構造または鉄骨造の渡り廊下が設けられ、かつ、渡り廊下の両端の出入口に自閉式の特定防火設備である防火戸（防火シャッターを除く）が設けられており、その用途が避難・通行・運搬以外の用途に供されないものであるときは、渡り廊下の設けられている階の避難器具の設置個数は、渡り廊下の数の2倍の数だけ減じて問題ありません。

③屋上に避難橋を設けた場合

耐火建築物の屋上広場（有効面積が100㎡以上）相互間に避難橋が設けられ、その屋上広場へは、避難階段または特別避難階段が2ヵ所以上設けられている場合は、その屋上広場の直下階に限り、必要とされる避難器具個数から、避難橋の2倍の数だけ減じて問題ありません。ただし、屋上広場に面する窓、出入口には、特定防火設備である防火戸（または鉄製網入りガラス戸）が設けられており、出入口から避難橋へ至る経路は避難上支障なく、かつ、経路の設けられている扉等は、避難のときに容易に開閉できることが必要です。

避難器具の設置を要しない階

前項の「設置個数の削減」と同様に、建築基準法の規定する条件の次のいずれかに合致する場合、設置を免除されます。

条件1

階の用途が令別表第1の（1）～（8）項のときはa）～f)、(9）～（11）項のときはa)、d）～f)、(12）項または（15）項のときはa)、e)、f）に該当していれば当該階には避難器具の設置を要しない。

a）主要構造部が耐火構造であること。

b）耐火構造の床、壁で区画され、開口部には特定防火設備である防火戸または鉄製網入りガラス戸を設けること。

c）上記の区画内の収容人員が、消防法施行令25条による避難器具の設置を要する最低収容人員以内にあること。

d）壁、天井が準不燃材料かまたはスプリンクラー設備が設けられていること。

e）直通階段は、避難階段または特別避難階段であること。

f）バルコニー等が有効に設けられ、二方向避難が可能であること。

条件2

主要構造部が耐火構造であり、居室は外気に面する避難上有効なバルコニー等があり、かつ、バルコニー等から地上に通ずる階段、その他避難のための設備もしくは器具が設けられ、または他の建築物に通ずる設備、器具が設けられていること。令別表第1の（5）項及び（6）項の防火対象物では必ずバルコニーが設けられており、そこから地上に通ずる階段が設けられている場合に限る。

条件3

主要構造部が耐火構造であり、その階の収容人員が30人未満である場合で、居室または住戸から直通階段に直接通じており、直通階段に面する開口部には特定防火設備である防火戸（防火シャッターを除く）を設けたもの。

条件4

主要構造部を耐火構造とし、令別表第1の（2)、(3)、(7）～（12)、(15）項の用途に供する階で、面積が1500㎡以上の避難上有効な屋上広場の直下階で、屋上広場及び地上に通ずる特別避難階段が2ヵ所以上設けられていること。

9-7 誘導標識・誘導灯①

誘導灯及び誘導標識は、火災時に屋外まで避難できる経路の目安となるもので、より迅速かつ安全に避難できるようにするものです。

誘導標識の種類

誘導標識は、避難口に設ける標識と、廊下や階段または通路等に設ける標識の2種類があります。また、燐光等により光を発する蓄光式の誘導標識があります（図表「誘導標識の種類」参照）。

①避難口誘導標識

避難口に設置する。

②通路誘導標識

廊下、階段、通路その他避難上の設備がある場所に設置する。

③中輝度蓄光式誘導標識

照度200ルクスの外光を20分間照射し、その後20分間経過した後における表示面が、24ミリカンデラ／㎡以上、100ミリカンデラ／㎡未満の平均輝度を有するもの。

④高輝度蓄光式誘導標識

照射後表示面が100ミリカンデラ／㎡以上の平均輝度を有するもの。

誘導標識の設置

誘導標識の設置は、避難口である旨または避難の方向を明示した緑色の標識とし、多数の者の目に触れやすい位置に設置しなければなりません。

①蓄光式誘導標識以外のものを設置する場合

a）避難口、階段に設けるものを除き、階ごとに、その廊下及び通路の各部分から誘導標識までの歩行距離が7.5m以下となる位置及び曲がり角に設ける。

b）多数のものの目に触れやすく、かつ、採光が識別上十分である位置に設ける。

c）誘導灯の有効範囲内の部分については誘導標識を設置しないことができる。

②誘導灯に代えて設けられる蓄光式誘導標識

a）高輝度蓄光式誘導標識とする。

b）避難口の上部またはその直近の位置に設ける。

c）性能を保持するために必要な照度が採光または照明により確保されている位置に設ける。

d）周囲には蓄光式誘導標識とまぎらわしい、または蓄光式誘導標識を遮る広告物や掲示物を設けないこと。

③通路誘導灯を補完するために設けられる蓄光式誘導標識

a）高輝度蓄光式誘導標識とする。

b）床面またはその直近の位置に設ける。

c）廊下及び通路の各部分から蓄光式誘導標識までの歩行距離が7.5m以下となる位置及び曲がり角に設ける。

d）性能を保持するために必要な照度が採光または照明により確保されている位置に設ける。

e）周囲には蓄光式誘導標識とまぎらわしい、または蓄光式誘導標識を遮る広告物や掲示物を設けないこと。

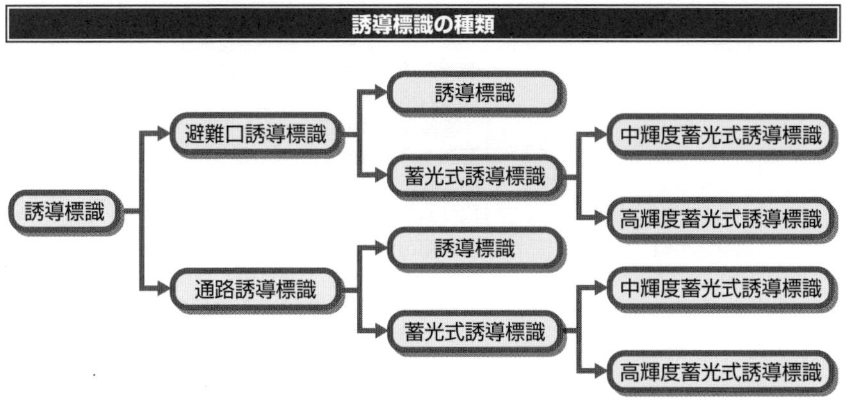

誘導灯の種類と設置目的

誘導灯は、設置する場所に応じて**避難口誘導灯**、**通路誘導灯**及び**客席誘導灯**の3種類があります。いずれも常用電源により常時点灯しており、停電時には自動的に非常電源に切り替わり、瞬時に点灯します。誘導灯の区分と設置目的は図表「誘導灯の種類・設置目的」のようになります。

高い平均輝度を有し、省エネルギーに配慮した**高輝度誘導灯**というものもあります。

また、建築基準法において設置するものに、**非常用の照明装置**というものがあります。これは、平常時は消灯していて、停電になると自動的に点灯するものです。その明るさは床面において1ルクス以上を確保するもので、避難方向を示すものではありません。

誘導灯の種類・設置目的

種類	設置目的
避難口誘導灯	避難口の位置を明示するもの。避難口の上部または直近の避難上有効な位置に設置する。
通路誘導灯	①室内通路誘導灯・廊下通路誘導灯 避難口の方向を明示するもので、階段または傾斜路以外に設けるもの ②階段通路誘導灯 避難上必要な床面照度の確保及び避難の方向を明示するもので、階段または傾斜路に設けるもの。
客席誘導灯	客席部の避難上必要な床面照度を確保するもの。令別表第1（1）項に掲げる防火対象物及び当該用途に供される部分の客席の通路に設置する。

9-8 誘導標識・誘導灯②

本節では誘導標識·誘導灯のうち、避難口誘導灯と通路誘導灯について解説します。

避難口誘導灯と通路誘導灯の性能

避難口誘導灯と通路誘導灯は、その視認性（見通し、認知）に関連して、表示面の縦寸法と表示面の明るさにより、A級、B級及びC級に細分化されています（図表「誘導灯の表示面の縦寸法と明るさ」参照）。

また、誘導灯の誘目性（気付きやすさ）や表示面のシンボル、文字等の見やすさを確保する観点から、誘導灯の区分に応じた平均輝度の範囲が規定されています（図表「誘導灯の平均輝度」参照）。

誘導灯の有効範囲は、原則、当該誘導灯までの歩行距離が、消防法で規定された距離以下となる範囲となっています（図表「誘導灯の有効範囲」参照）。

誘導灯の表示面の縦寸法と明るさ

区分		表示面の縦寸法（m）	表示面の明るさ（カンデラ）
避難口誘導灯	A級	0.4以上	50以上
	B級	0.2以上、0.4未満	10以上
	C級	0.1以上、0.2未満	1.5以上
通路誘導灯	A級	0.4以上	60以上
	B級	0.2以上、0.4未満	13以上
	C級	0.1以上、0.2未満	5以上

誘導灯の平均輝度

電源の別	区分		平均輝度（カンデラ／㎡）
常用電源	避難口誘導灯	A級	350以上、800未満
		B級	250以上、800未満
		C級	150以上、800未満
	通路誘導灯	A級	400以上、1,000未満
		B級	350以上、1,000未満
		C級	300以上、1,000未満
非常電源	避難口誘導灯		100以上、300未満
	通路誘導灯		150以上、400未満

誘導灯の有効範囲

	区分			距離（m）
Ⅰ	避難口誘導灯	A級	避難方向を示すシンボルのないもの	60
			避難方向を示すシンボルのあるもの	40
		B級	避難方向を示すシンボルのないもの	30
			避難方向を示すシンボルのあるもの	20
		C級		15
	通路誘導灯	A級		20
		B級		15
		C級		10

Ⅱ

D＝ｋｈ

Dは、歩行距離（m）＊

ｈは、避難口誘導灯または通路誘導灯の表示面の縦寸法（m）

ｋは、下記による

区分		ｋの値
避難口誘導灯	避難方向を示すシンボルのないもの	150
	避難方向を示すシンボルのあるもの	100
通路誘導灯		50

算定例1　避難口誘導灯Ａ級（避難方向を示すシンボルなし）
表示面の縦寸法：ｈ＝0.5m、ｋ＝150
D＝150×0.5＝75m

算定例2　通路誘導灯Ａ級
表示面の縦寸法：ｈ＝0.5m、ｋ＝50
D＝50×0.5＝25m

＊6-2参照

避難口誘導灯と通路誘導灯の設置場所

避難口誘導灯と通路誘導灯の設置場所は次のようになっています。

①避難口誘導灯の設置場所

a）屋内から直接地上に通ずる出入口。

b）直通階段の出入口及び付室の出入口。

c）上記a）またはb）の避難口に通ずる廊下または通路に通ずる出入口。
ただし、次の要件に適合する居室の出入口にあっては設置の必要なし。

・室内の各部分から当該居室の出入口を容易に見通し、かつ、識別することができる場合。

・当該居室の床面積が100㎡以下の場合。ただし、主として防火対象物の関係者及び関係者に雇用されている者に使用されている場合は400㎡以下とする。

d）上記a）またはb）に掲げる避難口に通ずる廊下または通路に設ける防火戸で、直接手で開くことができるものがある場合。
ただし、感知器連動閉鎖式の防火戸に誘導標識が設けられ、かつ、非常用の照明装置により、その誘導標識が識別できる照度が確保されている場合は設置の必要なし。

②通路誘導灯の設置場所

a）曲がり角

b）①のa）及びb）に掲げる避難口に設置される避難口誘導灯の有効範囲の箇所。

c）上記a）及びb）のほか、廊下または通路の各部分（避難口誘導灯の有効範囲内の部分を除く）を通路誘導灯の有効範囲に包含するために必要な場所。

通路誘導灯を設置する高さ

令別表第1の（2）項ニに掲げる防火対象物、（16）項と（16の2）項及び（16の3）項に掲げる防火対象物のうち（2）項ニに掲げる防火対象物の用途に供される部分に設ける通路誘導灯にあっては、廊下及び通路の床面またはその直近の避難上有効な位置に設けなければなりません。

9-9 誘導標識・誘導灯③

本節は避難口誘導灯と通路誘導灯の点灯と消灯の条件、設置や誘導機能について解説します。

避難口誘導灯と通路誘導灯の点灯・消灯

避難口誘導灯及び通路誘導灯は、常時、点灯していることが必要とされています。しかし、自動火災報知設備の感知器と連動して点灯し、かつ、利用形態に応じて点灯するように措置されているときは消灯することができます。

消灯するためには、次に示すいずれかの要件を満たさなければなりません。

①当該防火対象物が無人であること

無人とは、休業、休日、夜間等において、定期的に人が存在しない状態が繰り返し継続されていること。防災センター要員や警備員等によって管理が行われている場合も無人となる。

②外光により避難口または避難の方向が識別できる場所

外光とは、自然光のことであり、採光のための十分な開口部があること。消灯対象となるのは外光により避難口等を識別できる間に限られる。

③利用形態により特に暗さが必要である場所

暗さが必要な場所とは、映画館、劇場等。

④主として当該防火対象物の関係者及び関係者に雇用されている者に使用されている場所

関係者及び関係者に雇用されている者とは、当該防火対象物の避難経路を熟知している者。

⑤階段または傾斜路に設ける通路誘導灯についても、①及び②に掲げる場合にあっては消灯することができる

避難口誘導灯の設置場所例

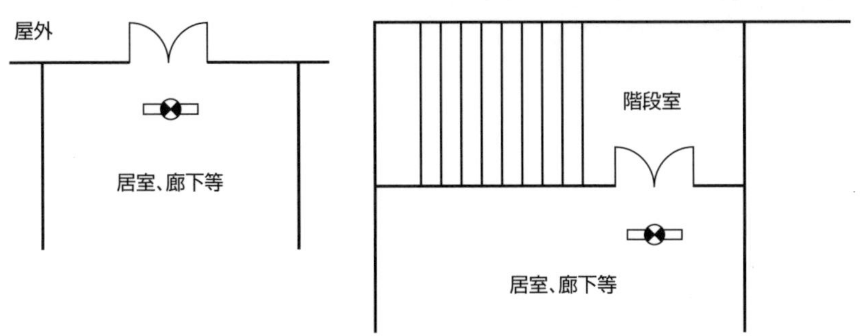

誘導灯の点滅機能と音声誘導機能

誘導灯に設ける**点滅機能**、**音声誘導機能**は、その階における避難口のうち、避難上とくに重要な最終避難口の位置を明確に指示するために設けるものです。点滅機能と音声誘導機能の付加は、原則、任意となっていますが、設置することが望ましいとされる防火対象物は次のようになっています。

a）令別表第1（6）項ロ及びハに掲げる防火対象物のうち、視力または聴力の弱い者が出入りするもので、これらの者の避難経路となる部分。

b）百貨店、旅館、病院、地下街その他不特定多数の者が出入りする防火対象物で、雑踏、照明、看板等により誘導灯の視認性が低下するおそれのある部分。

c）その他、これらの機能により積極的に避難誘導する必要が高い部分。

誘導灯の点滅機能

自動火災報知設備からの火災信号を受けたとき、常用電源または非常電源によりキセノンランプ、白熱電球または蛍光灯が点滅を繰り返す装置を誘導灯器具に内蔵するもの、または外付けするものです。

誘導灯の音声誘導機能

自動火災報知設備からの火災信号を受けたとき、「シグナル、メッセージ、1秒間の無音状態」の順に連続して反復する装置を誘導灯器具に内蔵するもの、または外付けするものです。

通路誘導灯の設置場所

曲がり角の例

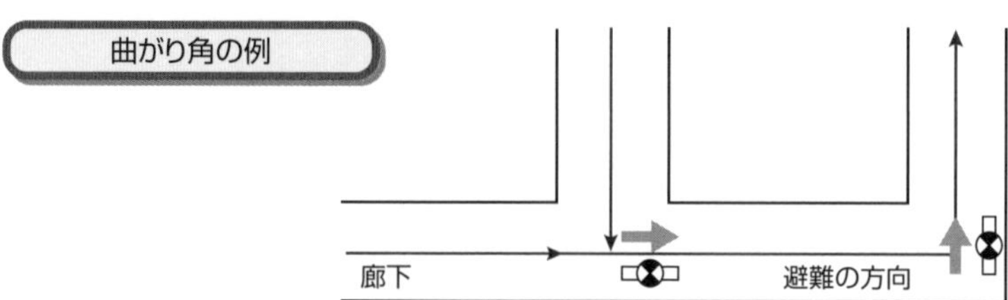

避難口誘導灯の有効範囲内の例

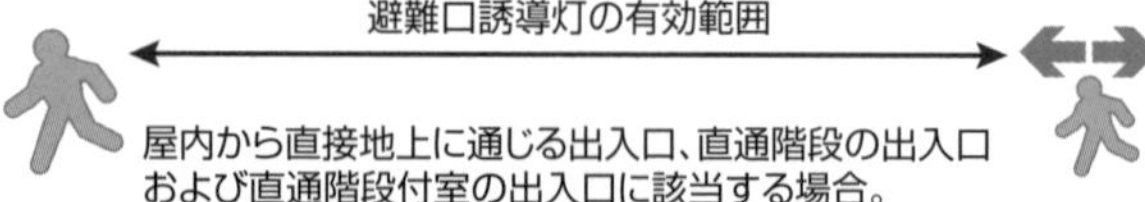

屋内から直接地上に通じる出入口、直通階段の出入口および直通階段付室の出入口に該当する場合。

廊下または通路の各部分への通路誘導灯の配置

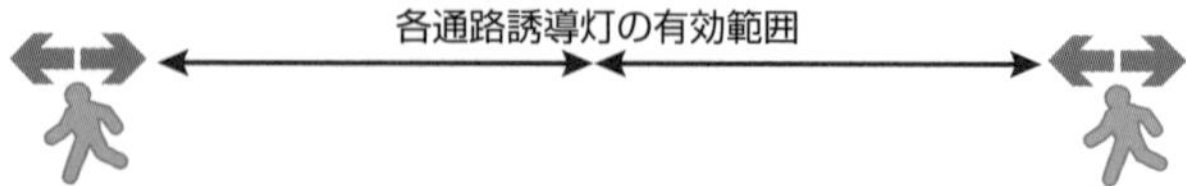

避難口への廊下または通路の各部分への通路誘導灯の配置

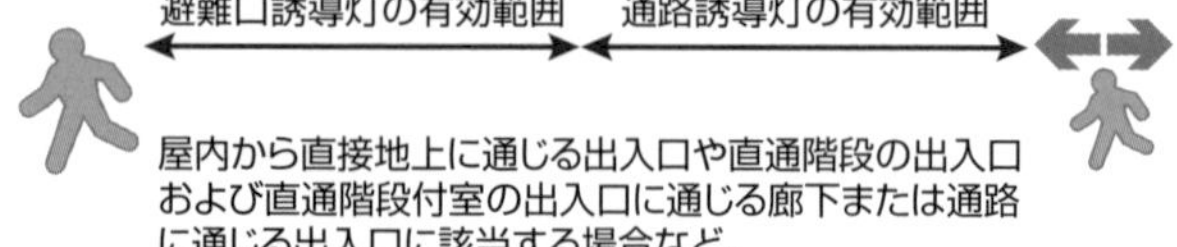

屋内から直接地上に通じる出入口や直通階段の出入口および直通階段付室の出入口に通じる廊下または通路に通じる出入口に該当する場合など。

階段通路誘導灯の設置例

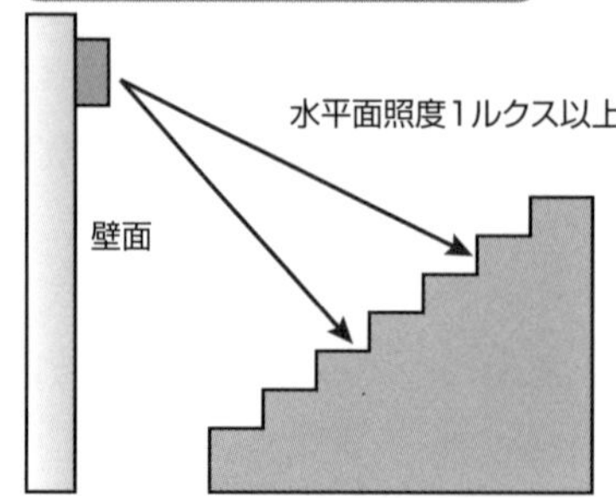

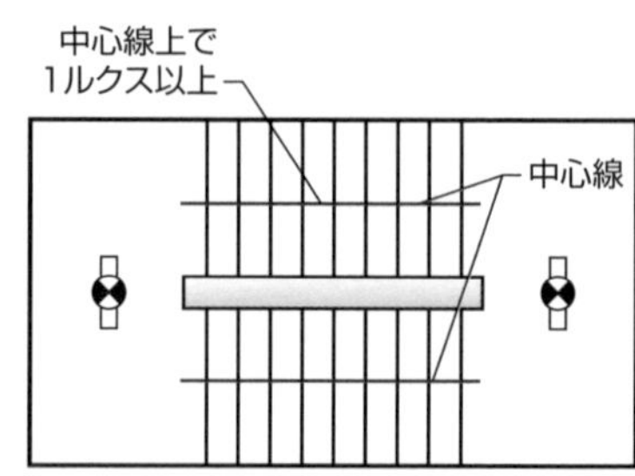

9-10 誘導標識・誘導灯④

本節は高輝度誘導灯や客席誘導灯、光点滅走行式避難誘導システム、非常電源について解説します。

高輝度誘導灯

蛍光灯を使用する従来型の誘導灯の表示面に比べ、**高い平均輝度を有する高輝度型LEDを使用する誘導灯**です。高輝度型LEDを使うことで、蛍光灯を使用する従来型よりも**小型かつ省エネルギー**という特徴があります。平成11（1999）年の法改正で高輝度誘導灯が規定されました（図表「従来型誘導灯と高輝度誘導灯の比較」参照）。

客席誘導灯

客席誘導灯は、劇場等で火災が発生した場合に、客席通路の床面を避難上有効な照度となるように設けるものです。照度は、客席の**通路床面で0.2ルクス以上**となるように設けることになっています（図表「客席誘導灯の例」参照）。

光点滅走行式避難誘導システム

光点滅走行式避難誘導システムとは、光源を避難方向に沿って配置し、避難時に順次点滅させることで光が避難方向に走行するように見えるため、避難者は光の進行方向に向かえば避難口に到達します。聴覚障害者に対して効果がある避難誘導システムです。

本システムを採用するためには、性能評価機関の評価結果に基づき総務大臣の認定を得なければなりません。**消防法性能規定化**による避難安全支援性能としての検証が必要なもので**光点滅走行式避難誘導システムに係る客観的検証法**で評価を受けることになります。

従来型誘導灯と高輝度誘導灯の比較

項目	従来型誘導灯	高輝度誘導灯
外観	非常口 EXIT	
光源	蛍光灯	高輝度LED
寿命(h)	約6,000	約60,000
消費電力(W)	約15	約2
最も小型の製品での比較例寸法(mm)(高さ×幅)	120×360	174×148

客席誘導灯の例

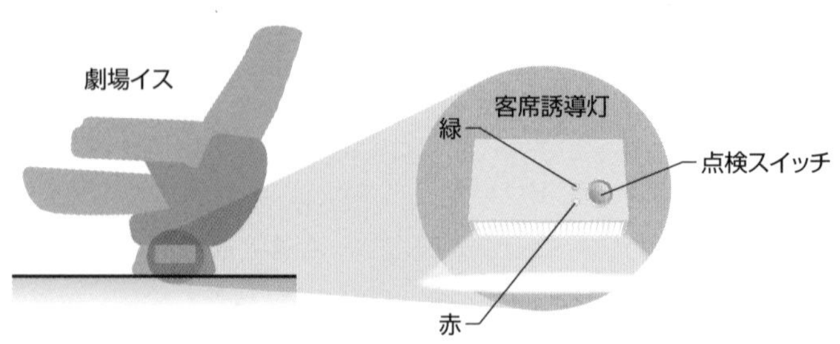

非常電源

誘導灯の非常電源は、原則、**蓄電池設備**によるもので、誘導灯を**20分間以上作動**できる容量となっています。ただし、屋外へ避難完了するまで長時間を要する**大規模・高層等の防火対象物**における主要な避難経路に設けるものについては60分間以上作動できる容量とされています。非常電源は蓄電池設備の他、自家発電設備によることができます。

①**大規模・高層等の防火対象物**

令別表第1（1）項から（16）項までの防火対象物で次のいずれかを満たすもの。

a）延面積50,000㎡以上。

b）地階を除く階数が15以上、かつ、延面積が30,000㎡以上。

c）令別表第1（16の2）項に掲げる防火対象物で延面積が1,000㎡以上。

d）令別表第1（10）項または（16）項に掲げる防火対象物で、乗降場が地階にあり、かつ、消防長または消防署長が避難上必要と認める場所。

②主要な避難経路

a）屋内から直接地上に通ずる出入口。付室が設けられている場合にあっては当該付室の出入口。

b）直通階段の出入口。付室が設けられている場合にあっては、当該付室の出入口。

c）避難階の廊下及び通路で避難口に通ずるものに限る。

d）乗降場及び乗降場に通ずる階段、傾斜路、通路。

e）直通階段。

誘導灯の例

9-11 誘導標識・誘導灯⑤

本節では誘導標識・誘導灯の設置と免除について解説します。

誘導標識及び誘導灯の設置と免除

誘導標識・誘導灯の設置基準については、施設や床面積によって詳細に規定されています。なお、設置免除の条件に関しては次の通りです。

①誘導標識の設置免除

a）令別表第1（1）項から（16）項までに掲げる防火対象物の階のうち、居室の各部分から主要な避難口を容易に見通し、かつ、識別することができる階で、当該避難口に至る歩行距離が30m以下であるもの。

b）誘導灯を設置すべき防火対象物またはその部分に避難口誘導灯または通路誘導灯を設置した場合は、これら誘導灯の有効範囲内に誘導標識は設置しないことも可能。

②避難口誘導灯の設置免除

令別表第1（1）項から（16）項までに掲げる防火対象物の階のうち、居室の各部分から主要な避難口を容易に見通せ、かつ、識別することができる階で、当該避難口に至る歩行距離が、避難階にあっては20m以下、避難階以外の階にあっては10m以下であるもの。

主要な避難口とは、避難階（無窓階を除く）にあっては施行規則第28条の3第3項第1号イに掲げる避難口、避難階以外の階（地階及び無窓階を除く）にあっては同号ロに掲げる避難口をいう。

③通路誘導灯の設置免除

a）令別表第1（1）項から（16）項に掲げる防火対象物の階のうち、居室の各部分から主要な避難口またはこれに設ける避難口誘導灯を容易に見通せ、かつ、識別することができる階で、当該避難口に至る歩行距離が、避難階にあっては40m以下、避難階以外の階にあっては30m以下であるもの。

b）令別表第1（1）項から（16の3）項に掲げる防火対象物の階段、または、傾斜路のうち、非常用の照明装置が設けられているもの。

④劇場等における誘導灯の設置免除

令別表第1（1）項に掲げる防火対象物の避難階（床面積が500㎡以下で、かつ、客席の床面積が150㎡以下のものに限る）で、次のa）～c）に該当するものは設置不要となる。

a）客席避難口（客席に直面する避難口）を2つ以上有すること。

b）客席の各部分から客席避難口を容易に見通し、かつ、識別することができ、客席の各部分から当該避難口に至る歩行距離が20m以下であること。

c）すべての避難口に、火災時に当該避難口を識別できるように照明装置（自動火災報知設備の感知器の作動と連動点灯し、かつ、手動点灯するもので、非常電源が付置しているものに限る。以下同じ）が設けられていること。

d）劇場等における誘導標識の設置免除
令別表第1（1）項に掲げる防火対象物の避難階で、上記のa）～c）に該当するものは設置不要となる。

e）客席避難口が2つ以上ある場合に、当該客席避難口を識別できるように照明装置が設けられているもの。

避難口・通路誘導灯の設置免除の例

避難口誘導灯の設置を省略できる場合

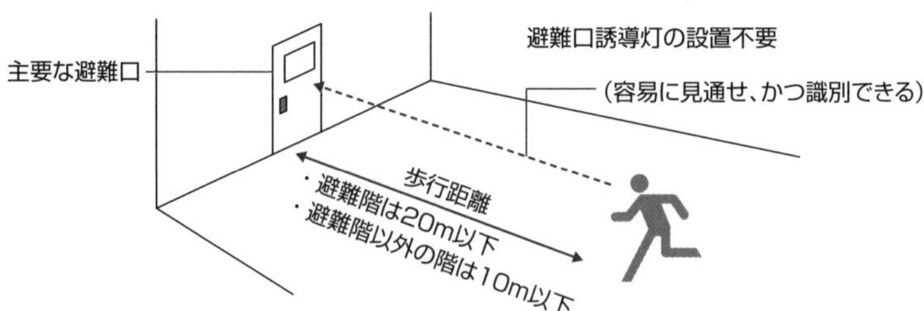

避難口誘導灯の設置緩和例

避難階

主要な避難口を容易に見通せ、かつ、識別できる。

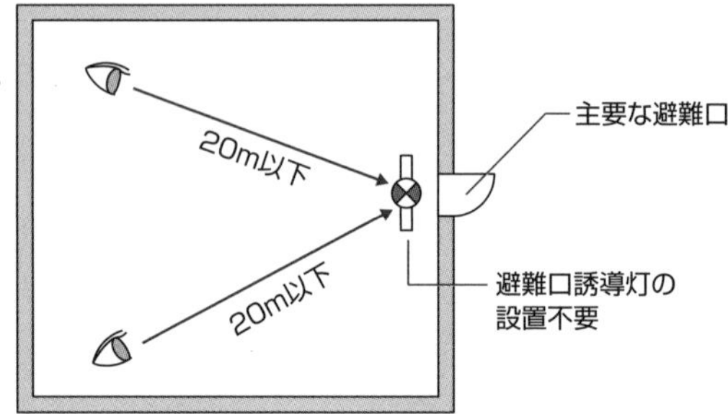

避難階以外

主要な避難口を容易に見通せ、かつ、識別できる。

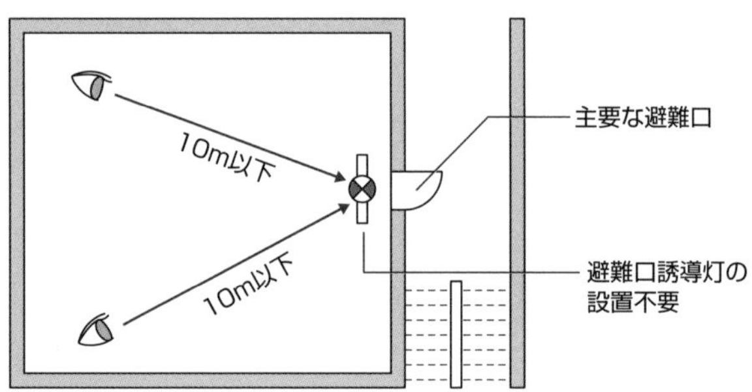

通路誘導灯の設置を省略できる場合

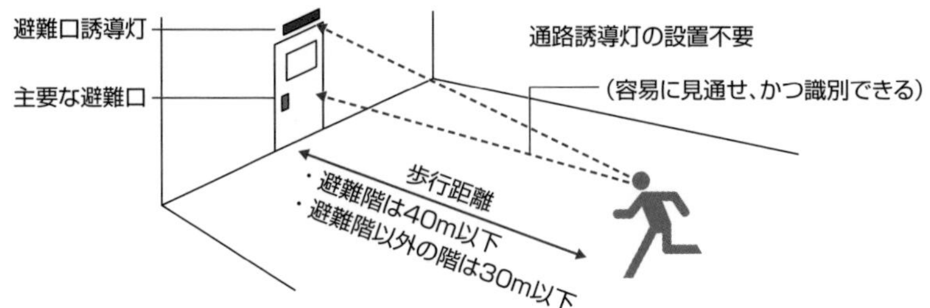

通路誘導灯の設置緩和例①

避難階

主要な避難口または、避難口誘導灯を容易に見通せ、かつ、識別できる。

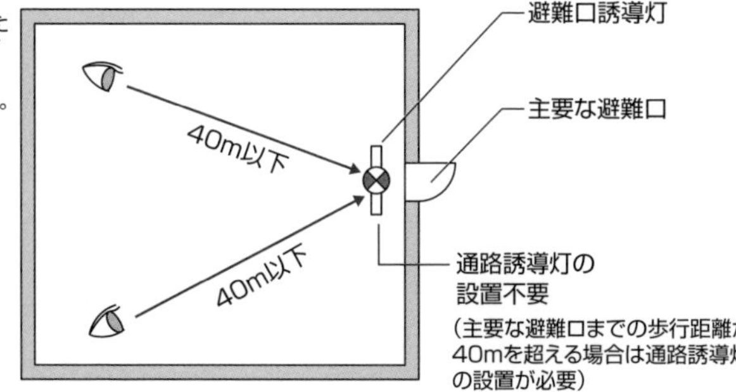

避難階以外

主要な避難口または、避難口誘導灯を容易に見通せ、かつ、識別できる。

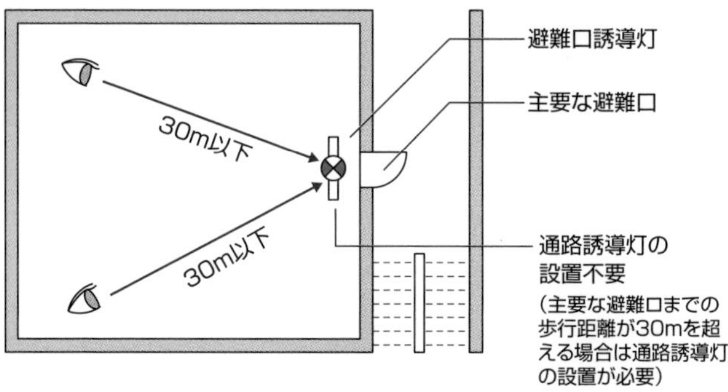

通路誘導灯の設置緩和例②

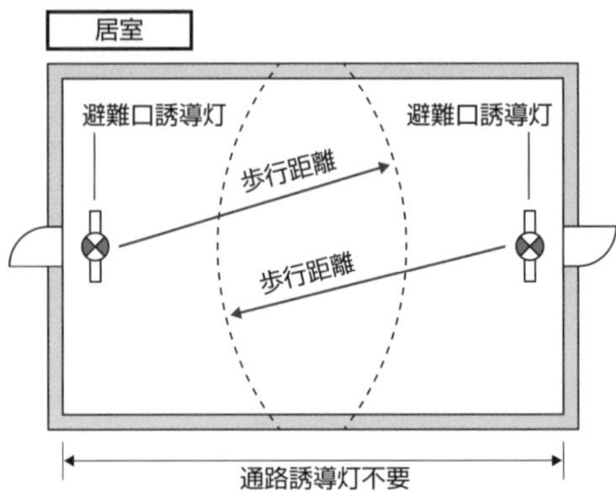

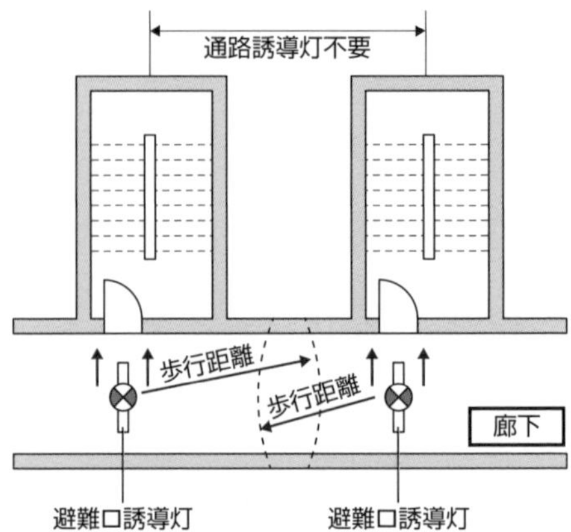

通路誘導灯の設置緩和は、歩行距離が
・避難階は40m 以下
・避難階以外の階は30m 以下
　で包含できる場合

第10章

消防用設備⑤
消火活動上必要な設備

消防用設備には、出火したときにすぐに消火をする設備だけでなく、駆けつける消防隊の活動を容易にする設備や消防設備等の機能を補完するような設備もあります。

図解入門
How-nual

10-1 消火活動上必要な設備及びその他の設備

消火活動で必要な設備とは、消火活動と救助活動を行う消防隊の支援を目的として設置するものです。その他の設備として、消防用設備等の機能を補完するために設置するものがあります。

消火活動上必要な設備及びその他の設備の種類と関係法令

消防法における消火活動上必要な設備とその特徴、関連する法令は次の通りです。

排煙設備　(10-2 ～ 10-3参照)

排煙設備は、火災により発生する煙を外部に排出するための設備です。

- 設置基準：施行令第28条
- 技術基準及び細目等：施行規則第29条、30条

加圧防排煙設備　(10-4参照)

加圧防排煙設備における加圧防煙は、消防隊の安全性を確保するために消火活動拠点に給気をして圧力を高め（加圧）、煙の侵入を防止します。

- 設置及び維持に関する技術基準：総務省令第88号及び関係告示

連結散水設備　(10-5参照)

連結散水設備は、防火対象物の地階を対象とした配管設備です。

- 設置基準：施行令第28条の2
- 技術基準及び細目等：施行規則第30条の2、30条の3

連結送水管　(10-6参照)

連結送水管は、建物内部での消火活動を行うために消防ホースに相当する配管を建物内に設置しておく設備です。

- 設置基準：施行令第29条
- 技術基準及び細目等：施行規則第31条

消防用水　(10-7参照)

消防用水は、消防隊が使用するための水源です。

- 設置基準：施行令第27条

総合操作盤　（10-8参照）

総合操作盤は、消防用設備等の監視・操作が可能で、火災の発見や経過を把握できる装置です。総合操作盤の設置方法等については告示と通知により示されています。

告示：総合操作盤の設置方法を定める告示（平成16年消告8）

通知：総合操作盤の基準及び設置方法に係る運用について（平成16年5月31日消防予93）

非常電源　（10-9参照）

非常電源は、常用の電源が遮断された場合でも、消防用設備等が有効に作動するように設置が義務付けられているものです。

非常コンセント設備　（10-10参照）

非常コンセント設備は、消防隊が現地で扉や窓を破壊する器具などの電源、あるいは、排煙機や照明用の電源を供給するための設備です。

・設置基準：施行令第29条の2

・技術基準及び細目等：施行規則第31条の2の2

無線通信補助設備　（10-11参照）

無線通信補助設備は、消防隊が無線機を使用して交信が行えるようにするための設備です。

10-2 排煙設備①

排煙設備は、火災により発生する煙を外部に排出するための設備です。消防法と建築基準法それぞれで規定される内容が若干異なります。

排煙設備と種類

排煙設備について、建築基準法にもほぼ同様の規定がありますが、消防法と建築基準法では法律そのものの目的が異なっていますので設置基準、技術基準等の細目で違いがあります。**建築基準法の排煙設備は初期火災時の避難安全**を目的として設置しますが、**消防法の排煙設備は中期火災時から盛期火災時における消防隊の消火・救助活動支援**を目的にしています。消防法により設置する排煙設備を、通常、**消防排煙**と呼んでいます。

排煙設備の種類

排煙設備は、**煙の浮力（対流）**を利用して外壁面に設けた開口部（排煙窓）から煙を直接外部に排出する**自然排煙**と、発生した煙を**機械の力によって強制的に吸引して外部に排出する機械排煙**の2通りの方式があります。

設備を構成するものは、自然排煙方式では、排煙口、排煙口開放装置などとなっています。機械排煙方式にあっては、排煙機、排煙口、排煙口開放装置、排煙風道、非常電源などとなっています（図表「機械排煙設備の構成」参照）。

消防法と建築基準法の排煙

消防法に規定される排煙設備の内容は、建築基準法と基本的には整合が図られています。しかし消防排煙は消防隊の**消火・救助活動の支援**を目的にしているため、消火活動上の困難性が高い地階と無窓階についての設置基準が強化されています。

消防排煙は外部からの**消防隊進入路、消火活動拠点**となる非常用エレベーター乗降ロビー及び特別避難階段付室、そして階段室に通じる廊下などを中心として、消火活動範囲を有効に広げられるように設置することが望ましい方法です。

建築基準法における排煙設備は建物の利用者が使うもの、**消防法における排煙**

設備は消防隊が使うものであり、次のような違いがあります。

①排煙設備の設置免除の範囲

建築基準法では、一定の区画、内装制限を行った部分については設置免除がありますが、消防法では煙が滞留しやすい地階、無窓階では設置免除はありません。

②排煙機と風道の構造

建築基準法では、排煙機または給気機と接続していない煙突状の排煙風道も認められていますが、消防法では消火活動時に必要な風量を確保するために、風道は排煙機または給気機と直接接続しなければなりません。

③風道に設けるダンパー

消防法では、消火活動拠点の排煙風道には自動閉鎖装置を設けたダンパーの設置が禁じられています。

④建築物の種類における設置基準

建築基準法と消防法では、劇場、キャバレー、百貨店及び地下街における排煙設備の設置基準が異なっています。

消防法と建築基準法における排煙設備の設置基準

建築物の種類	消防法施行令第28条	建築基準法施行令第126条の2
劇場	舞台部床面積 ≧ 500㎡	延面積 ＞ 500㎡
キャバレー、遊技場、百貨店	地階または無窓階≧1000㎡	延面積 ＞ 500㎡
病院、旅館、共同住宅、福祉施設、料理店等	規定なし	延面積 ＞ 500㎡
地下街	延面積 ≧ 1,000㎡	無窓の居室に該当してすべて必要

機械排煙設備の構成

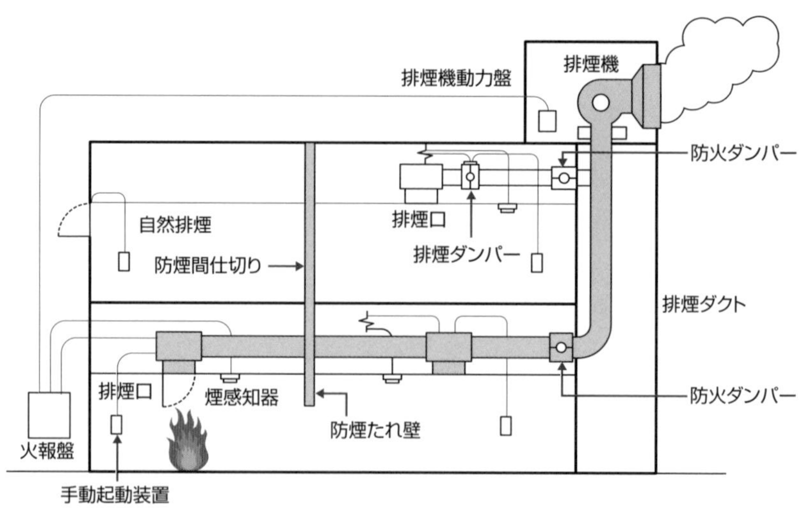

排煙機と起動装置

機械排煙方式は、排煙機で煙を強制吸引し外部に排出します。排煙の起動方法には手動式と自動式の2通りがあり、消防法の規定では 手動開放が原則です。自動式を採用した場合でも手動式を併設しなければなりません。

①手動起動装置

防煙区画ごとに設け、さらに当該防煙区画が見通すことができ、かつ容易に操作できる位置である必要があります。操作部は、壁に設置する場合は床面から起動装置の高さが0.8m以上1.5m以下になる位置に、天井からつり下げる場合は床面からの高さが1.8m程度に設けます。また、操作部の直近の見やすい位置に排煙設備の起動装置である旨および使用方法の表示が必要です。

②自動起動装置

自動火災報知設備の感知部の作動、閉鎖型スプリンクラーヘッドの開放、または火災感知用ヘッドの作動、もしくはヘッドの開放に連動して起動し、さらに防災センター等に自動手動切替装置を設ける必要があります。

10-3 排煙設備②

本節では排煙設備を構成する設備として、防煙区画と排煙口、機械排煙風量について解説します。

防煙区画と排煙口

煙の拡散を防止して速やかに煙を排出するために、**500㎡（地下街にあっては300㎡）以下に防煙たれ壁**などで区画しなければなりません。これを**防煙区画**といいます。防煙たれ壁とは、天井面から下方に50cm突き出した不燃材料でつくったもので、天井面に添って広がる煙の拡散を防ぐことを目的にしています。室の面積が500㎡以下の場合は、間仕切壁で囲われた部分が防煙区画になります。

防煙区画ごとに**排煙口**を設けて煙を排出します。排煙口の設置方法は次のようになります。

a）防煙区画の各部分から排煙口までの**水平距離は30m以下**の位置とする。

b）床面から天井の高さの1／2以上の位置で、防煙たれ壁の下端より上部に設置する。

c）機械排煙の場合は排煙風道に接続していること。

d）自然排煙の場合は直接外気に接していること。

e）自然排煙設備開口面積と機械排煙風量の関係は、図表「自然排煙開口面積と機械排煙風量」記載の通りになります。

自然排煙開口面積と機械排煙風量

場所	自然排煙開口面積	機械排煙風量
非常用エレベーター乗降ロビー	2㎡以上	240㎥／分
特別避難階段付室	2㎡以上	240㎥／分
乗降ロビー兼用付室	3㎡以上	360㎥／分
その他の部分	当該防煙区画面積の1／50以上	当該防煙区画面積の1㎡当たり1㎥／分

排煙口の例

排煙装置の手動開放装置の例

消火活動拠点の排煙設備の設置と免除、除外

消火活動拠点となる非常用エレベーター乗降ロビーと特別避難階段付室の排煙設備の仕様は図表「消火活動拠点の排煙設備」のようになります。

消防法における排煙設備の設置免除は、火災時に発生する煙、熱等により消火活動上支障が生じないこととして、下記の3つのケースがあります。

a）直接外気に開放されている部分で一定の条件を満たしている場合。

b）駐車場、通信機械室等で、固定式の自動消火設備を設置し、関係者または関係者に雇用されている者の使用に供する部分。

c）消防活動上支障がないものとして消防長官が定める部分。

消火活動拠点の排煙設備

項目		非常用エレベーター乗降ロビー	特別避難階段付室	乗降ロビー兼用付室
自然	排煙窓の面積	2㎡以上	2㎡以上	3㎡以上
	取付高さ	床から天井までの高さの1／2以上の高さ		
機械	給気口の面積	1㎡以上	1㎡以上	1.5㎡以上
	給気風道の断面積	2㎡以上	2㎡以上	3㎡以上
	排煙機	240㎥／分	240㎥／分	360㎥／分
	排煙口の面積	規定されていない		
	給気口取付高さ	床から天井までの高さの1／2以下の高さ		
	排煙口取付高さ	床から天井までの高さの1／2以上の高さ		

10-4 加圧防排煙設備

加圧防排煙設備は排煙設備に代えて用いることのできる設備です。排煙設備は火災の煙を排出し消火活動に支障のないようにするものですが、加圧防煙は消防隊の安全性を確保するために消火活動拠点に給気し圧力を高め（加圧）、煙の侵入を防止するものです。

加圧防排煙設備の構成とシステム

加圧防排煙設備を採用した空間を**加圧式消火活動拠点**といいます。加圧防排煙設備を構成するものは、給気機、給気口、空気逃し口、起動装置、風道、非常電源などとなっています。次に加圧防排煙設備の主要な機器について解説します。

給気機

消火活動拠点に給気を行うために、給気風道に接続し、外気を供給するための設備。

給気口

消火活動拠点の圧力を高め、遮煙開口部での排出風量を確保するために、消火活動拠点に面して設けられた給気風道に直結した開口。

空気逃がし口

消火活動拠点から遮煙開口部を経由して隣接室に向かって気流を形成することと、隣接室及び一般室の圧力が過度に上昇することを防止するため、隣接室及び一般室から外気に空気を逃がすために設ける開口部で、直接外気に接するか、または風道によって外気に導くことができるもの。

隣接室

消火活動拠点に連絡する室（階段室は除く）。

一般室

隣接室と連絡する室（消火活動拠点は除く）。

遮煙開口部

消火活動拠点と連絡する室のうちで、階段室以外の室と連絡する開口部で、煙の侵入防止を図ることが必要な開口部。

排煙口

火災室の煙を外部に排出するための排煙風道に直結した開口。

排煙機

消火活動が円滑にできるよう火災室の煙制御を行うために、排煙風道に接続し、火災室の煙を吸引し外部に排出するための設備。

加圧防排煙設備のシステム

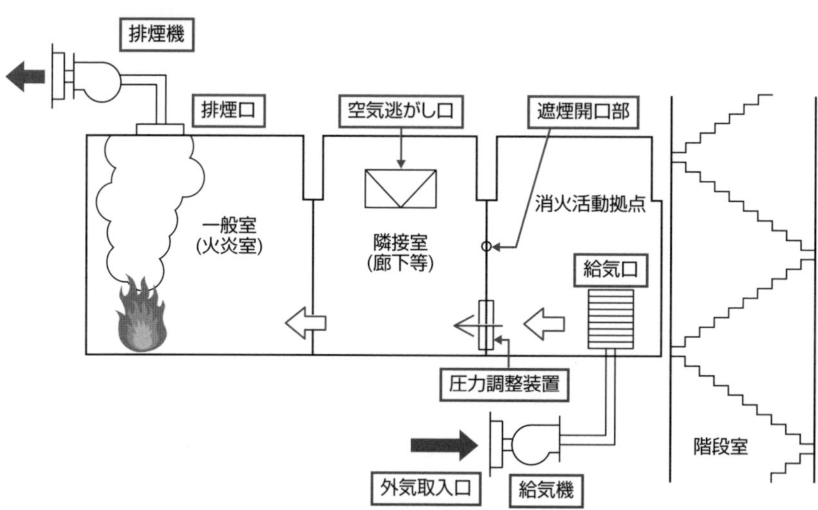

加圧式消火活動拠点

加圧式消火活動拠点の**設置位置、性能等**は次の通りです。

a）設置位置は、防火対象物の階ごととし、その階の各部分から**消火活動拠点の出入口までの水平距離が50m以下**とする。

b）**床面積は10㎡以上**で、かつ消火活動に支障のない形状とする。

c）外周壁のうち1つの防火区画に接する部分の長さは、当該外周壁の長さの1/2以下とする。

d）火災室に面する壁及び特定防火設備である防火戸の消火活動拠点側の**表面温度は、火災時の上昇予測温度が100℃を超えない**こと。

e）消火活動拠点の**内部温度**は、**火災時における上昇予測温度が10℃**を超えないこと。

f）加圧時に出入口扉を開放するための力が100ニュートンを超えないための措置を講じること。

g）防災センター等、これらに類する場所と直接通話することができる装置を設けること。

排煙性能

消火活動拠点は加圧防排により煙の侵入を防止しますが、他の一般室には排煙設備を設置します。排煙機により排煙する防煙区画にあっては、図表「加圧防排・防煙区画の性能」「室外に直接排気する防煙区画に求められる性能」に示す能力を持つ必要があります。

給気機

給気機の設置位置、性能等は次の通りです。

①設置位置

火災により発生した煙を吸い込むおそれのない位置に設けること。

②性能

給気機の給気性能は、遮煙開口部の開口幅を40cmとした場合における当該遮煙開口部の通過風速を、隣接室の区分に応じ、図表「必要風量」の式によって計算した必要通過風速を維持できる量を給気すること。

起動装置

排煙機・給気機の設置条件は次の通りです。

排煙機の手動起動装置

・防煙区画ごとに設ける。
・防災センターにも遠隔操作による起動装置を設ける。
・当該防煙区画を見通すことができ、かつ、容易に操作できる位置に設ける。
・操作部の直近の見やすい位置に、排煙設備の起動装置である旨及び使用方法を表示する。
・機械排煙機の場合は、排煙口の開放と同時に排煙機が自動起動すること。

給気機の手動開放装置

・加圧式消火活動拠点ごとに設ける。防災センターにも遠隔操作による起動装置を設ける。

・当該加圧式消火活動拠点内を見通すことができ、かつ、容易に操作できる位置に設ける。

・操作部の直近の見やすい位置に、給気機の起動装置である旨及び使用方法を表示すること。

・給気口の開放と同時に給気機が自動起動すること。

加圧防排・防煙区画の性能

防煙区画の床面積	排煙風量
250㎡未満	当該防煙区画の床面積に「1㎥／分」を乗じて得た量
250㎡以上750㎡未満	250㎥／分
750㎡以上	当該防煙区画の床面積に「3分の1㎥／分」を乗じて得た量

室外に直接排気する防煙区画に求められる性能

防煙区画の床面積	排煙風量	備考
250㎡未満	$A \div 100\sqrt{H}$	A：当該防煙区画床面積（㎡） H：排煙口の開口高さ（m）
250㎡以上750㎡未満	$5 \div \sqrt{H}$	
750㎡以上	$A \div 150\sqrt{H}$	

必要風量

隣接室の区分	必要通過風速（m ／秒）	
火災発生のおそれの少ない室	準耐火構造の壁もしくは床または特定防火設備である防火戸で区画され、かつ、開口部の幅の総和が当該壁の長さの4分の1以下であるもの	$2.7\sqrt{h}$
	不燃材料で造られた壁もしくは床または防火設備である防火戸で区画されたもの	$3.3\sqrt{h}$
	その他のもの	$3.8\sqrt{h}$
その他の室		$3.8\sqrt{h}$

＊この表において、hは遮煙開口部の開口高さ（m）。

第10章　消防用設備⑤　消火活動上必要な設備

10-5 連結散水設備

連結散水設備は、防火対象物の地階を対象とした配管設備です。地階が火災のときには煙や熱がこもり消火活動が極めて困難なため、消防ポンプ自動車が外部から送水口にて水を圧送して、外部からの消火活動をできるようにするものです。

連結散水設備の構成

連結散水設備を構成するものは、送水口、配管、仕切弁（選択弁）、散水ヘッドなどとなっています（図表「連結散水設備の構成」参照）。

①送水口

送水口は双口型として、消防ポンプ自動車が容易に接近できる位置に設けなければなりません（図表「送水口」参照）。

②散水ヘッド

散水ヘッドには**開放型**と**閉鎖型**の2種類があります（図表「散水ヘッド」参照）。連結散水設備の配管は乾式となりますので、通常は**開放型ヘッド**を使用します。**閉鎖型ヘッド**を使用する場合も、配管は乾式となりますが、送水した場合に火災により火熱を受けた部分のヘッドだけが開放されるため、散水も開放された部分のみとなりますので水損が少ないというメリットがあります。

散水ヘッドの配置方法は形式で異なり、開放型スプリンクラーヘッドの場合、設置距離として耐火構造の建物で2.3m、地下街で2.1m、1つの送水区域のヘッド数は20個以下とされています。閉鎖型散水ヘッドと開放型散水ヘッドの場合は、設置水平距離が3.7mで1つの送水区域のヘッド数は10個以下となります。

連結散水設備の構成

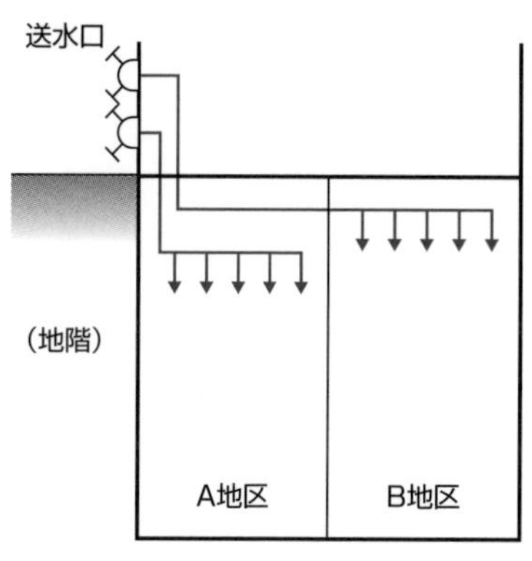

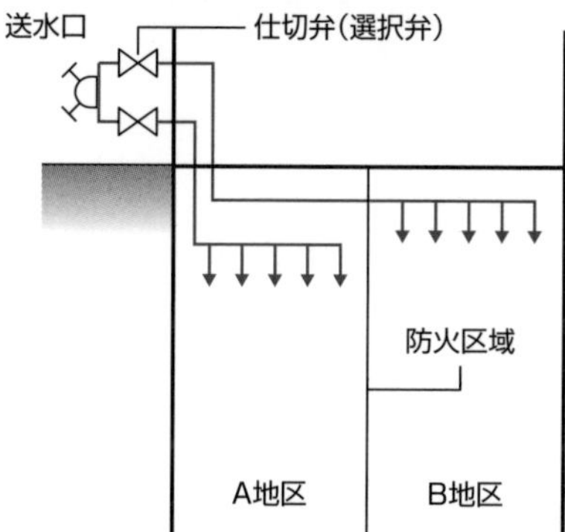

送水地域ごとに
送水口を設置する例

送水口近くに仕切弁を
設けて送水区域を選択
できるようにした例

送水口

連結散水設備

送水口

双口型送水口

連結散水設備放水区域図

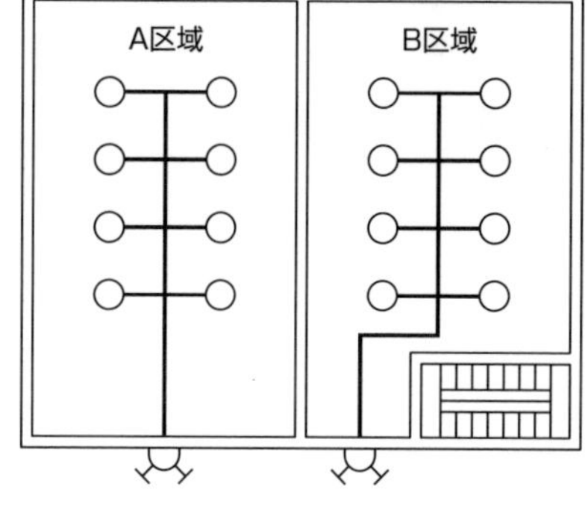

散水ヘッド

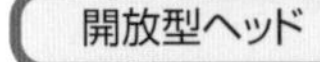

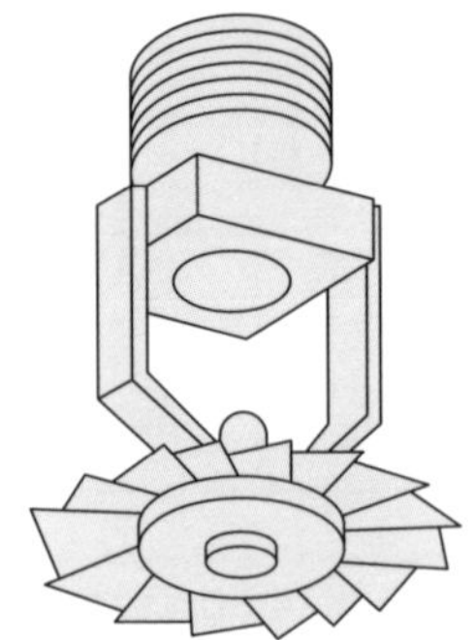

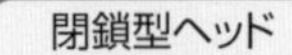

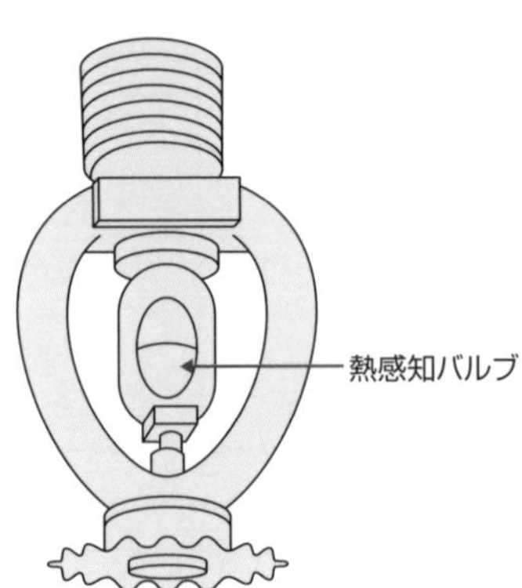

連結散水設備の代替設備と設置の免除

連結散水設備に代わる設備、または免除の条件は次の通りです。

①スプリンクラー設備等を設置した場合

送水口を付置したスプリンクラー設備等、次に挙げる消防用設備を設置する場合において、これらの設備の有効範囲部分についてのみ連結散水設備を設置しないことが可能。

連結散水設備の代替設備

・スプリンクラー設備
・水噴霧消火設備
・泡消火設備
・不活性ガス消火設備
・ハロゲン化物消火設備
・粉末消火設備

②連結送水管と排煙設備を設置した場合

連結送水管を施行令第29条により設置した場合で、かつ排煙設備を同令第28条により設置した部分、または同施行規則第29条に適合する部分については連結散水設備を設置しないことができます。

③散水ヘッドの設置を要しない部分

a）浴室、便所その他これらに類する場所。

b）エレベーターの昇降路、リネンシュート、パイプダクトシャフトその他これらに類する場所。

c）発電機、変圧器その他これらに類する電気設備が設置されている部分。

d）主要構造部を耐火構造とした防火対象物のうち、耐火構造の壁、床または自動閉鎖装置の防火設備である防火戸で区画された床面積が50㎡以下の部分。

e）主要構造部を耐火構造とした防火対象物のうち、耐火構造の壁、床または自動閉鎖装置の特定防火設備である防火戸で区画された部分で、エレベーター機械室、機械換気設備の機械室その他これらに類する室または通信機器、電子計算機室その他これらに類する室の用途に供される部分。

10-6 連結送水管

連結送水管は、はしご付き消防自動車にて建物の外部から放水する消火活動では効果が低い高層建築物において、建物内部での消火活動を行うために消防ホースに相当する配管を建物内に設置しておく配管設備です。

連結送水管の構成

前述の連結散水設備は地階を対象とした設備であるのに対して、連結送水管は地上階、それも高層部分を対象にしています。いずれの設備も消防ポンプ車によって送水口から建物内に送水します。

設備を構成するものは、放水口、配管、送水口などとなっています。配管内に水を充満させておく**湿式**と、配管内が空の状態である**乾式**の2通りがあります。高層建築物の場合は湿式としなければならない規定がありますが、それ以外でも消防機関の指導で湿式としなければならない場合もあります（図表「連結送水管の構成」参照)。

①放水口

放水口の設置は次の条件によります。

a）放水口の設置階は3階以上の各階とする。

b）放水口の設置位置は、階段室、非常用エレベーター乗降ロビー等の消防活動が有効に行える位置で、防火対象物の各部分から**水平距離≦50m**（延長50m以上のアーケードにおいては水平距離≦25m）とする。水平距離の考え方は6-2を参照してください。

c）11階以上の階には放水用器具を格納した箱を設置すること。11階以上の階の放水口は**双口**とすること。

d）地上11階以上、かつ、高さが70mを超える建築物の連結送水管は湿式として、**加圧送水装置（ブースターポンプ）**を設けること。

②送水口

送水口は双口型として、消防ポンプ車が容易に接近できる位置に設けます。連結送水管の別の呼びかたに**サイヤミーズコネクション**というものがありますが、これは**双口型の接続口**という意味です（図表「送水口」参照）。

共同住宅用連結送水管

　共同住宅用連結送水管は**共同住宅のみに対応できる設備**です。総務省令で**特定共同住宅**として**構造分類**されたものにおいて、通常用いられる消防用設備等（連結送水管）に代えて用いることのできる設備です。設置基準等は**共同住宅用連結送水管の設置及び維持に関する技術基準（総務省令第40号及び関係告示）**によります。総務省令第40号と特定共同住宅等の構造分類及び設置基準等の詳細は第11章を参照ください。

連結送水管送水口の例

連結送水管の構成

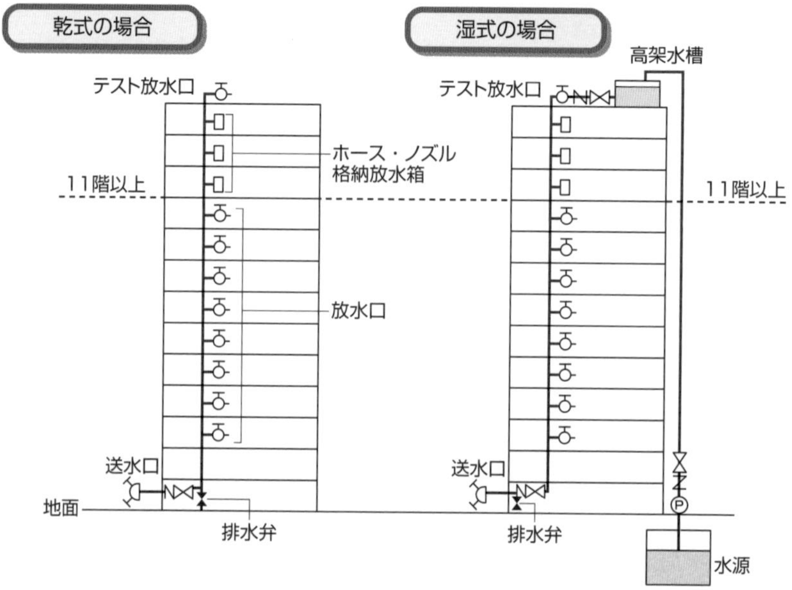

乾式の場合

テスト放水口
ホース・ノズル
格納放水箱
11階以上
放水口
送水口
地面
排水弁

湿式の場合

高架水槽
テスト放水口
11階以上
送水口
排水弁
水源

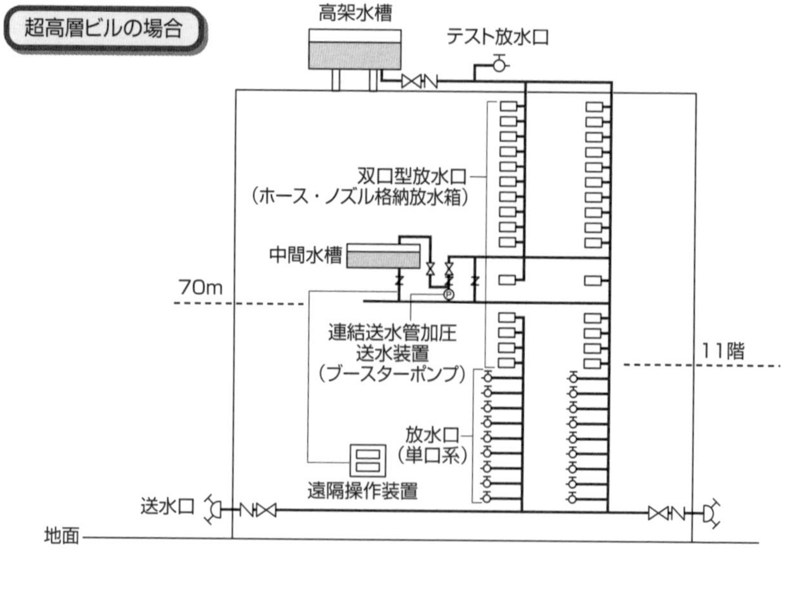

超高層ビルの場合

高架水槽
テスト放水口
双口型放水口
（ホース・ノズル格納放水箱）
中間水槽
70m
連結送水管加圧
送水装置
（ブースターポンプ）
11階
放水口
（単口系）
遠隔操作装置
送水口
地面

放水口

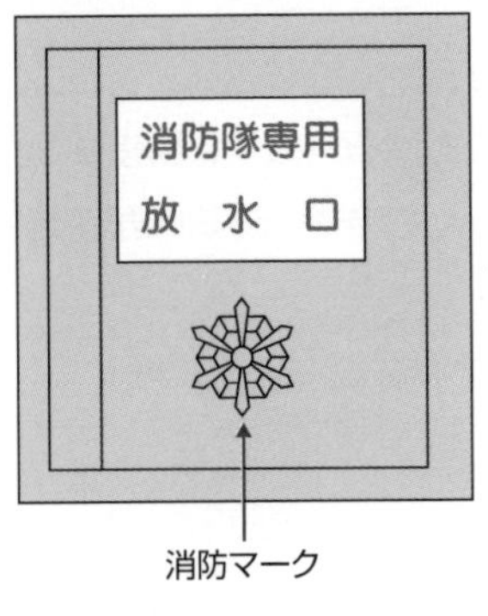

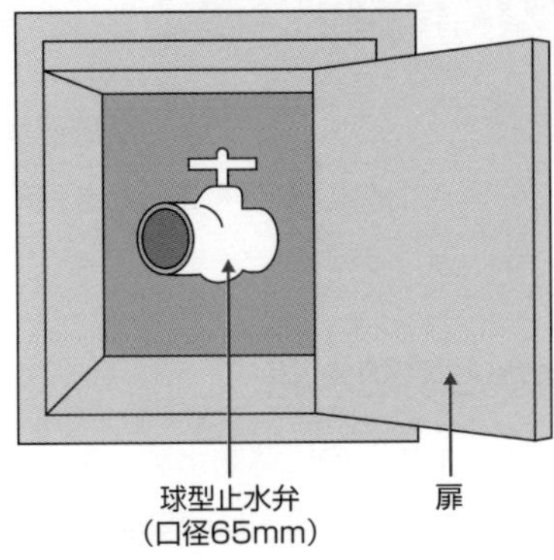

送水口

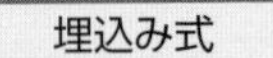

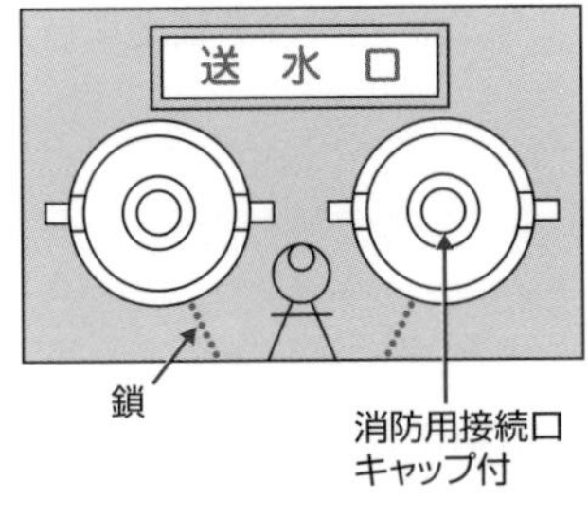

スタンド式

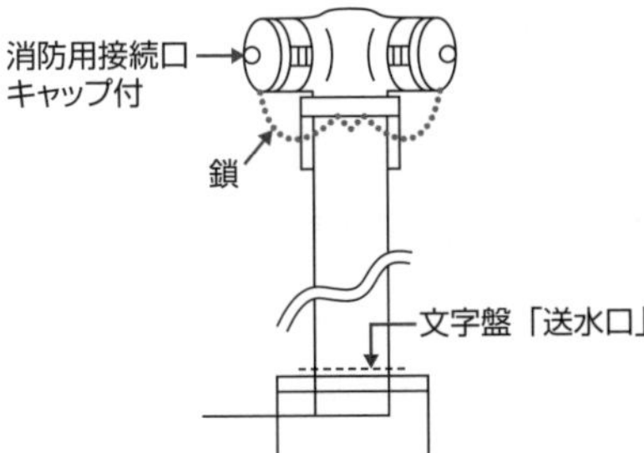

10-7 消防用水

消防用水は、大規模な建築物や高層建築物における消火や、隣接建物への延焼防止などの消火活動に使用することを目的としたもので、消防隊が使用するための水源です。

消防用水と消防水利

消防用水と似たものに**消防水利**があります。いずれも消防隊が消火活動に使用するものですが、**消防用水は建築物に義務付け**られているのに対し、**消防水利は周辺地域における消火活動に使用**することを目的とするものなので、所轄消防機関の指導により設置することになります。

消防水利は消防庁の基準に従って市町村が設置して、そして維持管理するものです。消防長または消防署長は、池、井戸、水槽その他の水利をその所有者、占有者、管理者の承諾を得て、これを消防水利に指定して常時使用可能な状態にしておきます。

消防用水の水源と設置

消防用水は、**水槽、プール、池、湖、河川**などが対象になります。消防用水の水源において、1個の消防用水の有効水量は**最低20m³以上**必要になります（図表「消防用水の水量算定方法」「消防用水」参照）。また、流水にあっては、毎分0.8m³の流量を20m³の水量に換算します。なお、**空調用蓄熱槽を消防用水**に使用する場合の取り扱いが通知（平成9年3月6日 消防予42）されています。

消防用水の**設置位置**は、消防用水を中心とした**水平距離100mの半径内**に建築物全体が包含でき、かつ、**消防ポンプ車が2m以内**に接近できる場所とします。

消防用水の水量算定方法

消防用水を必要とする建築物		有効水量
敷地面積 ≧20,000㎡	耐火建築物の場合 1階と2階の合計床面積≧15,000㎡	床面積7,500㎡または その端数ごとに、20㎥
	準耐火建築物の場合 1階と2階の合計床面積≧10,000㎡	床面積5,000㎡または その端数ごとに、20㎥
	その他の建築物の場合 1階と2階の合計床面積≧5,000㎡	床面積2,500㎡または その端数ごとに、20㎥
高さ>31m、かつ 延面積（地階を除く部分）≧25,000㎡		床面積12,500㎡または その端数ごとに、20㎥

消防用水

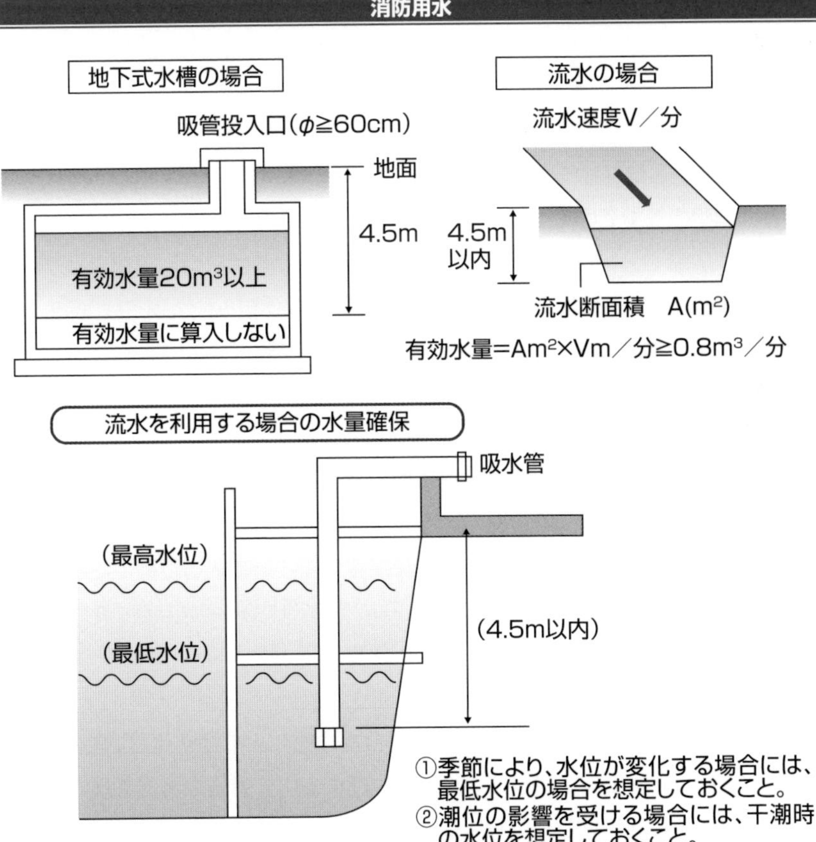

10-8 総合操作盤

高層の建築物、大規模な複合建築物などは、各種の消防用設備等が設置されています。火災発生時に迅速かつ的確な対応を可能とする総合操作盤について解説します。

総合操作盤

大規模な建築物では種々の消防用設備等を一元的に監視、操作するための総合的な装置が必要になります。このような機能を備えたものを**総合操作盤**といい、防火対象物全体における火災の発生や火災拡大等の状況を把握できる機能など、総合的な管理機能を有するものとして規格化されています。総合操作盤で監視、操作等を行わなければならない消防用設備等は図表「総合操作盤で監視・操作する消防用設備等」の通りです。

総合操作盤の基準では、点検が容易なこと、構成部品は容易に交換できること、表示機能は明瞭で分かりやすいこと、消防活動に的確かつ早急に情報提供できる機能を有することなどが決められています。具体的な仕組みについては、図表「総合操作盤の構成」、図表「総合操作盤の機能例」を参照してください。

防災監視場所

防災監視場所とは、防火対象物の**防災センター、中央管理室**あるいは守衛室など、これらに類する場所で総合操作盤を設置する部屋をいいます。敷地内の監視対象物に対して円滑な対応ができ、消防隊が容易に接近できる位置に設置しなければなりません。中央管理室、防災センターについては第4章を参照ください。

防災要員

防災要員とは、防災監視場所において総合操作盤により消防用設備等の監視、操作などを行う技術者をいいます。火災発生時において所要の措置を講じることができる**防災要員**を確保しなければなりません。火災予防条例において、防災要員は指定機関で講習を受講しなければならないことと、配置する人数などが規定されています。

総合操作盤で監視・操作する消防用設備等

設備の種類	内容
消火設備	屋内消火栓設備、スプリンクラー設備、泡消火設備（移動式は除く）、不活性ガス消火設備（移動式は除く）、ハロゲン化物消火設備（移動式は除く）、粉末消火設備（移動式は除く）、屋外消火栓設備
警報設備	自動火災報知設備、ガス漏れ火災警報設備、非常警報設備（放送設備に限る）
避難設備	誘導灯（自動火災報知設備から発せられた信号を受信し、あらかじめ設定された動作をするものに限る）
消火活動に必要な設備	排煙設備、連結散水設備（選択弁を設ける場合に限る）、連結送水管（加圧送水装置を設ける場合に限る）、非常コンセント設備、無線通信補助設備（増幅器を設ける場合に限る）
防災設備等	防火・防煙設備、非常用の照明装置、非常用エレベーター等
一般設備等	空調・換気、給排水、電力等

総合操作盤の構成

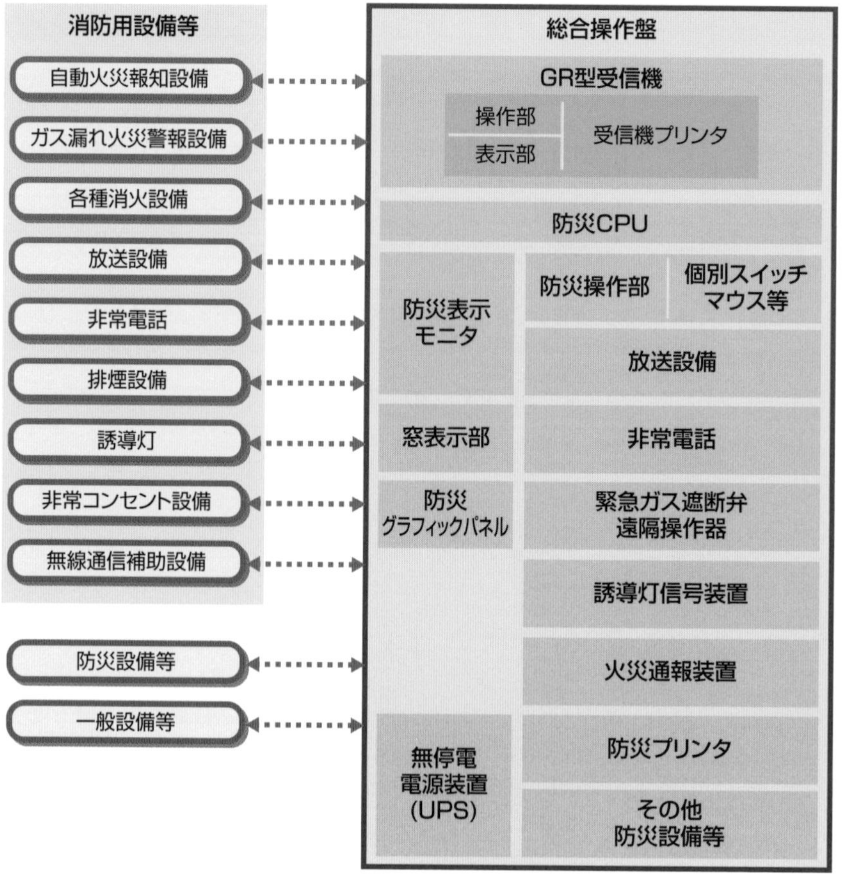

消防用設備等

- 自動火災報知設備
- ガス漏れ火災警報設備
- 各種消火設備
- 放送設備
- 非常電話
- 排煙設備
- 誘導灯
- 非常コンセント設備
- 無線通信補助設備

- 防災設備等
- 一般設備等

総合操作盤

GR型受信機

操作部

表示部

受信機プリンタ

防災CPU

防災表示
モニタ

防災操作部

個別スイッチ
マウス等

放送設備

窓表示部

非常電話

防災
グラフィックパネル

緊急ガス遮断弁
遠隔操作器

誘導灯信号装置

火災通報装置

無停電
電源装置
(UPS)

防災プリンタ

その他
防災設備等

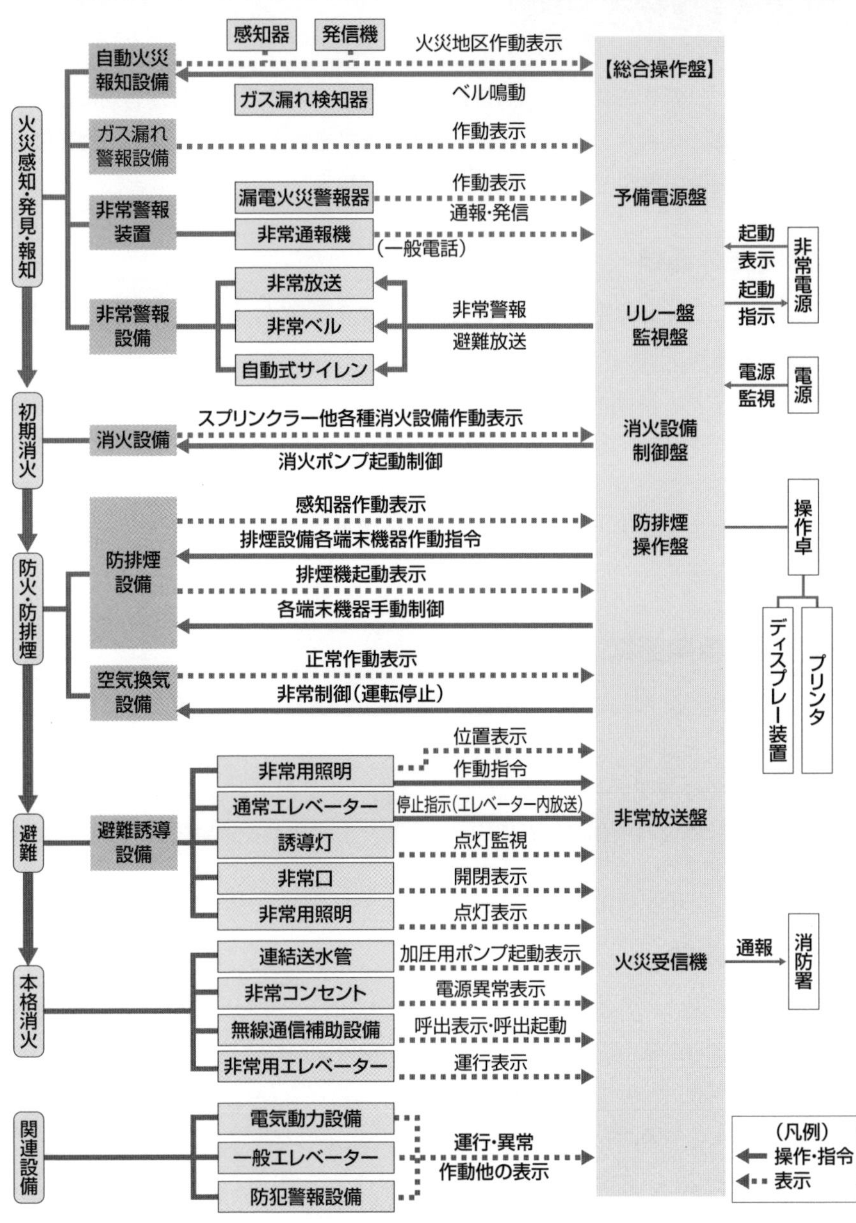
総合操作盤の機能例
火災感知・発見・報知
自動火災報知設備
感知器
発信機
火災地区作動表示
ベル鳴動
【総合操作盤】
ガス漏れ検知器
ガス漏れ警報設備
作動表示
非常警報装置
漏電火災警報器
作動表示
非常通報機
通報・発信
(一般電話)
予備電源盤
非常警報設備
非常放送
非常ベル
自動式サイレン
非常警報
避難放送
リレー盤
監視盤
起動
表示
起動
指示
非常電源
電源
監視
電源
初期消火
消火設備
スプリンクラー他各種消火設備作動表示
消火ポンプ起動制御
消火設備
制御盤
防火・防排煙
防排煙設備
感知器作動表示
排煙設備各端末機器作動指令
排煙機起動表示
各端末機器手動制御
防排煙
操作盤
操作卓
ディスプレー装置
プリンタ
空気換気設備
正常作動表示
非常制御(運転停止)
避難
避難誘導設備
非常用照明
位置表示
作動指令
通常エレベーター
停止指示(エレベーター内放送)
誘導灯
点灯監視
非常口
開閉表示
非常用照明
点灯表示
非常放送盤
本格消火
連結送水管
加圧用ポンプ起動表示
非常コンセント
電源異常表示
無線通信補助設備
呼出表示・呼出起動
非常用エレベーター
運行表示
火災受信機
通報
消防署
関連設備
電気動力設備
一般エレベーター
防犯警報設備
運行・異常
作動他の表示
(凡例)
操作・指令
表示

10-9 非常電源

非常電源は、常用の電源が遮断された場合でも、消防用設備等が有効に作動するように設置が義務付けられているもので、それぞれの消防用設備等の種類に応じて、非常電源の種類と容量が定められています。

非常電源の種類

非常電源には、**非常電源専用受電設備**、**自家発電設備**、**蓄電池設備**及び**燃料電池設備**の4種類があります。

自家発電設備と蓄電池設備及び燃料電池設備は、常用電源とは別に電源を確保するもので、停電時に瞬時に電源切替が行われ、消防用設備等に電源が供給されるものです。

消防法上は非常電源と呼んでいますが、建築基準法における呼びかたは異なっていて、予備電源としています。

非常電源専用受電設備

非常電源専用受電設備は、常用電源を消防用設備等に専用受電する方法で、他の回路の影響を受けることなく継続して電力の供給が続けられます。しかし、常用電源を供給する電力会社がダウンした場合は供給がストップしてしまうので、大規模な特定防火対象物（延面積1,000㎡以上）には原則的に認められていません。

自家発電設備

自家発電設備は、**内燃機関**（ガソリンエンジン、ディーゼルエンジン、ガスタービン等）により自家用に発電する設備です。常用電源が停電したときに自動的に切り替わり（40秒以内）、定格負荷における連続運転が行えるものとなります。定格負荷による連続運転は、消防用設備等ごとに法令で規定されています。

自家発電設備は、内燃機関、発電機、制御盤等で構成されています。種類は、**一般的な自家発電機**、**電力を常時供給する自家発電機**及び**キュービクル式自家発**

電設備があります。電力を常時供給する自家発電機では、**コ・ジェネレーションシステム**としてガスを燃料とする発電機（2台以上設ける場合に限る）を特例により設ける場合もあります。

自家発電設備は、運転に伴う騒音、震動、排気または引火するおそれのある燃料を使用しますので、設置場所は不燃材料でつくられた壁、柱、床及び天井で区画され、かつ、窓、出入口には、防火設備である防火戸を設けた**専用室**に設けなければなりません。

蓄電池設備

蓄電池設備は、平常時には常に蓄電されており、消防用設備等の常用電源が停電したときに自動的に切り替えられ、また停電が復旧したときも自動的に常用電源に切り替わるものです。蓄電池設備は、蓄電池、充電装置、逆変換装置等から構成されています。使用される蓄電池には、鉛蓄電池、アルカリ蓄電池等があります。

燃料電池設備

燃料電池設備は新たな形態の電源設備として、平成18（2006）年4月の改正で消防用設備等の非常電源として取り扱うことができるようになりました。

気体燃料（都市ガス、LPG）、液体燃料（灯油等）を燃焼することで発電するもので、発電容量は現在のところ最大10kW程度となっています。

非常電源による電源供給時間

設備の種類	非常電源供給時間	非常電源専用受電	自家発電	蓄電池	燃料電池
屋内消火栓設備	30分	○	○	○	○
スプリンクラー設備	30分	○	○	○	○
水噴霧消火設備	30分	○	○	○	○
泡消火設備	30分	○	○	○	○
不活性ガス消火設備	1時間	×	○	○	○
ハロゲン化物消火設備	1時間	×	○	○	○
粉末消火設備	1時間	×	○	○	○
屋外消火栓設備	30分	○	○	○	○
自動火災報知設備	10分	○	×	○	×
ガス漏れ火災警報設備	10分	×	○＊1	○	○＊1
非常警報設備	10分	○	×	○	×
誘導灯	20分＊2	×	×	○	○
排煙設備	30分	○	○	○	○
連結送水管	2時間	○	○	○	○
非常コンセント設備	30分	○	○	○	○
無線通信補助設備	30分	○	×	○	×
非常用進入口赤色灯＊3	30分	○	×	○	○
非常用の照明装置＊3	30分	○	○	○	○

＊1　1分間蓄電池設備または予備電源で補完できる場合に限る。
＊2　大規模・高層建築物の主要な避難経路に設置する場合は60分とする。
＊3　非常用進入口赤色灯、非常用の照明装置は建築基準法により設置するもの。

10-10 非常コンセント設備

非常コンセント設備は、高層建築物や地階で消火活動を行う場合に、消防隊が現地で扉や窓を破壊したりするための器具用の電源、あるいは、排煙機や照明用の電源を供給するための設備です。

非常コンセント設備の構成と設置

非常コンセント設備を構成するものは、差込接続器、保護箱、非常電源などとなっています。

非常コンセント設備の設置場所は、階段室、非常用エレベーター乗降ロビー等の消防活動が有効に行える位置で、防火対象物の各部分から水平距離が50m以下となるような場所に設置することになっています。これは、連結送水管の設置と同様の規定です（図表「非常コンセントの設置例」参照）。

共同住宅用非常コンセント設備

共同住宅用非常コンセント設備は共同住宅のみに対応できる設備です。総務省令で特定共同住宅として構造分類されたものにおいて、通常用いられる消防用設備等（非常コンセント設備）に代えて用いることのできる設備です。

設置基準等は共同住宅用非常コンセント設備の設置及び維持に関する技術基準（総務省令第40号及び関係告示）によります。特定共同住宅等の構造分類及び設置基準等の詳細は第11章を参照ください。

非常コンセントの設置例

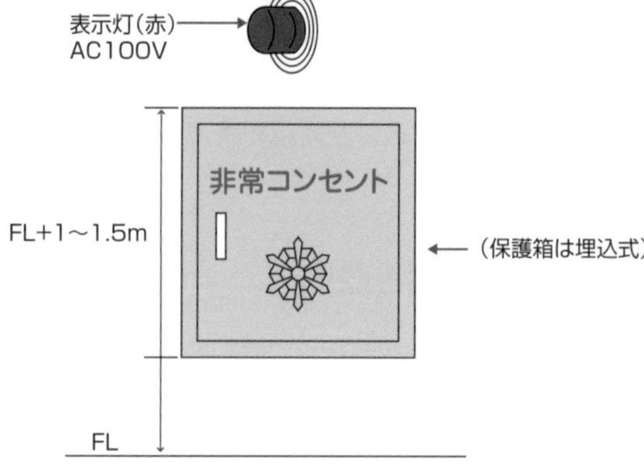

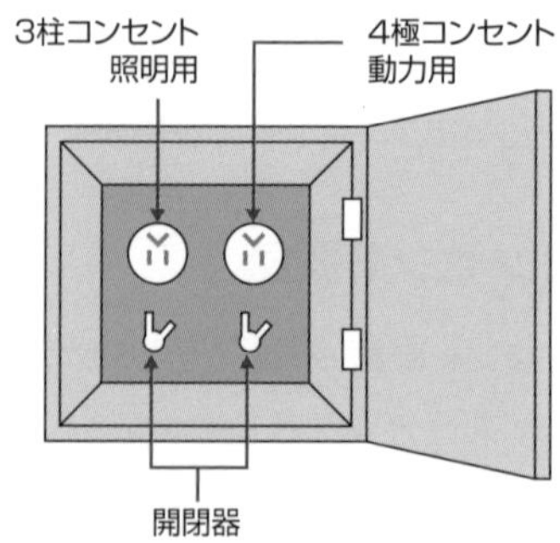

非常コンセントの例

10-11 無線通信補助設備

無線通信補助設備は、地階や地下街などの電波特性が弱い場所で、消防活動を効率的に行うため、消防隊が無線機を使用して交信が行えるようにするための設備です。

無線通信補助設備の構成

設備を構成するものは、同軸ケーブル、漏洩同軸ケーブル、分配器、混合器、無線機接続端子、増幅器などとなっています。

同軸ケーブルとは、テレビのアンテナからの引き込みにも使用する丸断面のケーブルで、内部にアルミ管があり、その中に絶縁体に取り巻かれた銅線が入っているものです。このケーブルは、テレビチャンネルなら30チャンネル分を同時に伝送することができるものです。

漏洩同軸ケーブルとは、同軸ケーブルのアルミ外管にシワとスロットという切れ目が入っているもので、このスロットから電波が外部に放射し、または外部の電波を吸収させることができるものです。

無線通信補助設備の設置例

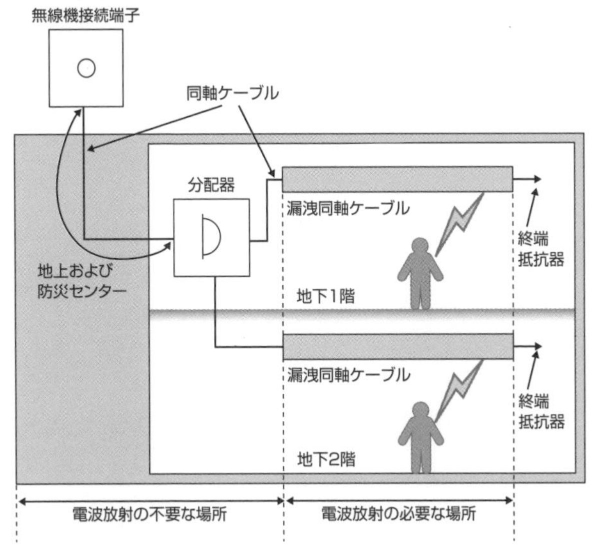

無線通信補助設備の例

第11章

特定共同住宅と特定小規模施設

共同住宅の中でも一定の条件を満たす建物は、火災拡大の危険性が少ない「特定共同住宅」として消防用設備の設置基準が緩和されています。また、ごく小規模のカラオケボックス、ホテル、福祉施設などは「特定小規模施設」として、設置が簡単な特小自火報の設置が義務化されています。

11-1 特定共同住宅等①

共同住宅は、就寝を伴い、日常的に火気を使用する出火の危険が高い防火対象物です。本節では共同住宅と特定共同住宅の消防法上の概念と分類を解説します。

共同住宅における消防用設備等

共同住宅は消防法施行令別表第1では（5）項ロの防火対象物に分類され、他の防火対象物と同様に消防用設備等の設置及び維持が義務づけられています。(5)項ロの用途とは寄宿舎、下宿、共同住宅です。

共同住宅は個人の住宅の集合体であり、建築物をひとつの防火対象物として扱うことは多くの場合は困難です。住宅内部に立ち入るには住人の了解を得るか、または、緊急の事態でもない限りできません。このような状況では、消防用設備等が緊急時に正しく動作するかの確認が難しい場合も多くあります。そこで、共同住宅に適した性能、機能を有し、かつ、維持管理も容易な消防用設備等が開発され、それらの消防用設備等を、ある一定の構造を有する共同住宅等に設置することができるようになっています。

・特定共同住宅等の運用及び維持に関する技術基準：総務省令第40号及び関係告示

共同住宅の特例から法制化へ

近年の共同住宅は高層化、大型化、多様化が進み、火災の予防･早期発見･通報･初期消火の対策はより充実しなければならなくなっています。

共同住宅の形態や規模の変化に合わせた**特例基準**は、かつては消防庁から**通知**の形で運用されていました。しかし特別基準が想定しない新たな形態を有する共同住宅が出現したり、通知では法的な拘束力がなかったり、消防機関ごとの運用に統一性がなかったり等の問題点が浮き彫りになっていました。そこで全国的な運用を行うことと、より適切な維持管理の実施を目的にそれまでの通知は廃止され、**総務省令第40号及び関係告示**が平成17（2005）年に施行されました。これにより**特例申請を行っていたものが法制化**されました。

さらに、平成22（2010）年の改正により、令別表第1（16）項イに掲げる防火対象物のうち独立した部屋の床面積が100㎡以下の複合小規模福祉施設等も特定共同住宅等の範囲に拡大されました。

特定共同住宅等の概要

特定共同住宅等とは、その位置、構造及び設備が一定の要件を備えることにより、火災の発生の危険性または延焼のおそれが少ないものとして、必要とされる防火安全性能を有する消防の用に供する設備等を設置することができます。

特定共同住宅等は令別表第1（5）項ロに掲げる防火対象物のみに該当します。しかし、共同住宅でも、次の3つに該当するものは特定共同住宅等としては取り扱われないことがあるので注意してください。

・高齢者が主として入居する共同住宅

・住戸を短期間の賃貸に供する共同住宅

・観光地等に存し住戸の多くが通年住居されず宿泊の用に供される共同住宅

特定共同住宅等の構造類型と、防火安全性能を持つ消防用途の設備等

令別表第1（5）項ロに掲げる共同住宅等では、消防用として設置し維持しなければならない設備等があります。前節の総務省第40号（共住省令）の規定を適用できる特定共同住宅等においては、通常用いられる消防用設備等に代えて用いることができる設備等を設置することができます。特定共同住宅の構造類型に応じて、初期拡大抑制性能、避難安全支援性能、消火活動支援性能のそれぞれの性能ごとで必要とされる防火安全性能を有する消防の用に供する設備等を用いることになります。

特定共同住宅の構造分類の部分と必要とされる防火安全性能を有する消防の用に供する設備等の概要については、次ページ以降を参照ください。

特定共同住宅等の構造類型の分類方法

特定共同住宅等の構造類型は、①2方向避難型特定共同住宅等、②開放型特定共同住宅等、③2方向避難・開放型特定共同住宅等、及び④その他の特定共同住宅等、の4つに分類されています（図表「構造類型の分類の部分」、11-2の「特定共同住宅等の構造類型の分類フロー」参照）。

構造類型の分類の部分

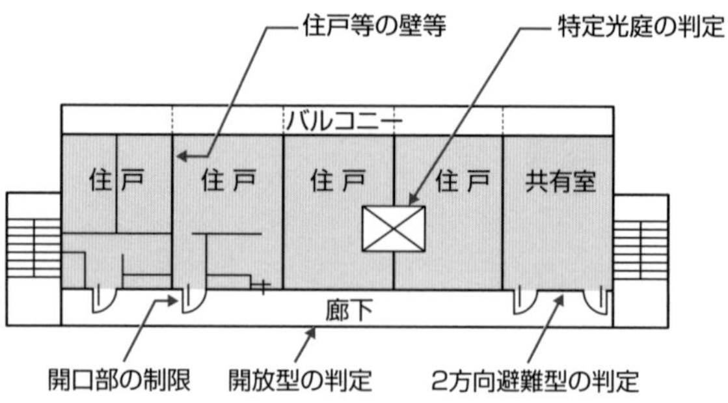

特定共同住宅等の基準適用のフロー

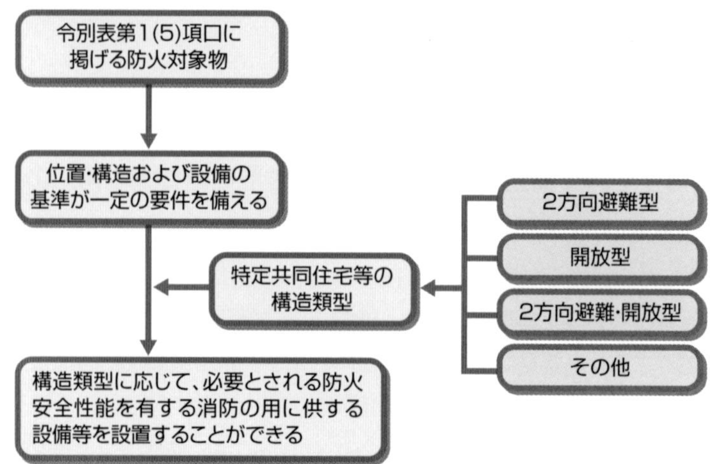

必要とされる防火安全性能を有する消防の用に供する設備等

	共同住宅等に通常用いられる消防用設備等		必要とされる防火安全性能を有する消防の用に供する設備等
初期拡大抑制性能	・消火器 ・屋内消火栓設備 ・スプリンクラー設備 ・屋外消火栓設備 ・動力消防ポンプ ・自動火災報知設備 ・水噴霧消火設備等	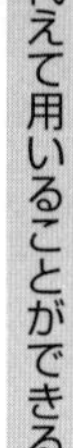 代えて用いることができる	・住宅用消火器及び消火器具 ・共同住宅用スプリンクラー設備 ・共同住宅用自動火災報知設備又は住戸用自動火災報知設備及び共同住宅用非常警報設備
避難安全支援性能	・自動火災報知設備 ・非常警報設備 ・避難器具 ・誘導灯及び誘導標識 ・漏電火災警報器 ・消防機関へ通報する火災報知設備		・共同住宅用自動火災報知設備又は住戸用自動火災報知設備及び共同住宅用非常警報設備
消火活動支援性能	・連結送水管 ・非常コンセント設備 ・消防用水 ・連結散水設備		・共同住宅用連結送水管 ・共同住宅用非常コンセント

11-2 特定共同住宅等②

本節では特定共同住宅に関する消防法の省令や構造類型の分類フロー、そして用語について解説します。

特定共同住宅の消火活動上必要な設備の種類と関係法令

特定共同住宅に関する規制には、廊下・階段や光庭の位置と構造及び消防用設備等の設置基準と技術基準等があります。平成17（2005）年施行の関係省令等は次の通りです。

総務省令第40号

特定共同住宅等における必要とされる防火安全性を有する消防の用に供する設備等に関する政令（略称：共住省令）

消防庁告示第2号

特定共同住宅等の位置、構造及び設備（略称：位置･構造告示）

消防庁告示第3号

特定共同住宅等の構造類型（略称：構造類型告示）

消防庁告示第4号

特定共同住宅等の住戸等の床または壁ならびに当該住戸等の床または壁を貫通する配管等及びそれらの貫通部が一体として有すべき耐火性能（略称:区画貫通告示）

消防庁告示第17号

共同住宅用スプリンクラー設備の設置及び維持に関する技術基準

消防庁告示第18号

共同住宅用自動火災報知設備の設置及び維持に関する技術基準

消防庁告示第19号

住宅用自動火災報知設備及び共同住宅用非常警報設備の設置及び維持に関する技術基準

消防庁告示第20号

戸外表示器の基準

特定共同住宅等の構造類型の分類フロー

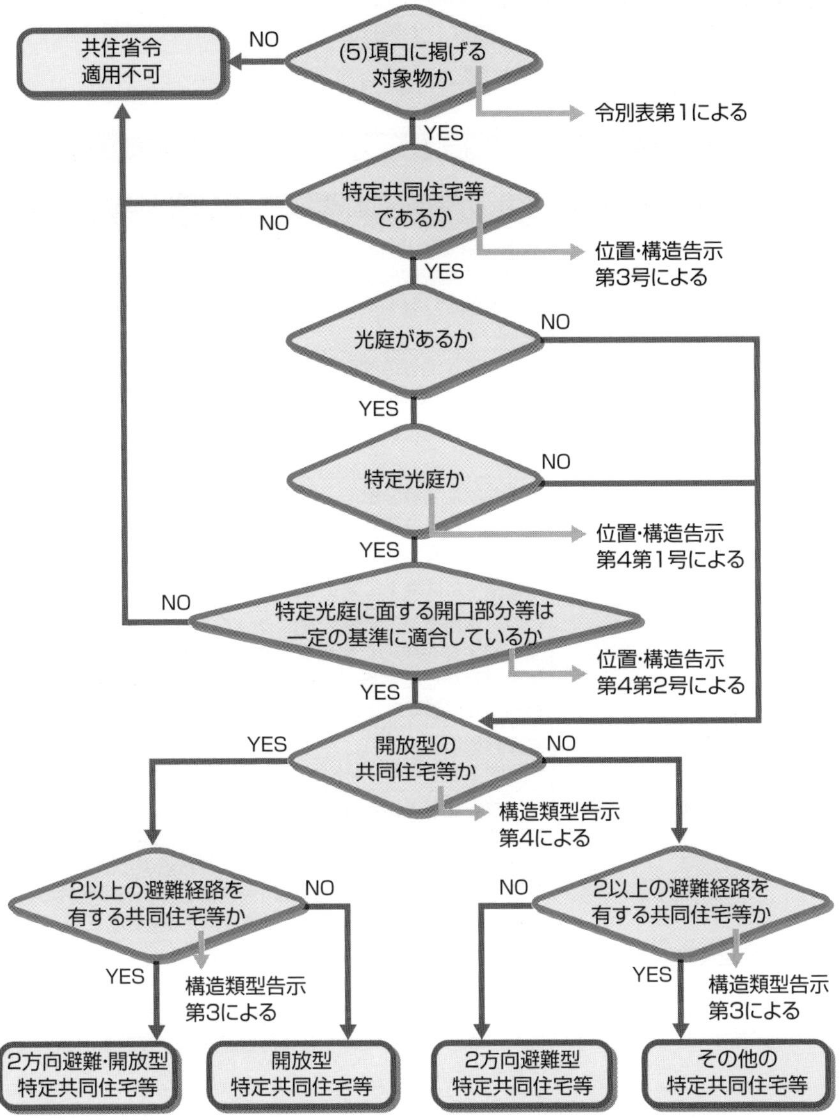

特定共同住宅等で使われる用語と意味

特定共同住宅等で使われる用語は、消防庁からの通知によって定義されています。主な用語の意味は次の通りです。

特定共同住宅等で使われる用語

用語	意味
特定共同住宅等	令別表第１(5)項ロに掲げる防火対象物であって、火災の発生または延焼の危険性のおそれが少ないものとして、その位置、構造及び設備について消防庁長官が定める基準に適合するもの。
住宅等	特定共同住宅等の住戸（下宿の宿泊室及び寄宿舎の寝室を含む）、共用室、管理人室、倉庫、機械室その他これらに類する室。
共用室	特定共同住宅において、居住者が集会、談話室等の用に供する室。
共用部分	特定共同住宅等の廊下、階段、エントランスホール、エレベーターホール、駐車場その他これらに類する特定共同住宅等の部分であって、住戸等以外の部分。
階段室等	避難階または地上に通ずる直通階段の階段室。
二方向避難	住戸、共用室及び管理人室について、地上または避難階に通ずる安全な避難のための経路を２以上確保することにより、出火場所がどこであっても、少なくとも１つの経路を安全に利用して避難できること。
開放型廊下 及び開放型階段	直接外気に開放され、かつ、特定共同住宅等における火災時に生ずる煙を有効に排出することができる廊下または階段。
二方向避難型特定共同住宅等	特定共同住宅等における火災時に、すべての住戸、共用室及び管理人室から、少なくとも１本以上の避難経路を利用して安全に避難できるようにするため、避難階または地上に通ずる２本以上の異なった避難経路を確保している特定共同住宅等として消防庁長官が定める構造を有するもの。
開放型特定共同住宅等	すべての住宅、共用室及び管理人室について、その主たる出入口が開放型廊下または階段室等に面していることにより、特定共同住宅等における火災時に生ずる煙を有効に排出することができる特定共同住宅等として消防庁長官が定める構造を有するもの。

二方向避難･開放型特定共同住宅等	特定共同住宅等における火災時に、すべての住戸、共用室及び管理人室から、少なくとも1本以上の避難経路を利用して安全に避難できるようにするため、避難階または地上に通ずる2本以上の異なった避難経路を確保し、かつ、その主たる出入口が開放型廊下または開放型階段室に面していることにより、特定共同住宅等における火災時に生ずる煙を有効に排出できる特定共同住宅等として消防庁長官が定める構造を有するもの。
その他の特定共同住宅等	二方向避難型特定共同住宅等、開放型特定共同住宅等、二方向避難･開放型特定共同住宅等以外の特定共同住宅等。
階段室型特定共同住宅等	すべての住戸、共用室及び管理人室について、その主たる出入口が階段室等に面する共同住宅等。
廊下型特定共同住宅等	すべての住戸、共用室及び管理人室について、その主たる出入口が階段室等以外の廊下等の通路に面する共同住宅等。
光庭	主として採光または通風のために設けられる空間であって、その周囲を特定共同住宅等の壁その他これに類するものによって囲まれ、かつ、その上部が吹抜となっているもの。
避難光庭	光庭のうち、火災時に避難経路として使用することができる廊下または階段室等が、当該光庭に面して設けているもの。
特定光庭	光庭のうち、当該光庭に面する住戸等において火災が発生した場合に、光庭を介して他の住戸等へ延焼する危険性が高いと確かめられたもの、あるいは、光庭に面する避難経路を介して安全に避難することが困難なもの。
住宅用消火器	消火器の技術上の規格を定める省令１条の2第２号に規定するもの。
共同住宅用スプリンクラー設備	初期拡大抑制性能を有し、スプリンクラーヘッド、制御弁、自動警報装置、加圧送水装置、送水口等で構成。住戸、共用室または管理人室ごとに自動警報装置の発信部が設けられている。
共同住宅用自動火災報知設備	初期火災拡大抑制性能及び避難安全支援性能を有し、火災の発生を感知及び報知する設備。受信機、感知器、戸外表示器等で構成。自動試験機能または遠隔試験機能を有することで、住戸の自動試験機能等対応型感知器の機能の異常が住戸の外部から確認できる。
住宅用自動火災報知設備	初期火災拡大抑制性能及び避難安全支援性能を有し、火災の発生を感知及び報知する設備。受信機、感知器、戸外表示器等で構成。遠隔試験機能を有することで、住戸の自動試験機能等対応型感知器の機能の異常が住戸の外部から確認できる。
共同住宅非常警報設備	初期火災拡大抑制性能及び避難安全支援性能を有し、火災の発生を報知する設備。起動装置、音響装置、操作部等で構成。
共同住宅用連結送水管	消防活動支援性能を有し、放水口、配管、送水口等で構成。
共同住宅用非常コンセント設備	消防活動支援性能を有し、非常コンセント、配線等で構成。

11-3 特定小規模施設

本節では、近年多数設置されている老人向けグループホームなどを含む小規模施設の防火規定について解説します。

特定小規模施設

特定小規模施設とは、延べ面積が300㎡未満のカラオケボックス、ホテルなどの宿泊所、病院・診療所、老人福祉施設、障害者福祉施設、児童養護施設などと定義されています。

特定小規模施設においては、自動火災報知設備に代えて用いることができる設備等として、**特定小規模施設用自動火災報知設備**の設置が認められました。通称**特小自火報**として平成20（2008）年に規定された設備です。特小自火報は、感知器が作動すると無線で信号を送り、感知器に内蔵された音響装置が一斉に鳴る仕組みで、簡易な工事で設置が可能です。

小規模社会福祉施設

平成18（2006）年に長崎県大村市で発生した認知症高齢者グループホーム火災では7名が死亡、平成21（2009）年の群馬県渋川市で発生した老人ホーム火災では10名が死亡するなど、小規模の社会福祉施設において頻繁に死者が出る火災が発生していました。

これらの火災事故を受けた消防法改正で、令別表第1(6)項ロは、(6)項ロと(6)項ハに分かれ、自力避難することが困難な人が入所する施設が(6)項ロに区分され、**消防用設備等の設置強化**と**防火管理の強化**が行われました。防火管理の強化では、①防火管理者の選任・届出、②消防計画書の作成・届出、③火気管理・避難訓練等の防火管理業務の実施等、などが義務付けられました。詳細は図表「令別表第一の改正内容」、図表「消防用設備等の設置基準の強化内容」を参照してください。

令別表第1の改正内容

改正前

用途区分			収容人数
(6)項	イ	病院、診療所、助産施設	30人以上
	ロ	老人福祉施設、地域活動支援センター	
		身体障害者福祉センター等	
	ハ	幼稚園、特別支援学校	

改正後

用途区分			収容人数
(6)項	イ	病院、診療所、助産施設	30人以上
	ロ	主として要介護状態にある者、または、重度の障害者が入所する施設、救護施設、乳児院、認知症グループホーム等	10人以上
	ハ	老人福祉施設、地域活動支援センター 身体障害者福祉センター等	30人以上
	ニ	幼稚園、特別支援学校等	

＊ 詳細は防火対象物の種類（3-2）参照のこと。

消防用設備等の設置基準の強化内容

消防用設備等の種類	設置基準	改正前の設置基準
1.自動火災報知設備	面積、建築構造等に関係なく、すべてに設置	延べ面積300㎡以上で設置
2.消防機関に通報する火災報知設備	面積、建築構造等に関係なく、すべてに設置	延べ面積500㎡以上で設置
3.消火器	面積、建築構造等に関係なく、すべてに設置	延べ面積150㎡以上で設置
4.スプリンクラー設備	延べ面積275㎡以上で設置、その中で、1,000㎡未満の施設では、特定施設水道連結型スプリンクラー設備の設置が可	延べ面積1,000㎡以上で設置

小規模社会福祉施設が併設する複合型住居施設

共同住宅の一部に小規模なグループホーム等の福祉施設が併設する例が増えています。既存の共同住宅に福祉施設が併設すると、防火対象物全体として令別表第1(16)項イとして判定され、住宅部分にも消防用設備等の設置や改修が必要になる場合もありました。しかし、消防庁における**小規模施設に対応した防火対策に関する検討会**では、小規模グループホーム等の福祉施設は「家具・調度等の可燃物や調理器・暖房器具等の火気使用、そして入所者数等は一般住宅とほぼ同じであり、グループホーム等の入居者の避難安全が確保されれば、他の一般住戸の危険性が高まることはない」と判断された上で、平成22（2010）年に法改正が行われました。

法改正の内容は、**グループホーム等の部分に一定の構造要件を満たした場合は、共同住宅部分のスプリンクラー設備、自動火災報知設備の感知器および誘導灯の設置を免除**できることになりました。

一定の構造要件とは、①準耐火構造（3階以上の場合は耐火構造）の壁と床で区画する、②区画する壁と床の開口部は防火戸とする、③開口部の防火戸の面積の合計は8㎡以下で1ヵ所の開口部の面積は4㎡以下とする、④スプリンクラー設備の免除にあっては区画された部分の床面積が100㎡以下とする、などとなっています。

11-4 特定共同住宅等の構造類型①

特定共同住宅等の消防用設備等を整えるには、まず位置・構造・設備の基準をしっかりと把握する必要があります。

特定共同住宅等の位置、構造および設備の基準

特定共同住宅等の構造類型を分類するに当たって最初のチェックは**位置・構造および設備の基準**です。基準は**告示第2号、第4号**に規定され、特定共同住宅等において必要とされる建築構造上の条件となっています。この告示の略称は**位置・構造告示**といいます。具体的な判断項目は図表「判断フロー1：特定共同住宅等の位置、構造及び設備基準」を参照してください。

令8区画と共住区画

令8区画とは、消防法施行令第8条に規定されており、開口部のない耐火構造の床または壁の区画をいいます。**共住区画**とは、共同住宅等における住戸等間の開口部のない耐火構造の床または壁の区画をいいます。両区画とも、原則、配管が貫通することは認められていませんが、配管の種類や口径および貫通処理方法に適合することで貫通を認められています。

特定共同住宅等の位置、構造および設備の基準

a)主要構造部が耐火構造であること。
b)共用部の壁、天井の内装が準不燃材料であること。
c)住戸等と住宅等および住宅等と共用部分とは、開口部のない耐火構造の床または壁で防火区画されていること(共住区画)。ただし、住戸等の床または壁ならびに配管等およびそれらの貫通部が次のア)からエ)に適合する場合はこの限りではない。
ア)床または壁は耐火構造とすること。
イ)住戸等の外壁に面する開口部は次のいずれかとすること。
1. 隣接する住戸等の開口部間の外壁面から0.5m以上突き出たひさし等で遮ること。
2. 隣接する住戸等の外壁に面する開口部(防火設備を設けた直径150mm以下の換気口及び面積が100㎠以下の換気口等を除く)相互間の距離を0.9m以上とし、かつ、次のいずれかとする。
・上下に設けられた開口部(直径150mm以下の換気口等及び相互間の距離が3.6m以上の開口部を除く)には防火設備である防火戸を設けること。
・開口部を介して他の住戸等へ延焼しないよう措置されていることが客観的検証法により確認されること。
ウ)住戸等と共用部分を区画する壁は、次によること。
1.出入口、窓等の開口部には随時開くことができる自動閉鎖装置付のものとすること。
2.開放性のない共用部分に面する換気口等には防火設備を設けること。
3.直径150mm以上の換気口等には開放性の有無にかかわらず防火設備を設けること。
4.非開放型の特定共同住宅等の住戸等(共同住宅用スプリンクラー設備が設置されたものは除く)の開口部の面積の合計は一住戸等につき4㎡(共用室は8㎡)以下、かつ、一の開口部の面積は2㎡以下とすること。
エ)床又は壁を貫通する配管等及びそれらの貫通部は次によること。
1.配管の用途は、給排水管、空調用配管、ガス管、配電管等これらに類するもの。
2.配管径の呼び径は200mm以下、貫通用開口は直径300mm以下の円形とする。
3.配管を貫通させるための開口部相互間の距離は最大直径以上離すこと。
4.配管を貫通させるための開口部のすき間は建築基準法に定める区画貫通処理方法に準拠すること。
d)特定光庭が存する場合は特定光庭に面する開口部等に一定の防火措置が講じられていること。

位置・構造告示…告示第2号、区画貫通告示…告示第4号

判断フロー１：特定共同住宅等の位置、構造及び設備基準

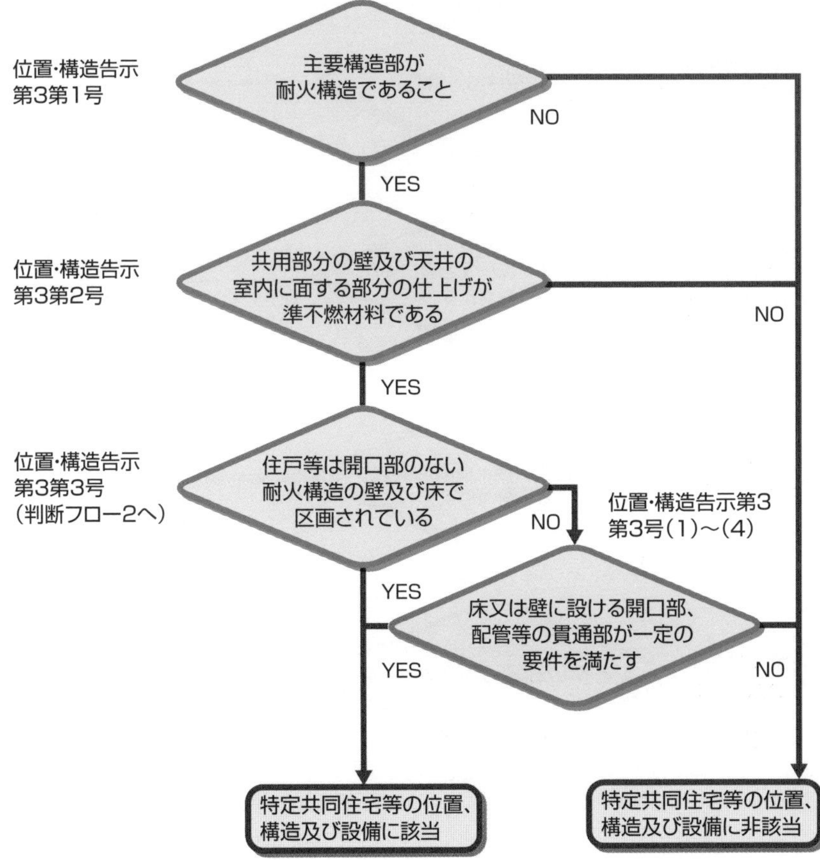
位置･構造告示
第3第1号
主要構造部が
耐火構造であること
NO
YES
位置･構造告示
第3第2号
共用部分の壁及び天井の
室内に面する部分の仕上げが
準不燃材料である
NO
YES
位置･構造告示
第3第3号
（判断フロー2へ）
住戸等は開口部のない
耐火構造の壁及び床で
区画されている
NO
位置･構造告示第3
第3号（1）～（4）
YES
床又は壁に設ける開口部、
配管等の貫通部が一定の
要件を満たす
YES
NO
特定共同住宅等の位置、
構造及び設備に該当
特定共同住宅等の位置、
構造及び設備に非該当

判断フロー２：位置・構造告示第3第3号

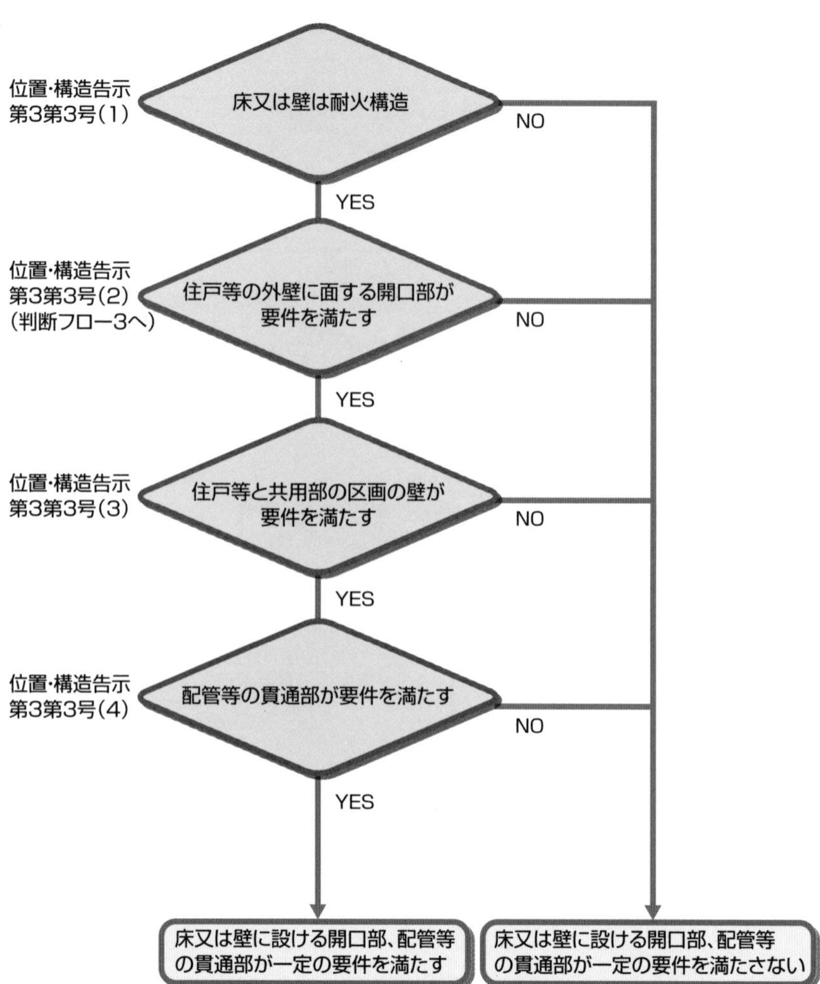
位置・構造告示
第3第3号(1)
床又は壁は耐火構造
NO
YES
位置・構造告示
第3第3号(2)
(判断フロー3へ)
住戸等の外壁に面する開口部が
要件を満たす
NO
YES
位置・構造告示
第3第3号(3)
住戸等と共用部の区画の壁が
要件を満たす
NO
YES
位置・構造告示
第3第3号(4)
配管等の貫通部が要件を満たす
NO
YES
床又は壁に設ける開口部、配管等
の貫通部が一定の要件を満たす
床又は壁に設ける開口部、配管等
の貫通部が一定の要件を満たさない

判断フロー３：住戸等の外壁に面する開口部の確認フロー

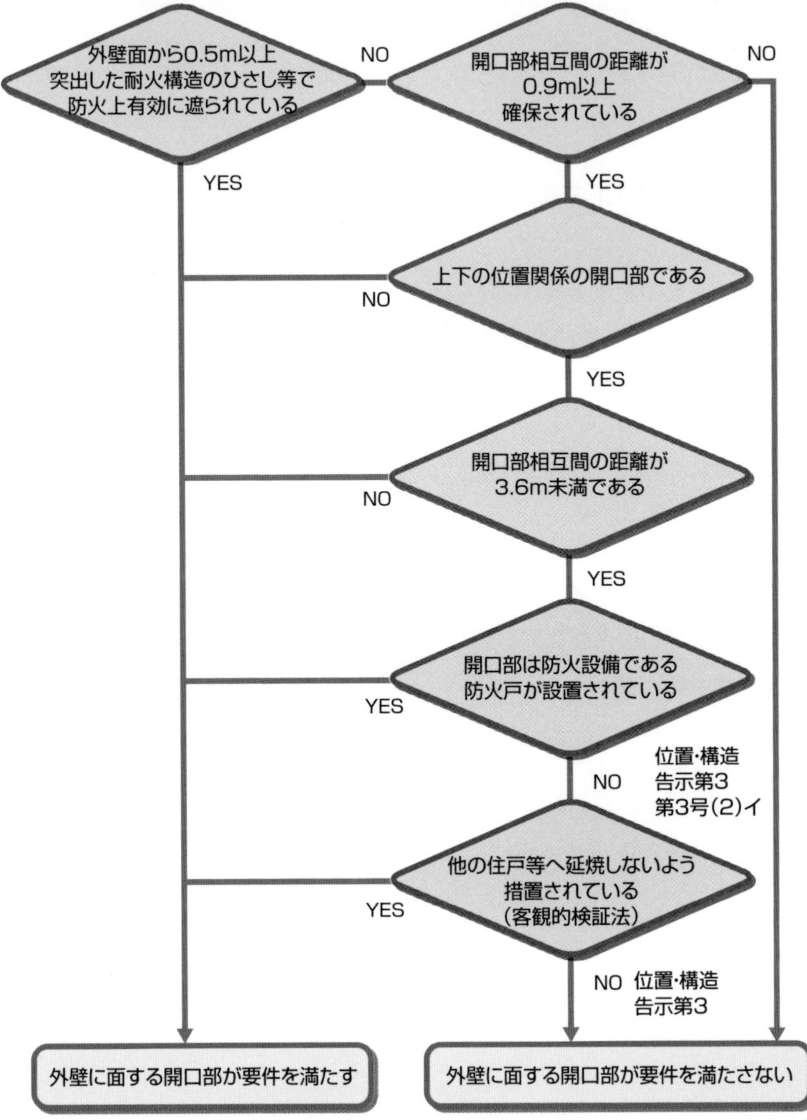
外壁面から0.5m以上
突出した耐火構造のひさし等で
防火上有効に遮られている
NO
YES
開口部相互間の距離が
0.9m以上
確保されている
NO
YES
上下の位置関係の開口部である
NO
YES
開口部相互間の距離が
3.6m未満である
NO
YES
開口部は防火設備である
防火戸が設置されている
YES
NO
位置・構造
告示第3
第3号(2)イ
他の住戸等へ延焼しないよう
措置されている
(客観的検証法)
YES
NO
位置・構造
告示第3
外壁に面する開口部が要件を満たす
外壁に面する開口部が要件を満たさない

直径0.15m以下の換気口等で防火設備が設けられたもの及び直径0.01m以下の換気口等を除く。

11-5 特定共同住宅等の構造類型②

本節では特定共同住宅等のうちの「二方向避難型特定共同住宅」について解説します。

二方向避難型特定共同住宅の避難経路の基準

2以上の避難経路を有する特定共同住宅等は**二方向避難型特定共同住宅等**に分類されます。その判断基準は**告示第3号**に規定されます。この告示の略称は**構造類型告示**といいます。具体的な判断項目は「判断フロー 4」を参照してください。

判断基準における**避難経路**とは、廊下、階段、避難上有効なバルコニーなどをいいます。

この**避難上有効なバルコニー等**の定義ですが、以下の3つの要件をすべて満たす必要があります。

・直接外気に開放されていること。
・転落防止上有効な高さの手すり等を有し、バルコニー幅員は60cm以上とする。車椅子利用を考慮する場合の幅員は80 ～ 90cmとする。
・隣接する住戸のバルコニーまたは階段室に接続していること。

2つ以上の避難経路の考え方は、従来の220号通知の基準を原則的に踏襲したもので、220号通知ではバルコニー等の形態ごとに例示されています。詳しくは「二方向避難型特定共同住宅における二方向避難の例示図」を参照してください。

二方向避難型特定共同住宅等の判断基準

a)2つ以上の異なった避難経路を確保していること。
b)廊下型特定共同住宅等の階段室等は、廊下の端部、または、廊下の端部に接する住戸等の主たる出入口に面していること。
c)住戸等の外気に面する部分に避難上有効なバルコニー等が設けられていること。
d)バルコニーに面する住戸等の外壁には、消防法施行規則第4条の2の2に規定する避難上有効な開口部が設けられていること。
e)隣接するバルコニー等に設ける隔板等は高さ80cm以上とし、容易に開放、除去または破壊できること。隔板には、バルコニーが避難経路であること、隔板等の開放方法、避難上支障となる物品を置かないこと、などの説明表示をすること。
f)バルコニーに設ける避難器具は、避難器具用ハッチに格納された金属製避難はしごまたは救助袋とすること。

構造類型告示…告示第3号

判断フロー4：二方向避難の判断基準フロー

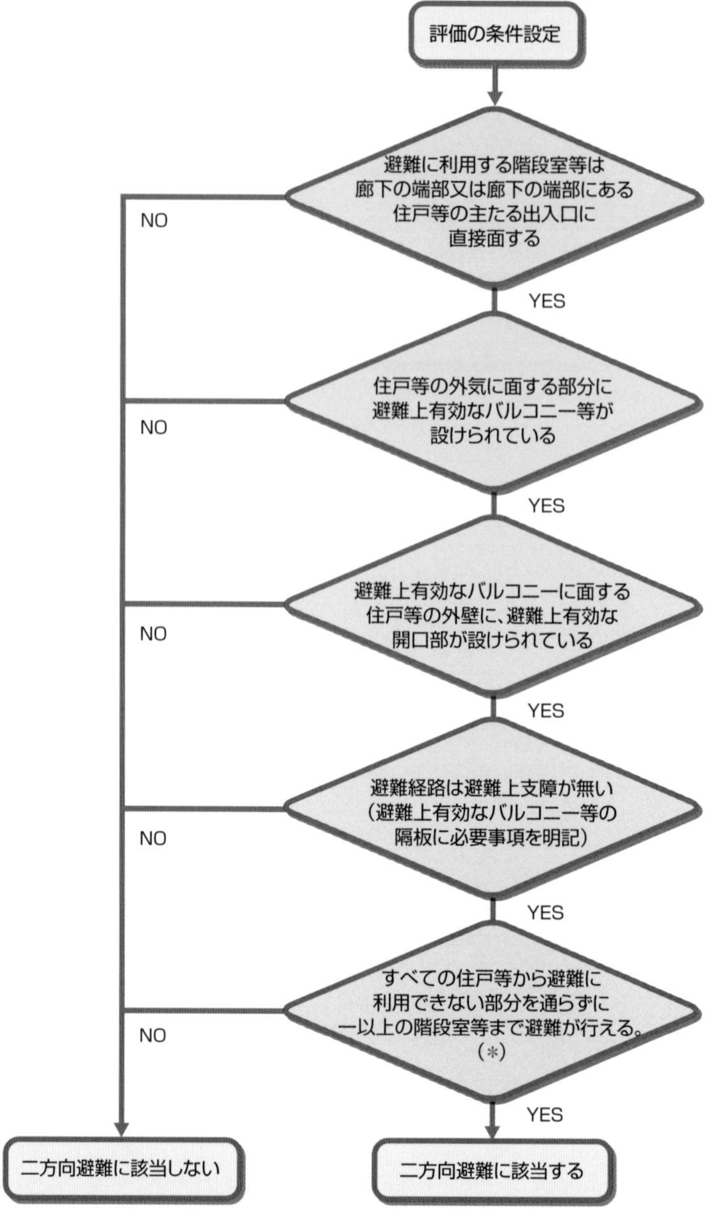
評価の条件設定
避難に利用する階段室等は
廊下の端部又は廊下の端部にある
住戸等の主たる出入口に
直接面する
NO
YES
住戸等の外気に面する部分に
避難上有効なバルコニー等が
設けられている
NO
YES
避難上有効なバルコニーに面する
住戸等の外壁に、避難上有効な
開口部が設けられている
NO
YES
避難経路は避難上支障が無い
（避難上有効なバルコニー等の
隔板に必要事項を明記）
NO
YES
すべての住戸等から避難に
利用できない部分を通らずに
一以上の階段室等まで避難が行える。
（*）
NO
YES
二方向避難に該当しない
二方向避難に該当する

*ただし、バルコニー等に設けられた避難器具（避難器具用ハッチ格納にされた金属製避難はしご、救助袋等の避難器具に限る）により当該階の住戸等から避難階まで避難することができる場合は、この限りではない。

二方向避難型特定共同住宅における二方向避難の例示図

・バルコニーに設ける隣戸間の仕切りは、すべて「容易に破壊できる仕切板であり、避難上支障ない構造」とする。
・バルコニーの「有効幅員は概ね60cm以上」とする。

●片廊下型
（連続したバルコニー：両端に２つの階段あり）

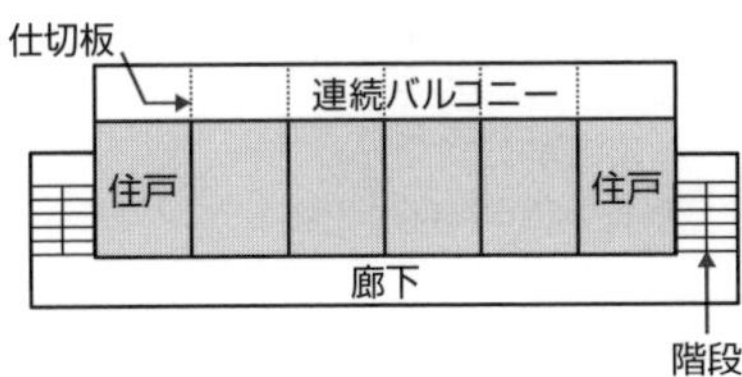

例1　二方向避難に該当する。

●片廊下型（部分的に連続したバルコニー：両端に２つの階段あり）

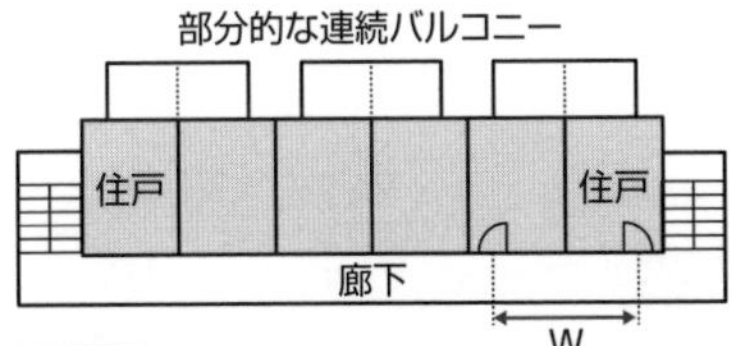

例2　二方向避難に該当する。
ただし、バルコニーを共用する２つの住戸について、出入口の扉等の開口部をバルコニーの接続部の廊下側に接近して設ける場合、（W：3m 以内）は、各バルコニーに避難器具を設けない限り、二方向避難に該当しない。

●片廊下型（連続したバルコニー：２つの階段のうち1つが端部にあり）

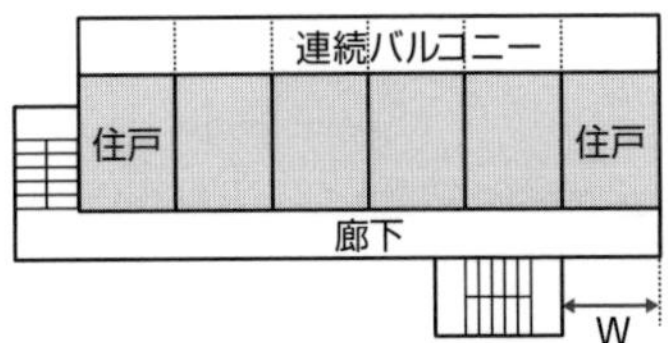

例3　Wについて、階段への経路が重複する住戸が1つの住戸なら二方向避難に該当する。
2つの住戸なら、その端部側のバルコニーに避難器具等を設けた場合に限り、二方向避難に該当する。

●片廊下型（部分的に連続したバルコニー：２つの階段のうち１つが端部にあり）

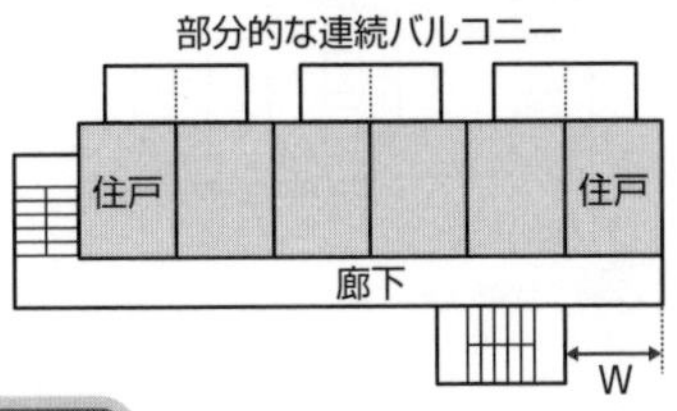

例4　例3と同等の扱いとする。ただし、経路が重複住戸が１つの住戸であってもバルコニーを共用する２つの住戸について、出入口の扉等の開口部をバルコニーの接続部の廊下側に近接して設ける場合（W：3m 以内）は、各バルコニーに避難器具等を設けない限り、二方向避難に該当しない。

●階段室型（連続したバルコニー）

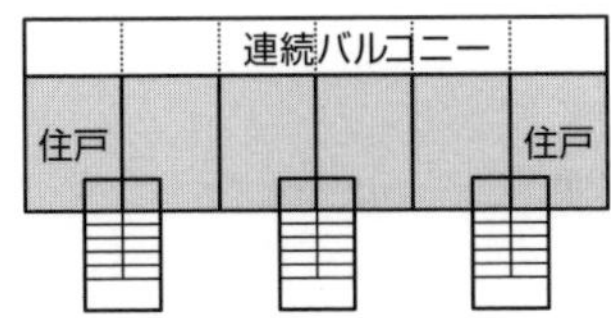

例5　二方向避難に該当する。

●階段室型（部分的に連続したバルコニー）

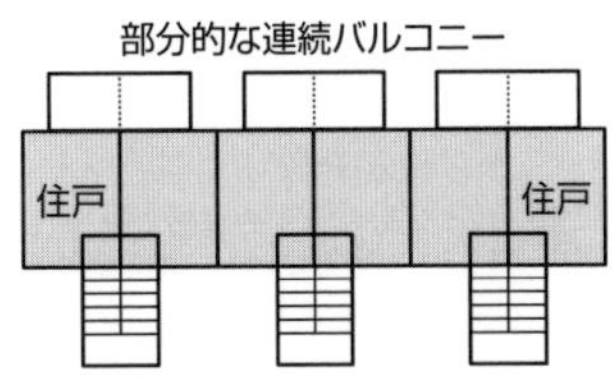

例6　原則として二方向避難に該当しない。
ただし、各バルコニーに避難器具等を設けた場合に限り、二方向避難に該当する。

●**階段室型**（部分的に連続したバルコニーであるが、反対側に経路を補完するバルコニーを併設したもの）

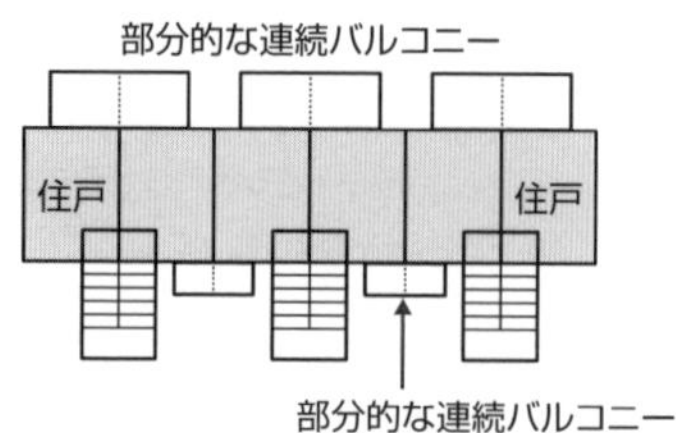

例7 二方向避難に該当する。

●**中廊下型**（連続したバルコニー）

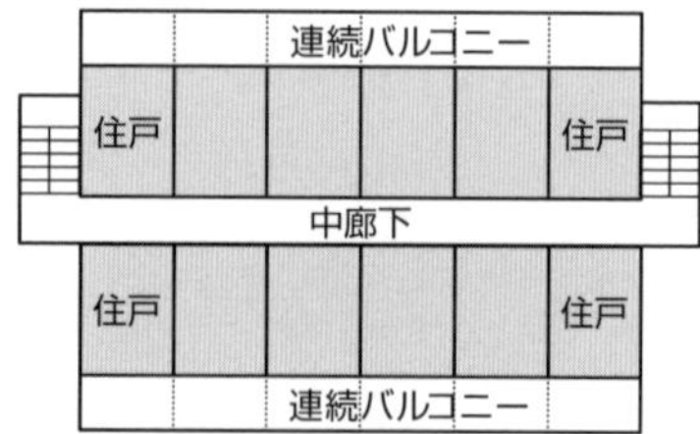

例8 二方向避難に該当する。

●**中廊下型**（部分的に連続したバルコニー）

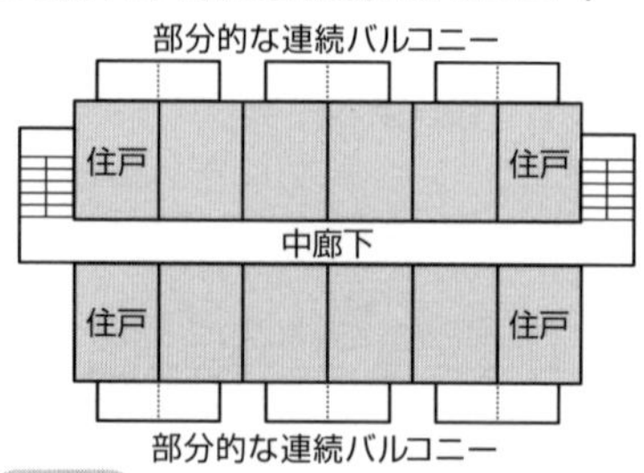

例9 原則として二方向避難に該当しない。ただし、各バルコニーに避難器具等を設けた場合に限り、二方向避難に該当する。

●**その他の型**（部分的に連続したバルコニー：中央部に階段あり）

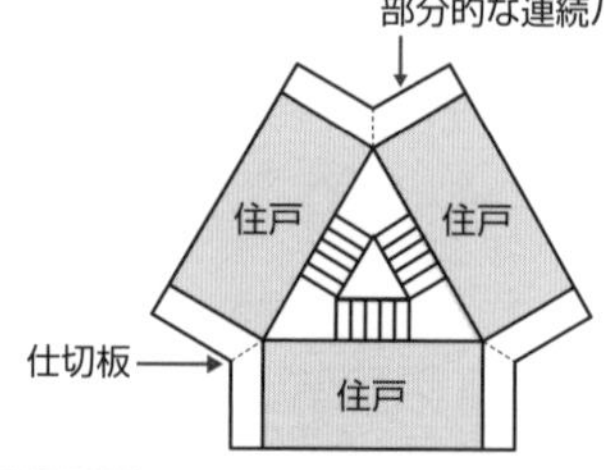

例10 二方向避難に該当する。

●**その他の型**（部分的に連続したバルコニー：中央部に２つの階段あり）

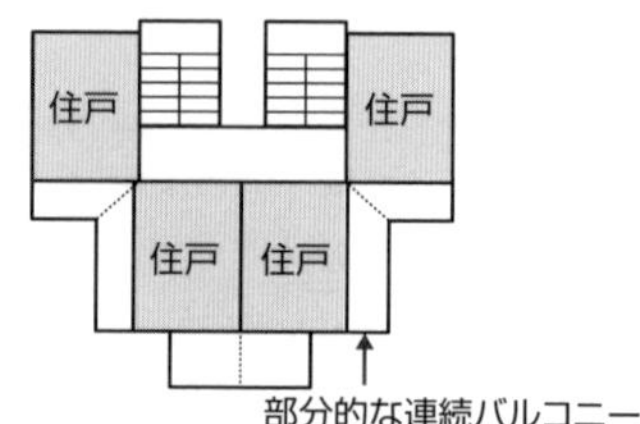

例11 二方向避難に該当する。

●**その他の型**（偶数階が片廊下型のメゾネット型）

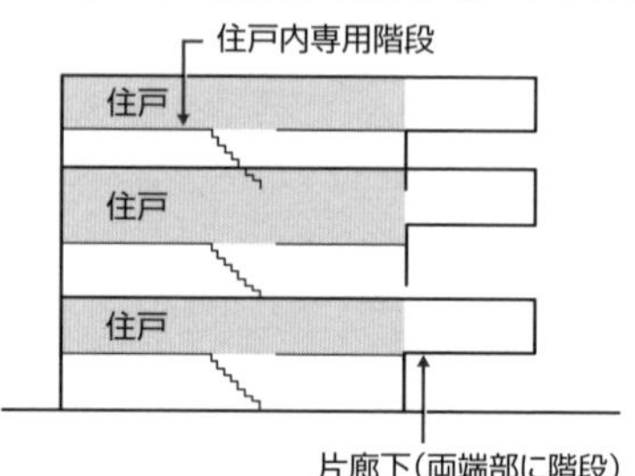

例12 偶数階の平面形状により、例1～例4と同様の扱いとする。

●**その他の型（偶数階が片廊下型のスキップ型）**

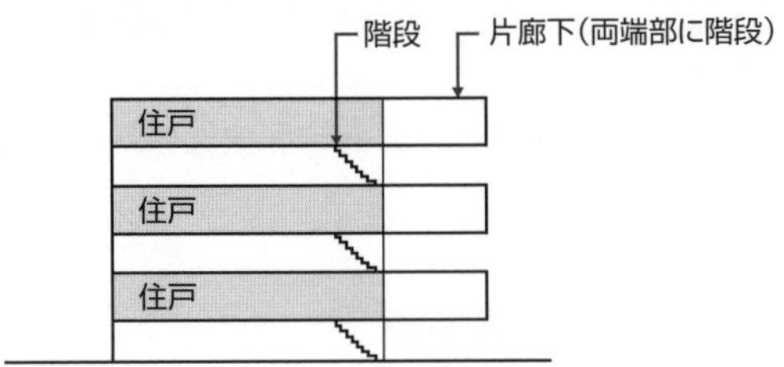

例13 偶数階の平面形状により、例１～例４と同様の扱いとする。

●**その他の型（階段室型で３階ごとにスキップ型）**

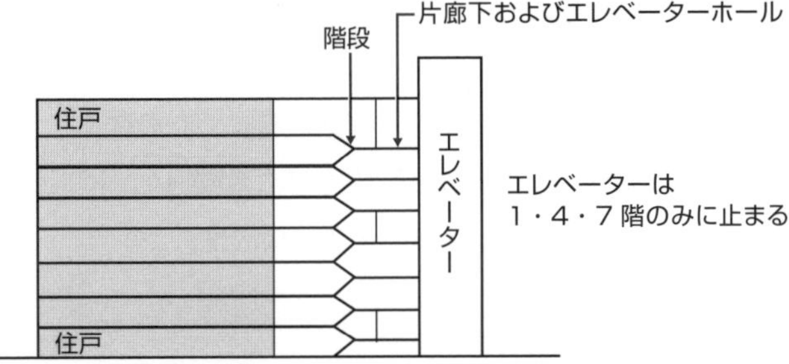

例14 平面形状により、例５～例７と同様の扱いとする。

11-6 特定共同住宅等の構造類型③

廊下や階段室、エントランスホール等の開放性の基準を満たしたものを「開放型特定共同住宅等」といいます。

開放型特定共同住宅等の基準

開放型特定共同住宅等に該当するかどうかは、**廊下と階段室等の開放性についての判断基準**を満たすかどうか、ということになります。基準は**告示第3号**に規定され、この告示の略称は**構造類型告示**といいます。

開放型の廊下および階段室等の判断基準として、次の5つの条件が挙げられています。

- **隣接建物に対する廊下および階段室等の開放性**
- **光庭に対する廊下および階段室等の開放性**
- **避難階のエントランスホール等の開放性**
- **廊下の開放性**
- **階段室等の開放性**

外気に面していない部分

廊下の一部に外気に面しない部分が存する場合とは、次のa)、b)、c)による。

a) 廊下または階段室等の一部が、隣地境界線または他の建築物等の外壁との中心線から1m以下の位置にあるもの。

b) 周囲の3面が直接外気に開放されていない部分。

c) 上記のa)とb)の他に以下による（図表「開放型特定共同住宅等の基準における参考図」図3参照)。

図3においてWが閉鎖されている場合は色の部分が外気に面していない部分に該当する。

ここで、

Wは、外気に面しない部分の幅員（図3において同じ）

Bは、外気に面しない部分の長さ（図3において同じ）

また、Wに存する開口部が次のア）からウ）に定める基準のいずれかに適合する時は、Wは閉鎖されているものとする。

ア）Wに存する開口部の幅<W

イ）Wに存する開口部の上端の高さ<Lに存する有効開口部の上端の高さ

ウ）Wに存する開口部の下端の高さ>Lに存する有効開口部の下端の高さ

開放型特定共同住宅等の判断基準

a)すべての階の廊下および階段室等が隣地境界線または他の建築物の外壁との中心線から1m以上離れていること。
b)すべての階の廊下および階段室等が特定光庭に面していないこと。
c)避難階に設けられた直接外気に開放されていないエントランスホール等の開放性の判断基準は、次のア)およびイ)によること。
　ア)1階における避難に支障がないために、住戸等からエントランスホール等を経由しないで避難することができる。
　イ)避難階で発生した火災の煙が上階へ流入のおそれのないために、エントランスホール等は避難階以外の階にわたらないこと(エントランスホール等の吹き抜けの禁止)。
d)廊下の開放性の判断基準は、次のア)またはイ)によること(図「開放型特定共同住宅等の基準における参考図」図1参照)。
　ア)すべての階の廊下は次の1～5に該当すること。
　1.各階の外気に面する部分の面積は、その階の見付面積の3分の1以上とする。見付面積とは「1住戸分の間口×天井高さ(図1のH部分)」となる。
　2.外気に面する部分の上部にたれ壁を設ける場合は、たれ壁の下端から天井までの高さは30cm以下とする。
　3.手すりの上端からたれ壁の下端までの高さは1m以上とする。
　4.外気に面する部分に風雨を遮るための壁等を設ける場合、壁等の幅は2m以下とし、かつ、壁等の相互間の距離は1m以上とする。
　5.住戸等で火災が発生した場合、住戸等の開口部から噴出する煙により、すべての廊下において床面から1.8mまでの高さまで煙が降下しないことを客観的検証法により確認すること。
　イ)外気に面しない廊下がある場合、外気に面しない部分の長さは6m以下で、かつ、外気に面しない部分の幅員の4倍以下であること。
e)階段室等の開放性の判断基準は、次のア)～ウ)によること(図「開放型特定共同住宅等の基準における参考図」図2参照)。
　ア)開口部の開口面積は2㎡以上であること。
　イ)開口部の上端は、当該階段の部分の天井の高さの位置にあること。ただし、階段の部分の最上部における当該階段の天井の高さの位置に500c㎡以上の外気に開放された排煙上有効な換気口がある場合はこの限りでない。
　ウ)特定共同住宅等の住戸等で火災が発生した場合に、当該住戸等の開口部から噴出する煙により、階段室等において、消火、避難その他の消火の活動に支障になる高さ(床面からの高さ1.8m)まで煙が降下しないこと。
f)2方向避難・開放型特定共同住宅等は、特定共同住宅等における火災時にすべての住戸、共用室及び管理人室から、少なくとも一以上の避難経路を利用して安全に避難できようにするため、避難階または地上に通ずる二以上の異なった避難経路を確保し、かつ、その主たる出入口が開放型廊下または開放型階段に面していることにより、特定共同住宅等における火災時に生ずる煙を有効に排出できる開放型共同住宅等の要件を満たすこと。

構造類型告示…告示第3号

開放型特定共同住宅等の基準における参考図

図1

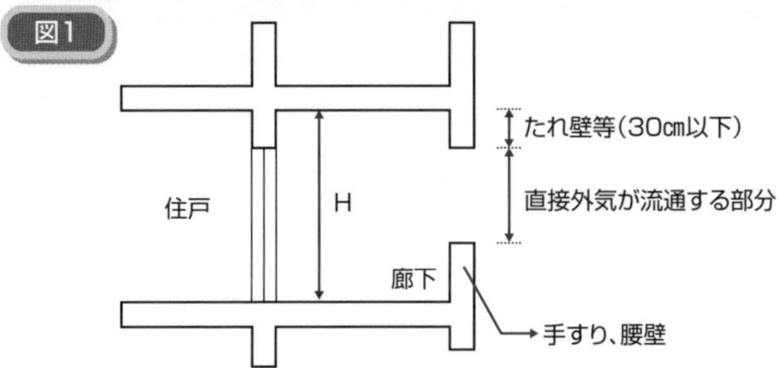

図2

階段室最上部での排煙は、天井近く500cm²以上外気に開放された換気口があれば、たれ壁があってもよい。

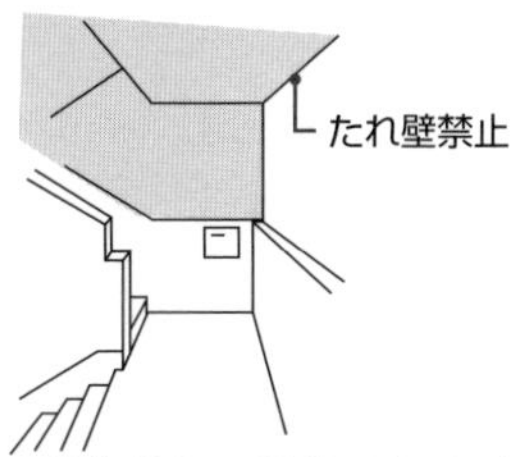

一般階部分では排煙のため、直接外気に開放された有効な開口部(2m²以上)をとる。

図3

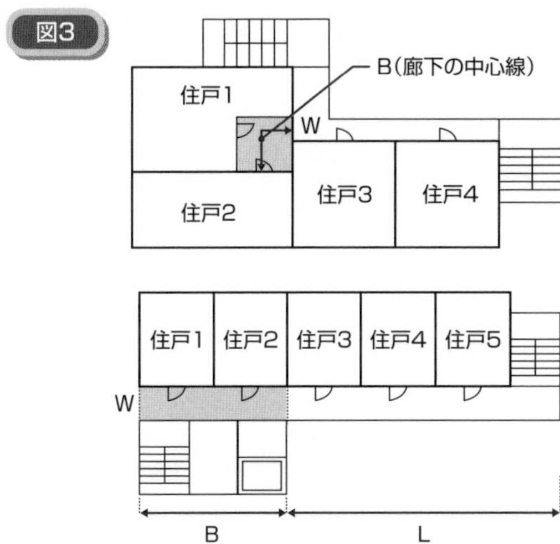

L：開放廊下部分の長さ
B：非開放廊下部分の長さ
W：非開放廊下部分の幅

11-7 特定共同住宅等の構造類型④

特定共同住宅等に作られる吹き抜けについても、明確に基準が定められています。

特定光庭の基準

共同住宅等において、採光や通風のために設けた屋根のない吹き抜け状の空間を**光庭**といいます。

特定光庭とは、光庭を介して他の住戸等へ延焼する危険性が高いことが確かめられたもの、あるいは、光庭に面する避難経路を介して安全に避難することが困難であると確かめられたものをいいます。この「確かめられた」についてですが、下表の特定光庭の判断基準の3つの基準に適合しない光庭が特定光庭になることが**告示第2号**に規定されています。この告示の略称は**位置・構造告示**といいます。具体的な判断項目は図表「判断フロー５：特定光庭の判断の検討フロー」を参照してください。

光庭の高さの考え方、光庭に面する外壁間の距離の考え方、特定光庭の判断は図表「特定光庭の基準における参考図」の図1を参照してください。

特定光庭の判断基準

a)光庭に面する住戸等で火災が発生した場合、火災住戸等のすべての開口部から噴出する火炎等の輻射熱により、他の住戸の開口部に受ける熱量が10kW/㎡未満であること。
b)避難光庭では、火災住戸等のすべての開口部から噴出する火炎等の輻射熱により、光庭に面する避難経路を避難する人が受ける熱量が3kW/㎡未満であること。
c)避難光庭では、光庭の高さを避難光庭の幅で除した値が2.5未満であること。
2.5を超えた場合では、火災住戸等のすべての開口部から噴出する煙層温度が4ケルビン以上上昇しないこと。
d)光庭の形状による判断例示及び特定光庭に該当しないもの(図「特定光庭の基準における参考図」図2参照)。

位置・構造告示…告示第2号

特定光庭に面する開口部の基準

a）廊下または階段室等が特定光庭に面している場合は以下の通りとすること（図「特定光庭の基準における参考図」図3参照）。

ア）特定光庭に面する一の開口部の面積は2㎡以下であり、かつ、一の住戸等の開口面積の合計は4㎡以下とすること。ただし、共同住宅用スプリンクラー設備が設けられている場合にあってはこの限りではない。

イ）特定光庭の下端に設けられた開口部は、常時外気に開放され、かつ、当該開口部の有効面積の合計が、特定光庭の水平投影面積の1／50 以上であること。

b）特定光庭に面する開口部には防火設備であるはめごろし戸が設けられていること。ただし、次に定める特定光庭に面する住戸等の開口部に防火設備である防火戸を設ける場合はこの限りではない。

ア）特定光庭に面して階段が設けられている。この階段は、屋内避難階段等の部分を定める告示第7号に適合する部分に限る。

イ）4階以下の階に存する特定光庭で、その下端に常時外気に開放された開口部で有効面積が1㎡以上のものが設けられているもの。

c）特定光庭に面する異なる住戸等の開口部の相互間の水平距離は以下の通りとする。ただし、住戸等の開口部の上端から上方に垂直距離1.5m以上の範囲、開口部に防火設備であるはめごろし戸が設けられている場合は0.9m以上の範囲、にある他の住戸等の開口部についてはこの限りではない（図「特定光庭の基準における参考図」図4参照）。

ア）同一の壁面に設けられるものは0.9m以上。ただし、0.5m以上突出したひさし等で防火上有効に遮られている場合を除く

イ）異なる壁面に設けられるものは2.4m以上。開口部に防火設備であるはめごろし戸が設けられている場合は2.0m以上。

d）特定光庭に面する異なる住戸等の開口部の相互間の垂直距離は1.5m以上、開口部に防火設備であるはめごろし戸が設けられている場合は0.9m以上とする。0.5m以上突出したひさし等で防火上有効に遮られている場合は除く。ただし、同一の壁面に設けられる場合は開口部の側端から水平方向に0.9m、異なる壁面に設けられる場合は開口部側端から2.4m以上（開口部が防火設備であるはめごろし戸の場合は2.0m以上）の範囲にある他の住戸等の開口部についてはこの限りではない（図「特定光庭の基準における参考図」図5参照）。

e）一の開口部の面積は1㎡以下、かつ、一の住戸等の同一階の開口部面積の合計は2㎡以下であること。

位置・構造告示…告示第2号

特定光庭に面する部分に給湯湯沸設備等を設ける場合の設置基準

特定光庭に面して設置するガス給湯湯沸設備等は、次の a)～g) によること。

a）給湯湯沸設備等のガス消費量が 70kW以下であること。
b）一の住戸の用に供するものであること。
c）密閉式でバーナー部が隠ぺいされていること。
d）圧力調節器によりバーナーのガス圧が一定であること。
e）加熱防止装置および立消え安全装置が備えられていること。
f）貫通部は不燃材料のもので埋め戻すこと。
g）配管は金属製のものを使用すること。

位置・構造告示…告示第２号

判断フロー５：特定光庭の判断の検討フロー

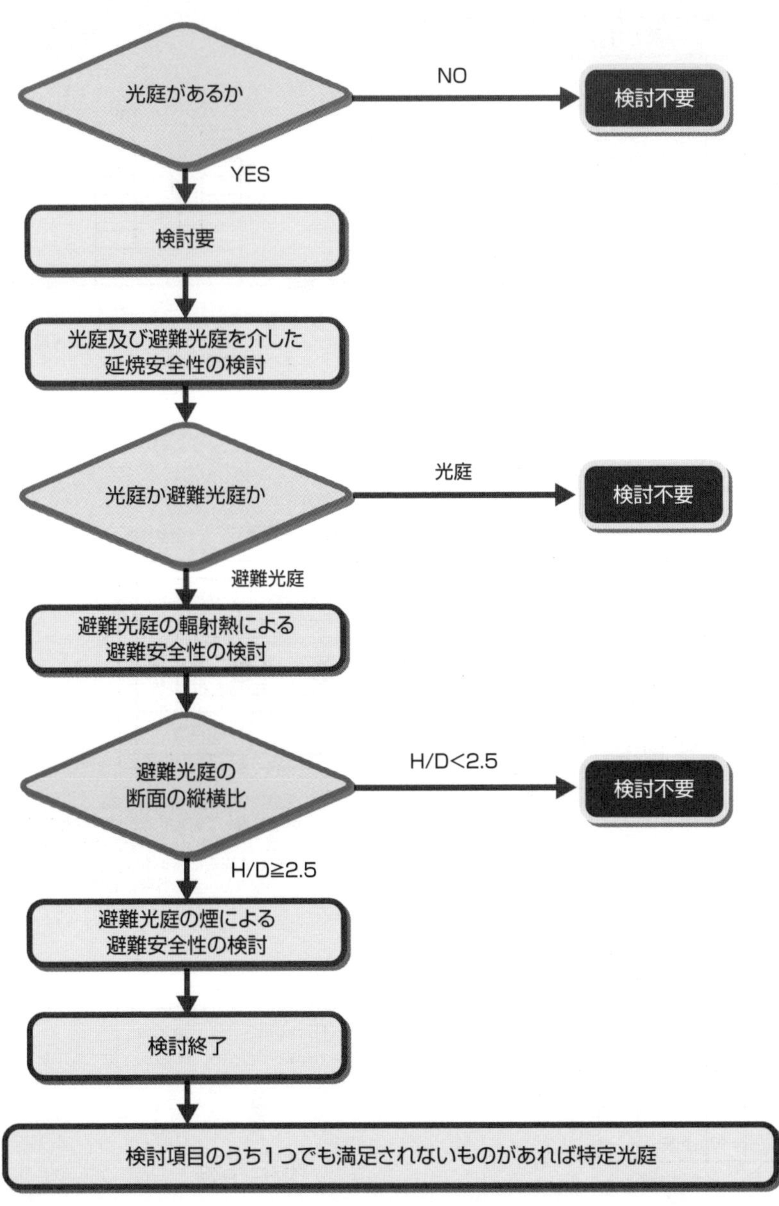

特定光庭の基準における参考図

高さ(H)の考え方

図1

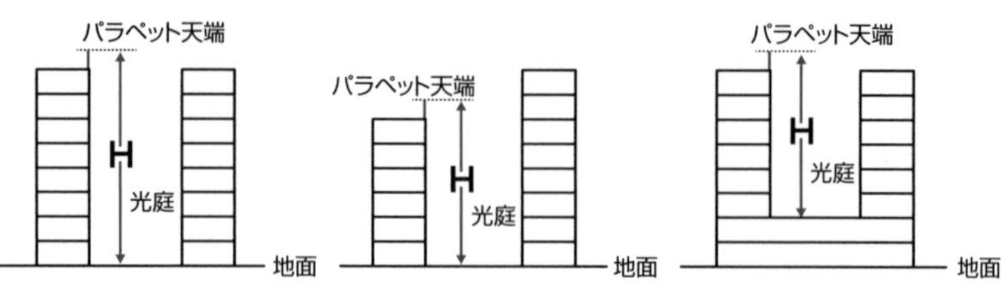

H：光庭の高さ
光庭の底部から頂部（パラペット天端）までの距離をいう。

外壁間の距離(D)の考え方

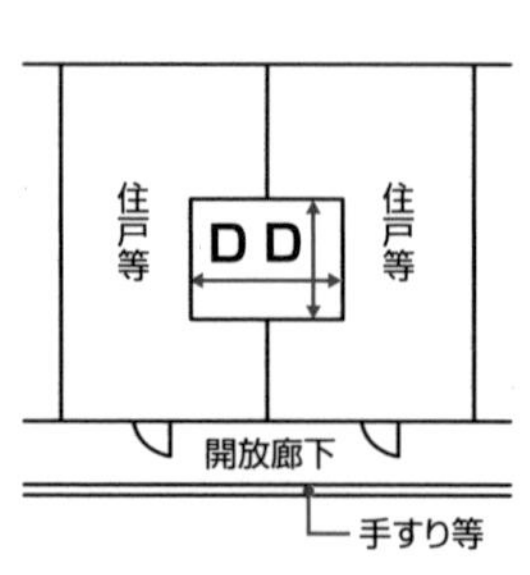

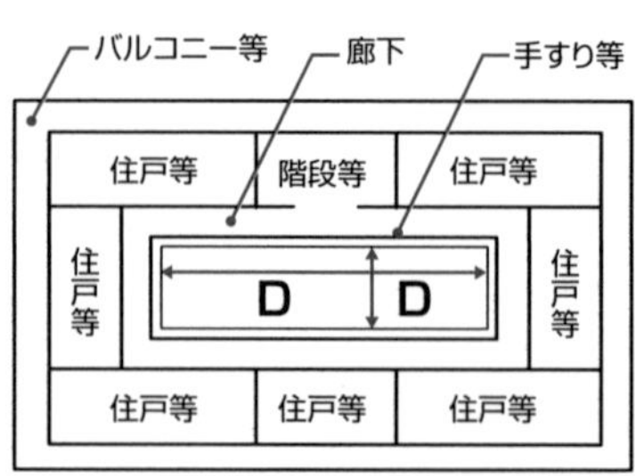

D：光庭に面する外壁間の距離
光庭に面して耐火する各住戸などの外壁間の距離をいい、各住戸等が廊下を介して光庭に面する場合は、その廊下の手すり、腰壁等間の距離をいう。

特定光庭の判断

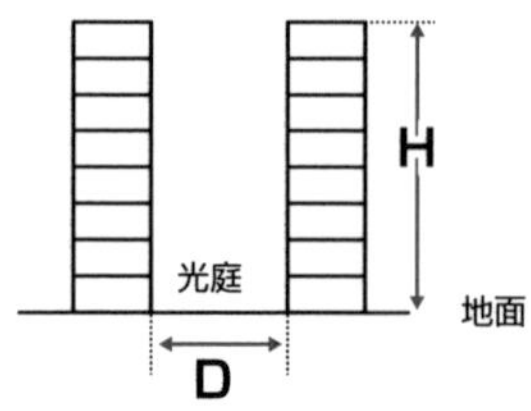

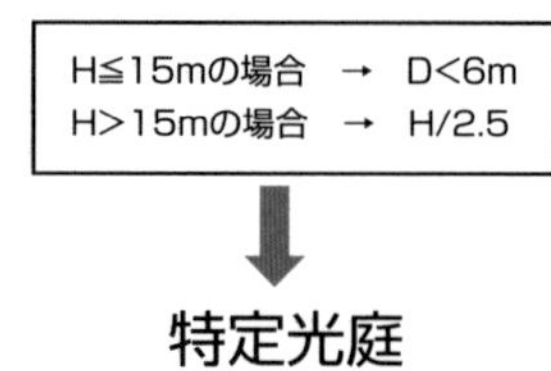

特定光庭の例示 1（特定光庭に該当しない例示）

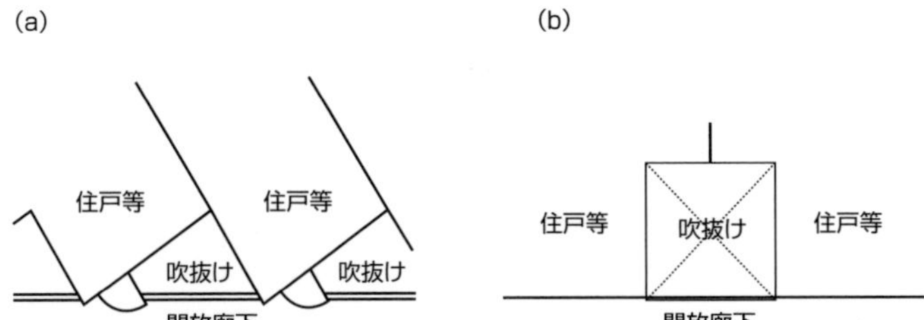

（判定）（a）（b）について
開放型の廊下に接する吹抜けの部分について、その廊下の手すり等の上端から小梁・たれ壁等の下端までの高さが1m以上あれば、特定光庭に該当しない。

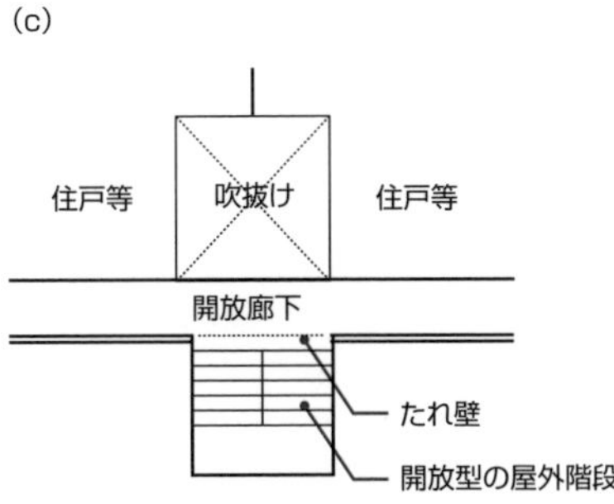

（判定）（c）について
開放型の屋外階段に接する吹抜けの部分については、特定光庭に該当しない。

特定光庭の例示 2(特定光庭に該当しない例示)

図3

(a) 光庭の一辺が開放されている場合

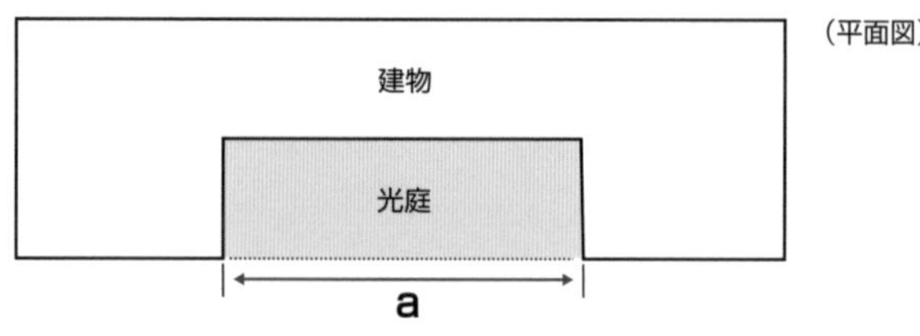

要件　[(光庭の周長の概ね 1/4)≦a]

(b) 光庭の二辺が開放されている場合

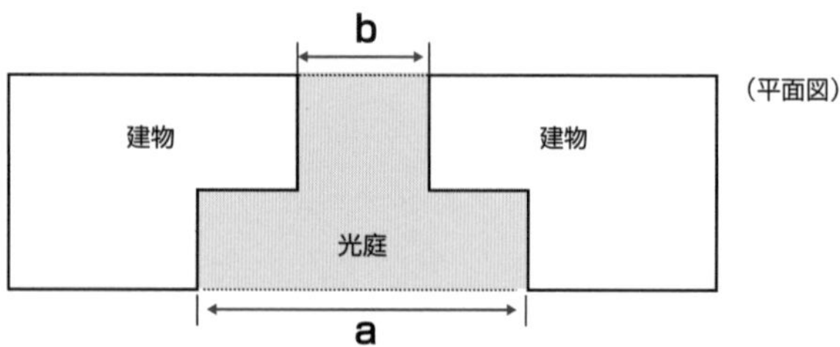

要件　①[(光庭の周長の概ね 1/8)≦a+b]
②[a, b, c≧2m]

(c) 光庭の三辺が開放されている場合

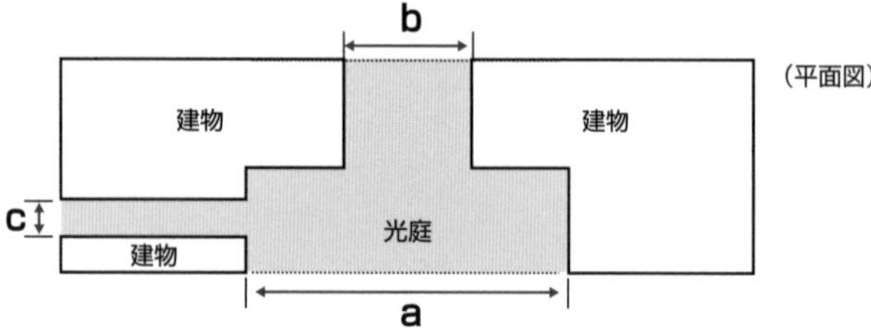

要件　①[(光庭の周長の概ね 1/8)≦a+b+c]
②[a, b, c≧2m]

特定光庭に面する開口部の考え方

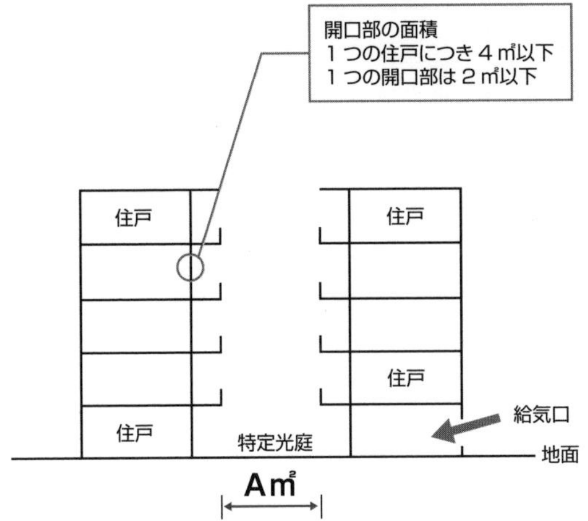

特定光庭の水平投影面積（A㎡）×1/50≦給気口の開口面積

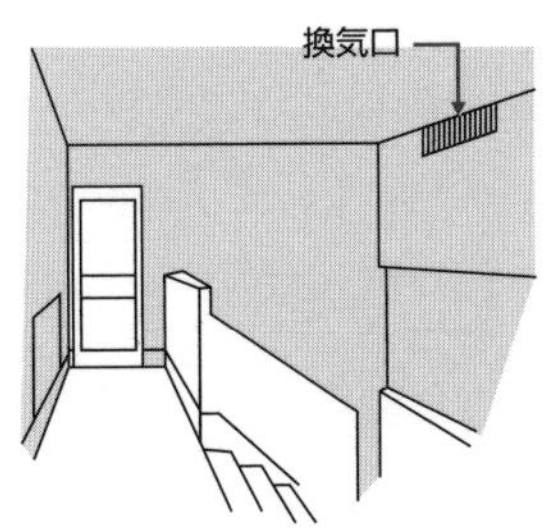

階段室最上部での排煙は、天井近く50㎠以上外気に開放された換気口があれば、たれ壁があってもよい。

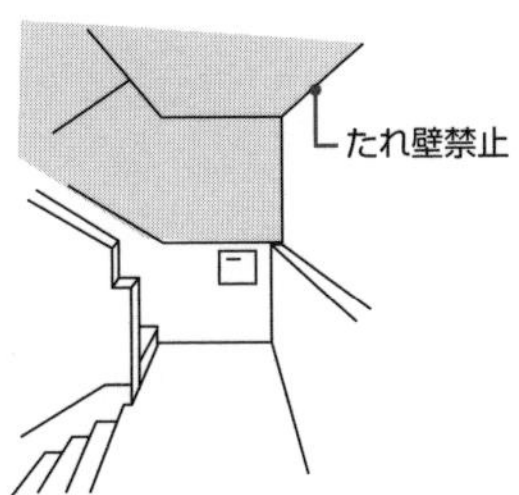

一般階部分では排煙のため、直接外気に開放された有効な開口部（2㎡以上）をとる。

特定光庭に面する開口部の基準 1

図5

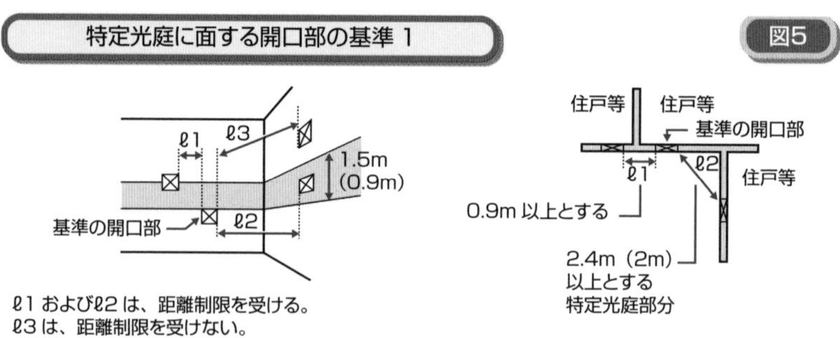

ℓ1 およびℓ2 は、距離制限を受ける。
ℓ3 は、距離制限を受けない。

特定光庭に面する開口部の基準 2

図6

（a）同一壁面上の場合

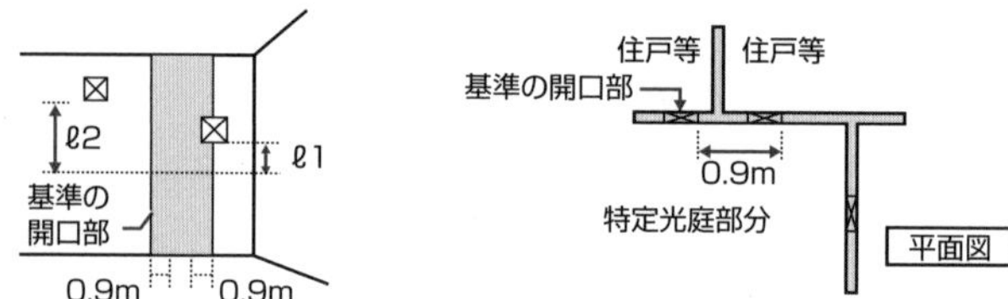

ℓ1 は、距離制限を受ける。
ℓ2 は、距離制限を受けない。

（b）異なる壁面上の場合

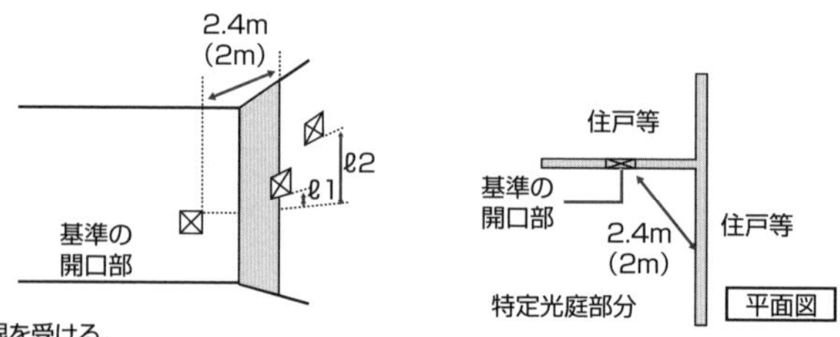

ℓ1 は、距離制限を受ける。
ℓ2 は、距離制限を受けない。

11-8 特定共同住宅等に設置できる消防用設備等

特定共同住宅等では、前節までに上げた構造類型に応じて、消防用設備等が設置されます。

通常の消防用設備等の代替設備等

「特定共同住宅等における必要とされる防火安全性を有する消防の用に供する設備等に関する政令」（総務省令第40号：略称は共住省令）の規定を適用できる特定共同住宅等では、構造類型に応じて性能単位ごとに必要とされる消防用設備等の設置が可能になります。

各性能単位とは、初期拡大抑制性能、避難安全支援性能および消火活動支援性能です。性能単位別に必要とされる設備は図表「各性能単位と通常の消防用設備等の代替設備等」を参照してください。

設備の設置は、それぞれの性能単位ごとに1つのセットで考えなければなりません。例えば、スプリンクラー設備に代えて共同住宅用スプリンクラー設備だけを設置するのではなく、構造類型ごとに規定される必要な設備を設置することになります。構造類型ごとの必要設備は図表「特定共同住宅等に限り設置することができる消防用設備等の概要」「(1) 二方向避難型特定共同住宅等に設置する消防用設備等」「(2) 開放型特定共同住宅等に設置する消防用設備等」「(3) 二方向避難・開放型特定共同住宅等に設置する消防用設備等」「(4) その他の特定共同住宅等に設置する消防用設備等」を参照してください。

各性能単位と通常の消防用設備等の代替設備等

各性能単位	通常用いられる消防用設備等に代えて用いることのできる設備等
初期拡大抑制性能	共同住宅用消火器具、屋内消火栓設備、共同住宅用スプリンクラー設備、共同住宅用自動火災報知設備、住戸用自動火災報知設備および住宅用非常警報設備
避難安全支援性能	共同住宅用自動火災報知設備、住戸用自動火災報知設備および住宅用非常警報設備、誘導灯および誘導標識
消火活動支援性能	共同住宅用連結送水管、共同住宅用非常コンセント設備

特定共同住宅等に限り設置することができる消防用設備等の概要

設備の種類	内容
①住宅用消火器	住宅における使用に限り適した構造および性能を有するもの。
②共同住宅用スプリンクラー設備	設備構成は通常用いられるスプリンクラー設備と同じ。放水ヘッドは小区画型ヘッドを用いる。
③共同住宅用自動火災報知設備	住戸内に設ける感知器は遠隔試験機能付で戸外から機能チェックを可能とする。
④共同住宅用自動火災報知設備	住戸内に設ける感知器は遠隔試験機能付で戸外から機能チェックを可能とする。
⑤共同住宅用非常警報設備	起動装置の設置位置は各階の階段付近に設ける。 音響装置の設置位置は廊下の各部分から一の音響装置までの水平距離が25m以下とする。
⑥共同住宅用連結送水管	設置位置は３階および上層階の３層ごとの階段室または非常用エレベーター乗降ロビーとする。設備構成は通常用いられる連結送水管と同じ。
⑦共同住宅用非常コンセント設備	設置位置は11階および上層階の３層ごとの階段室または非常用エレベーター乗降ロビーとする。設備構成は通常用いられる非常コンセント設備と同じ。

（1）二方向避難型特定共同住宅等に設置する消防用設備等

性能単位	設備の種類	設置の必要性		
		～5F	6F～10F	11F～
初期拡大抑制	住宅用消火器	○	○	○
	屋内消火栓	○	○	－
	共同住宅用スプリンクラー設備	－	－	○
	共同住宅用自動火災報知設備	○*	○*	○*
	共同住宅用自動火災報知設備＋共同住宅用非常警報設備	○*	－	－

避難安全支援	共同住宅用自動火災報知設備	○*	○*	○*
	共同住宅用自動火災報知設備＋共同住宅用非常警報設備	○*	－	－
	誘導灯＋誘導標識	○	○	○

＊住戸、共用室、管理人室で共同住宅用スプリンクラー設備を設置している部分には設けなくてもよい。

（2）開放型特定共同住宅等に設置する消防用設備等

性能単位	設備の種類	設置の必要性		
		～5F	6F～10F	11F～
初期拡大抑制	住宅用消火器	○	○	○
	屋内消火栓	－	－	－
	共同住宅用スプリンクラー設備			○＊1
	共同住宅用自動火災報知設備	○＊2	○＊2	○＊2
	共同住宅用自動火災報知設備 ＋共同住宅用非常警報設備	○＊2	－	－
避難安全支援	共同住宅用自動火災報知設備	○＊2	○＊2	○＊2
	共同住宅用自動火災報知設備 ＋共同住宅用非常警報設備	○＊2	－	－
	誘導灯＋誘導標識	－	－	－

＊1　11階から14階において、住戸、共用室、管理人室が内装制限され、共用室の開口部に防火戸が設けられている場合には設置しないことができる。
＊2　住戸、共用室、管理人室で共同住宅用スプリンクラー設備を設置している部分には設けなくてもよい。

（3）二方向避難・開放型特定共同住宅等に設置する消防用設備等

性能単位	設備の種類	設置の必要性		
		～5F	6F～10F	11F～
初期拡大抑制	住宅用消火器	○	○	○
	屋内消火栓	○	○	－
	共同住宅用スプリンクラー設備	－	－	－
	共同住宅用自動火災報知設備	○*	○*	○*
	共同住宅用自動火災報知設備＋共同住宅用非常警報設備	○*	－	－
避難安全支援	共同住宅用自動火災報知設備	○*	○*	○*
	共同住宅用自動火災報知設備＋共同住宅用非常警報設備	○*	－	－
	誘導灯＋誘導標識	○	○	○

＊住戸、共用室、管理人室で共同住宅用スプリンクラー設備を設置している部分には設けなくてもよい。

（4）その他の特定共同住宅等に設置する消防用設備等

性能単位	設備の種類	設置の必要性		
		～5F	6F～10F	11F～
初期拡大抑制	住宅用消火器	○	○	○
	屋内消火栓	○	○	○
	共同住宅用スプリンクラー設備	−	−	−
	共同住宅用自動火災報知設備	○*	○*	○*
避難安全支援	共同住宅用自動火災報知設備	○*	○*	○*
	共同住宅用自動火災報知設備＋共同住宅用非常警報設備	−	−	−
	誘導灯＋誘導標識	○	○	○

＊住戸、共用室、管理人室で共同住宅用スプリンクラー設備を設置している部分には設けなくてもよい。

参考資料
消防法・技術関連情報について

本書や消防法を理解するために役立つ参考資料を紹介します。

消防白書について

消防白書は総務省消防庁のサイトからダウンロードが可能です。最新のものからバックナンバーまで閲覧できます。

消防白書のダウンロード先

https://www.fdma.go.jp/publication/

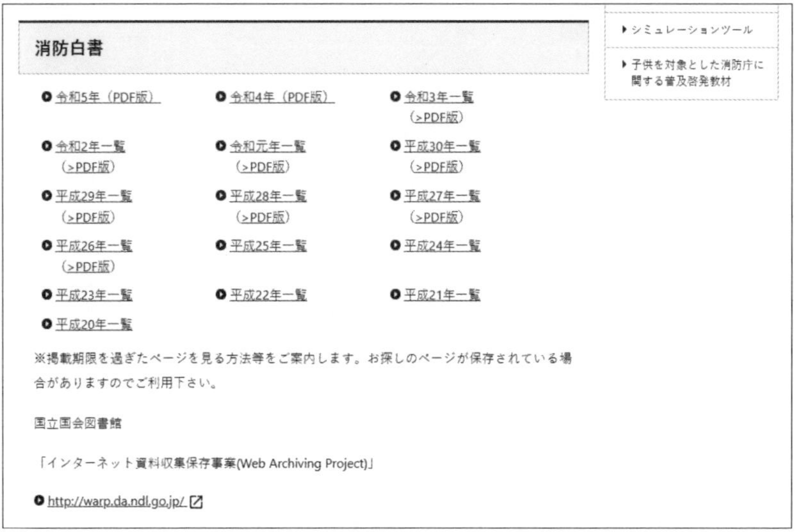

消防白書

- 令和5年（PDF版）
- 令和4年（PDF版）
- 令和3年一覧（>PDF版）
- 令和2年一覧（>PDF版）
- 令和元年一覧（>PDF版）
- 平成30年一覧（>PDF版）
- 平成29年一覧（>PDF版）
- 平成28年一覧（>PDF版）
- 平成27年一覧（>PDF版）
- 平成26年一覧（>PDF版）
- 平成25年一覧
- 平成24年一覧
- 平成23年一覧
- 平成22年一覧
- 平成21年一覧
- 平成20年一覧

※掲載期限を過ぎたページを見る方法等をご案内します。お探しのページが保存されている場合がありますのでご利用下さい。

国立国会図書館

「インターネット資料収集保存事業(Web Archiving Project)」

- http://warp.da.ndl.go.jp/

▸シミュレーションツール

▸子供を対象とした消防庁に関する普及啓発教材

特定共同住宅に関する資料

株式会社ぎょうせい発行の『特定共同住宅等の消防用設備等技術基準解説　改訂版』は、共同住宅に関する消防技術の詳細な解説書です。詳細はぎょうせいのWebサイトで確認してください。

ぎょうせいWebサイトの書籍紹介

https://shop.gyosei.jp/products/detail/9345

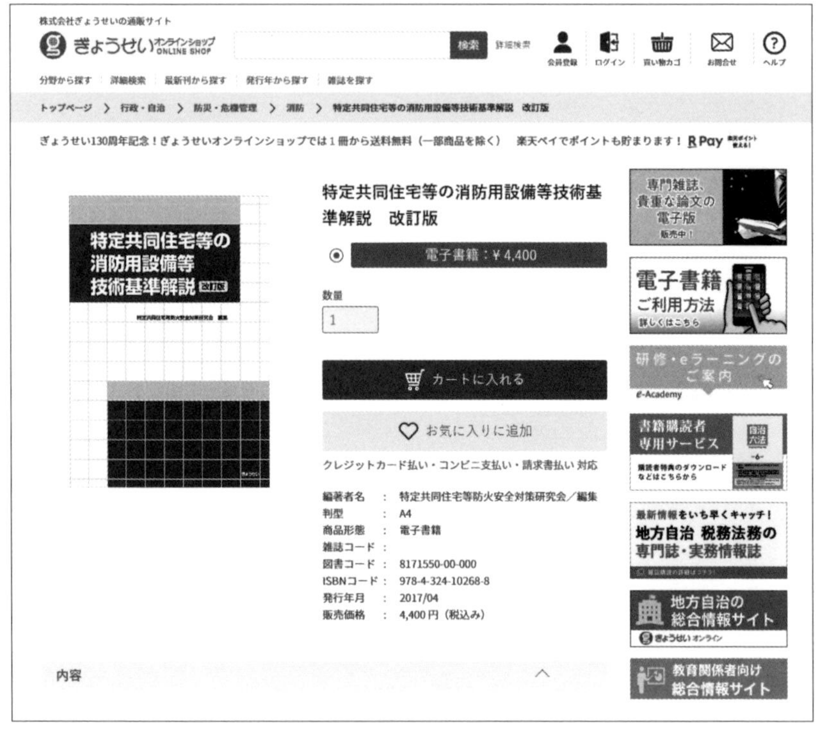

索引
INDEX

英数字

あ行

か行

さ行

た行

な行

は行

ま行

や行

ら行

著者プロフィール

防災研究会AFRI

防火設計・設備設計を行う株式会社明野設備研究所の社員を中心とした研究会。編著書に『図解よくわかる消防設備』（日本実業出版社）、『建築防災計画の考え方・まとめ方』（オーム社）などがある。

https://afri.jp/

カバーイラスト：キットデザイン
校正：聚珍社

図解入門ビジネス
最新 消防法と設備がよ〜くわかる本

発行日　2024年　3月22日　第1版第1刷

著　者　防災研究会AFRI

発行者　斉藤　和邦
発行所　株式会社　秀和システム
〒135-0016
東京都江東区東陽2-4-2　新宮ビル2F
Tel 03-6264-3105（販売）Fax 03-6264-3094
印刷所　三松堂印刷株式会社　Printed in Japan

ISBN978-4-7980-7207-4 C0052

定価はカバーに表示してあります。
乱丁本・落丁本はお取りかえいたします。
本書に関するご質問については、ご質問の内容と住所、氏名、電話番号を明記のうえ、当社編集部宛FAXまたは書面にてお送りください。お電話によるご質問は受け付けておりませんのであらかじめご了承ください。